广西重点产业专利竞争情报实践案例研究

主　编　吴洁霞
副主编　胡婷婷　张云星　陈　婕

知识产权出版社
全国百佳图书出版单位

图书在版编目（CIP）数据

广西重点产业专利竞争情报实践案例研究/吴洁霞主编． — 北京：知识产权出版社，2015.6
　ISBN 978 – 7 – 5130 – 3514 – 9

Ⅰ．①广… Ⅱ．①吴… Ⅲ．①专利–竞争情报–案例–广西 Ⅳ．① G350

中国版本图书馆 CIP 数据核字（2015）第 128252 号

内容提要

专利是竞争情报重要的信息源之一，本书针对广西重点产业专利信息进行了深入分析。对于各行业专利分布态势、技术发展趋势、企业专利战略等领域作了深入探讨，并提出了企业利用专利竞争情报制定专利战略的对策。

责任编辑：李　娟

广西重点产业专利竞争情报实践案例研究

GUANGXI ZHONGDIAN CHANYE ZHUANLI JINGZHENG QINGBAO SHIJIAN ANLI YANJIU

吴洁霞　主编　胡婷婷　张云星　陈婕　副主编

出版发行：知识产权出版社有限责任公司	网　　址：http://www.ipph.cn
电　　话：010 — 82004826	http://www.laichushu.com
社　　址：北京市海淀区马甸南村 1 号	邮　　编：100088
责编电话：010 — 82000860 — 8594	责编邮箱：aprilnut@foxmail.com
发行电话：010 — 82000860 转 8101/8029	发行传真：010 — 82000893/82003279
印　　刷：北京中献拓方科技发展有限公司	经　　销：各大网上书店、新华书店及相关专业书店
开　　本：720mm×1000mm　1/16	印　　张：15.75
版　　次：2015 年 6 月第 1 版	印　　次：2015 年 6 月第 1 次印刷
字　　数：280 千字	定　　价：48.00 元

ISBN 978-7-5130-3514-9

出版权专有　侵权必究
如有印装质量问题，本社负责调换。

本书编委会

主　　任：吴洁霞
副主任：胡婷婷　张云星　陈　婕
成　员：蒋红阳　钟雪梅　郑进城　朱剑虹　孟家庆　吴方圆
　　　　李德志　王浩楠　李林生　梁　霖　方　振　程　勇

前言

20世纪80年代，我国学者就开始将专利作为技术情报进行分析与研究。1999年，情报学界开始出现了"专利竞争情报"一词，但是研究范畴比较狭窄，概念不很清晰。随着我国《专利法》的不断修改和专利实践工作的不断深入，学界的研究也越来越深入。2006年，国内学者连续发文，第一次对专利竞争情报的定义进行了较为完整的论述，学者认为：专利竞争情报是指企业为了在激烈的市场竞争中赢得和保持优势，围绕竞争情报而展开的，对竞争对手、竞争环境及企业自身的专利情报进行合法的收集、控制、分析和综合，并对其技术或战略发展趋势作出预测，形成持续的、增值的、对抗性的核心能力，从而为企业的战略和战术决策提供依据的智能化活动过程。它既是一种产品，也是一个过程。作为产品，它指的是对专利情报处理分析后的结果；作为过程，它是指围绕专利情报展开的一系列有竞争目的的活动。这一定义阐释了专利信息作为竞争手段的内涵，涵盖了其基本外延，为具体的专利竞争情报分析提供了理论基础。

在经济发展新常态下，"大众创业、万众创新"，我们进行专利竞争情报研究，一是为了有效保护创新成果，保护广大群众的创新热情和基本利益；二是为企业参与国际竞争储备技术交换筹码和谈判筹码，为走出去保驾护航。

在国家知识产权局指导下，广西深入实施创新驱动战略和知识产权战略，围绕提升专利创造、运用、保护和管理能力，建设专利竞争情报工作体系，促进企事业单位广泛开展专利竞争情报研究，并将研究成果贯穿于产业运行的过程当中，为各行业加快内涵式发展提供了有力保障。

我们组织具有多年专利情报工作经验的人员，在各界学者专家的指导下，编写了这本《广西重点产业专利竞争情报实践案例研究》。本书选取了广西在规划及发展过程中确定的部分重点优势产业，以案例分析方式结合专利竞争情报分析方式，总结了各个优势行业的经验，为广大读者提供了一个新的学习途径，为专利从业人员提供了必要的参考材料。

本书编写分工如下：主编吴洁霞负责了第一章、第二章、第三章、第四章、第五章与第九章的编写；张云星负责第六章的编写；胡婷婷负责第七章的编写；陈婕负责第八章的编写；钟雪梅负责文字校验。

编　者

目 录

第一章　绪　论 …………………………………………………… 1
　　一、国内外企业专利信息利用概况 ………………………… 3
　　二、广西知识产权战略实施概况 …………………………… 5
　　三、广西工业企业知识产权工作进步和不足 ……………… 6
　　四、本书背景及目的意义 …………………………………… 10

第二章　全球车灯市场现状与专利技术分析 …………………… 11
　　一、案例简介 ………………………………………………… 13
　　二、案例背景 ………………………………………………… 14
　　三、专利信息分析 …………………………………………… 16
　　四、专利信息运用效果 ……………………………………… 50
　　五、广西汽车零部件产业创新发展的启示和建议 ………… 51

第三章　特色中药产品的专利分析及企业战略能力提升 ……… 53
　　一、案例简介 ………………………………………………… 55
　　二、案例背景 ………………………………………………… 56
　　三、专利信息获取 …………………………………………… 58
　　四、专利信息分析 …………………………………………… 59
　　五、专利信息运用效果 ……………………………………… 75
　　六、广西相关企业发展特色中药的启示和建议 …………… 76

第四章　世界亚硫酸法制糖澄清技术领域专利分析 …………… 79
　　一、案例简介 ………………………………………………… 81
　　二、案例背景 ………………………………………………… 82
　　三、专利信息获取 …………………………………………… 85
　　四、专利信息分析 …………………………………………… 86
　　五、专利信息运用效果 ……………………………………… 105
　　六、对广西甘蔗制糖产业发展的启示和建议 ……………… 105

第五章 锑系阻燃领域核心技术发明专利产业化技术攻关 107
　　一、案例简介 109
　　二、案例背景 110
　　三、专利信息获取 112
　　四、专利信息分析 113
　　五、专利信息运用效果 134
　　六、广西有色金属开发利用相关企业科技创新启示 135

第六章 反应粘防水卷材专利分析 137
　　一、案例简介 139
　　二、案例背景 140
　　三、专利信息获取 143
　　四、专利信息分析 145
　　五、专利信息运用效果 171
　　六、对广西新型绿色建材产品科技创新的建议和启示 172

第七章 电动汽车整车控制器专利技术分析 173
　　一、案例简介 175
　　二、案例背景 176
　　三、专利信息获取 178
　　四、专利信息分析 179
　　五、专利信息运用效果 202
　　六、广西新能源汽车产业创新发展的启示和建议 203

第八章 赤泥综合利用专利战略研究 205
　　一、案例简介 207
　　二、案例背景 208
　　三、专利信息获取 210
　　四、专利信息分析 211
　　五、专利信息运用效果 238
　　六、对广西节能环保产业专利战略的启示和建议 239

第九章 企业发展的对策 241
　　一、专利文献蕴含丰富信息 243
　　二、专利竞争情报分析引领广西重点产业发展 244

第一章

绪 论

专利是知识产权的核心要素，专利是竞争情报最重要的信息源之一，专利信息是以专利文献为依据，经分解、加工、标引、统计、分析、整合和转化等信息化手段而形成的与专利有关的各种信息的总称。故专利信息分析利用自然成为竞争情报分析的一部分。随着全球竞争的日益激化，跟踪、研究并分析竞争对手的专利发明，已成为超越竞争对手优势的一个重要手段。

随着知识经济的发展，专利信息对企业科研、生产、经营及贸易等活动的作用越来越突出和重要，而我国很多企业对专利信息利用的意识比较薄弱，水平也较低，很多企业在科研立项前甚至完全没有进行专利信息的检索，从而导致研究方向不明确、研发起点低和重复立项等现象出现，限制了我国企业健康快速的发展。

一、国内外企业专利信息利用概况

美国企业在技术创新方面拥有巨大优势，通过对技术创新成果实施知识产权保护，并将知识产权动态利用使其迅速转化为市场竞争优势，在国际市场竞争中取得了巨大优势和丰厚回报。2013年，美国经济分析局调整了国内生产总值（GDP）的统计方式，首次把知识产权相关指标并入政府统计数据中。这意味着美国已将知识产权产品作为资产进行管理并纳入经济核算体系。政府和企业对知识产权战略的坚决贯彻及大力推动，使美国成为当今世界自主知识产权研发最活跃且知识产权产业化转化及管理能力最强的国家。

德国企业并不孤立研究专利信息，而是将其作为企业整体战略的一部分加以综合考虑，通过开展产、学、研的合作与互补，在企业内部以及企业与研究机构之间形成研发和产业化的良性循环机制，从创新发明的分析挖掘、申请专利的新颖性创造性分析、进行商业谈判和知识产权纠纷处理等方面明确职责，促进知识产权成果的应用及产业化和市场化。

日本在知识产权方面的起步滞后于欧美国家，在前期的"贸易立国"和"技术立国"阶段，由于依靠大量引进、吸收和消化欧美技术并进行二次研发，所形成的产品规模化加工组装生产及扩张严重影响了欧美国家的经济利益，遭受了欧美国家的打压，进入20世纪90年代后，在信息技术等高新技术领域的竞争力落后于欧美国家，在传统工业和劳动密集型产品方面又面临着亚洲新兴工业国家和地区的竞争，日本产业竞争力明显下降，并经历了十余年的经济疲软。为了摆脱困境，重振经济，日本政府在进行深入调研和充分论证的基础上于2002年发布了《知识产权战略大纲》，对日本的立国战略进行调整，将"技术立国"国策转变为"知识产权立国"，希望通过战略层面创造、保护和应用知识产权增强日本的国际竞争力。之后，日本陆续制定了《知识产权基本法》《知识产权战略推进计划》和《有关知识产权创造、保护及其利用的推进计划》，为"知识产权立国"提供了法律保障。通过几年的实践，日本在知识产权创造、保护、应用和管理等方面建立了一套科学合理的机制，实现了从"贸易立国"到"技术立国"，再到"知识产权立国"的战略升级，推动了日本经济的发展。日本也成为迄今为止制定知识产权战略体系最为完整、系统，实施知识产权战略最为得力的国家。

为提升我国知识产权创造、运用、保护和管理能力，建设创新型国家，国务院于2008年出台了《国家知识产权战略纲要》，制定了"激励创造、有效运用、依法保护、科学管理"的指导方针，提出了"促进知识产权创造和运用"的战略重点，其中提到，要"推动企业成为知识产权创造和运用的主体。促进自主创新成果的知识产权化、商品化和产业化，引导企业采取知识产权转让、许可、质押等方式实现知识产权的市场价值。"党的十八届三中全会审议通过的《中共中央关于全面深化改革若干重大问题的决定》更是着力强调要"加强知识产权运用和保护"。

自1985年《专利法》实施以来，特别是进入21世纪后，国内创新热情饱满，知识产权保护意识日渐增强，专利申请量连年提高，至2011年，中国国家知识产权局受理的发明、实用新型和外观设计3种专利数量达到163.3347万件，其中发明专利申请52.6412万件，成为世界最大的专利受理国，冲破了德、日、美三国近百年的垄断，知识产权事业取得了长足的发展和进步。但荣耀光环的背后，我们却不能忽视，知识产权对我国经济增长和社会发展的贡献度不及美、日等知识产权强国。国家知识产权局规划发展司及国家知识产权局专利检索咨询中心共同出具的《2012年我国规模以上工业企业专利活动与经济效益状况报告》显示，全国当年共有规模以上工业企业343 769家，其中仅有41 927家企业递交了专利申请，仅有39 538家企业拥有授权专利，实现主营业务总收入285 790亿元，新产品销售总收入73 883亿元，利润总额18 929亿元。我国大量企业的专利技术尚未通过转移实施和自我实施等途径，形成新产品，开创新产业，并通过一定生产经营活动，使得专利产品形成一定规模，达到一定市场容量，转化为一定的效益，从而获得市场先机和优势地位。据统计，在国家审批的专利项目中，仅有1/5得到转化，形成产业化的专利技术更是只达到5%，远低于发达国家60%~80%的专利产业化水平，显示我国知识产权创造和运用能力仍有极大提升空间。

二、广西知识产权战略实施概况

为推动广西知识产权的知识产权保护与管理，激励发明创造，推动创新成果的应用，近年来，广西相继出台了《广西壮族自治区实施知识产权战略意见》《广西壮族自治区专利条例》《广西壮族自治区人民政府关于在全区开展全民发明创造活动的决定》《广西发明专利倍增计划》等一系列政策和决议，启动了广西知识产权优势企业培育工作，使广西的知识产权创造、运用、管理和保护状况得到了显著改善。据国家知识产权局知识产权发展研究中心出具的《2013年全国专利实力状况报告》显示，广西专利运用实力指数从2012年的第28名跃升至2013年的第23名，专利综合实力指数从第23名跃升至第20名，跃升量均位居全国第一。但专利创造实力指数变化不明显，仅提升1位，位列全国第24名。

而在专利创造能力方面，据国家知识产权局统计，2013年广西专利受理总量达到了23 251件，比2012年增长了67.9%，其中发明专利受理量达14 382件，比2012年增长120.9%，连续两年实现倍增，增长率蝉联全国第一；2013年广西获发明专利授权1 295件，比上年增长43.6%，增长率跃居全国首位；年末发明专利有效量3 692件，每1万人口发明专利拥有量达到0.79件，比上年增长42.90%，增长率位居全国第二。

从专利这一缩影可以看出，广西的知识产权创造工作取得了长足的发展与进步。但是在取得量变成绩的同时仍应清醒地认识到，与国内发达地区相比，广西企业的知识产权创造、管理和运用工作还存在很大的上升空间，如部分企业的领导人员、科技人员和管理人员对知识产权知识缺乏系统了解，保护与防御意识薄弱；知识产权管理机构与体制不健全，知识产权管理工作滞后；兼具技术专长、深谙知识产权保护和管理知识的专业人才严重缺乏；最关键的是，专利的量变如何演进为质变，而所谓的质变尚不仅是发明专利申请获得授权，更重要的是，运用了专利技术的产品在市场竞争中是否因该专利技术的应用而带来了市场控制力和企业经济效益的提高。

三、广西工业企业知识产权工作进步和不足

企业是自主知识产权研发的主力军，2011年以来，在各级政府的战略引领和政策帮扶下，广西工业企业的知识产权工作取得了长足的进步。

1. 知识产权创造方面

在"广西专利倍增计划"的指引下，2011—2013年，广西专利申请受理

总量分别为 3 479 件、5 833 件和 10 304 件，近两年增长率分别达到 67.7% 和 76.7%。其中，2012 年的发明专利受理量 2 530 件，相比 2011 年的 958 件增长了 164.1%，2013 年的发明专利受理量达到 6 089 件，相对于 2012 年增长了 140.7%，连续两年实现倍增。2012 年和 2013 年的专利授权量分别比上一年提高 33.5% 和 40.5%，其中发明专利授权量连续两年的增幅在 40% 以上，发明专利有效量的增幅达到 50% 左右（见表 1-1、图 1-1、图 1-2）。

表 1-1　2011—2013 年广西企业专利概况

单位：件

	2011 年	2012 年	2013 年	2012 年增长率	2013 年增长率
发明专利受理量	958	2530	6089	164.1%	140.7%
实用新型专利受理量	1704	2476	3453	45.3%	39.5%
外观设计受理量	817	827	762	1.2%	-7.9%
专利申请受理总量	3479	5833	10304	67.7%	76.7%
发明专利授权量	247	351	512	42.1%	45.9%
实用新型专利授权量	1266	1802	2820	42.3%	56.5%
外观设计授权量	604	673	638	11.4%	-5.2%
专利授权总量	2117	2826	3970	33.5%	40.5%
发明专利有效量	713	1119	1651	56.9%	47.5%
实用新型专利有效量	3630	5285	7741	45.6%	46.5%
外观设计专利有效量	2142	2508	2732	17.1%	8.9%
专利总有效量	6485	8912	12124	37.4%	36.0%

备注：基础数据来源于国家知识产权局网站。

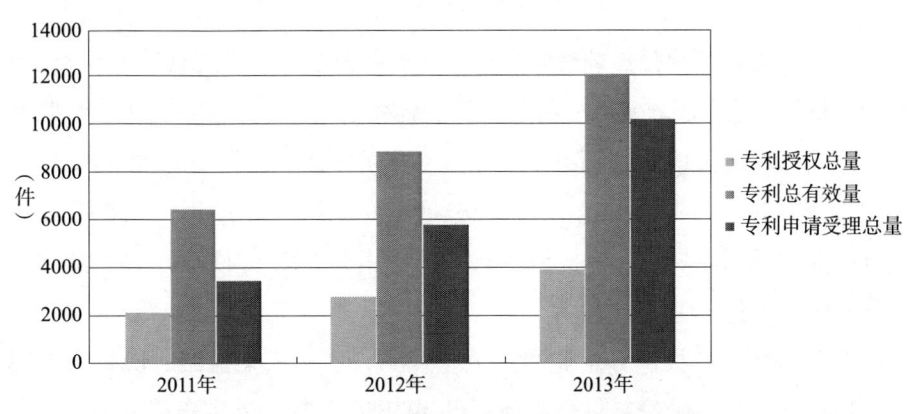

图 1-1　2011—2013 年广西企业发明专利概况

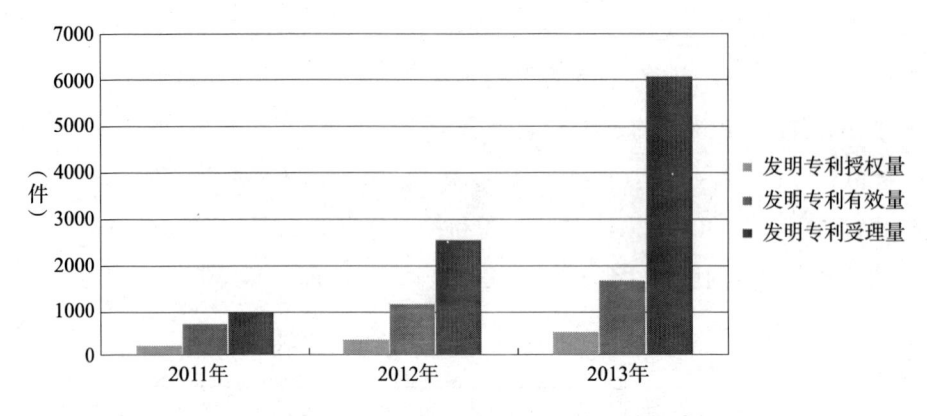

图 1-2　2011—2013 年广西企业发明专利概况

2. 知识产权优势企业和示范企业培育方面

为了推进工业企业的知识产权创造、保护及运用工作，广西政府相关部门也出台了一系列政策及有效措施。如2012年年初的《广西发明专利倍增计划》提出了"十二五"时期，知识产权优势企业共申请发明专利15 000件，带动全区各级各类企业共申请发明专利30 000件的目标"。2013年，自治区党委、政府作出《关于加快新型工业化实现跨越发展的决定》，并将知识产权优势企业培育纳入其内容，明确提出到2017年培育出10家国家级知识产权优势企业和50家自治区知识产权优势企业。同年，广西知识产权局制定了《广西壮族自治区知识产权优势企业工作指导意见》，目前已认定广西玉柴机器股份有限公司、上汽通用五菱汽车股份有限公司、广西柳工机械股份有限公司、柳州欧维姆机械股份有限公司、桂林橡胶机械厂、广西三环企业集团股份有限公司、中国化工橡胶桂林有限公司、广西壮族自治区花红药业股份有限公司和梧州神冠蛋白肠衣有限公司共9家企业为自治区知识产权优势企业。此外，广西壮族自治区工信委也制定了《广西工业企业知识产权创造运用能力培育工程工作方案》，并经过两年培育，从广西69家列入国家知识产权培育工程试点企业中选出有特色、有成效、有带动作用的8家工业企业认定为广西知识产权应用示范企业。

在上述知识产权优势企业和示范企业中，广西玉柴机器股份有限公司、上汽通用五菱汽车股份有限公司分别以492件、274件专利申请列2013年度全区专利申请总量的前两名，以155件和96件发明专利申请分列2013年度全区发明专利申请量的第一和第三名。在发明创造的保护上起到了良好的模范带头作用。

与此同时，知识产权优势企业和示范企业在专利运用上也迈出了坚实的脚步。如柳州欧维姆机械股份有限公司荣获中国专利金奖的发明专利"夹片式群锚拉索及安装方法"广泛应用于港珠澳大桥等重点工程；中国化工橡胶桂林有限公司荣获中国专利优秀奖的"设有胎体填充胶的子午线轮胎"专利技术及产品打破了国外轮胎巨头对我国高性能子午线轮胎市场的垄断。上汽通用五菱汽车股份有限公司更是在知识产权保护上大做文章，积极加强专利布局，宝骏630轿车集成了74件专利技术，销售收入逾4.5亿元，同时还通过海外技术转让，实现最有价值的知识产权输出，也使上汽通用五菱成为我国首个具有自主知识产权的车型整车技术输出企业。

3. 广西工业企业知识产权工作存在的问题

在看到广西知识产权工作成效的同时，我们也不能忽视问题的存在：

第一，企业的知识产权运用和管理能力偏低。部分大型企业的知识产权组织和管理正在逐渐完善，并建立了企业知识产权发展规划，但大部分企业仍缺少独立的专利管理部门，缺乏系统的知识产权管理制度，在知识产权事务处理上和知识产权发展过程中有一定的随意性，企业知识产权工作没有保障。

第二，兼悉专业技术和知识产权知识的人才相对匮乏。既熟悉技术、产业背景，又了解必要的专利法律知识的复合型人才在广西乃至全国的储备量较低，严重阻滞了企业知识产权的运用与管理水平的提高。

第三，专利信息利用能力还有待提高。专利信息中的技术信息、经济信息和法律信息为企业在市场竞争中提供非常重要的情报，但是绝大多数企业对专利信息利用的意识不足，大部分企业没有储备可有效利用专利信息的人才，造成专利信息运用障碍，无法在新产品和新技术研发中获取研发启示，提高研发效率，突破技术瓶颈，规避技术壁垒，从而为企业创造利润。

第四，专利产业化转化能力弱。多数企业围绕主导产品及核心技术的研发及保护缺少规划，尚未能形成专利布局，拥有知识产权的产品占销售收入的比重不高，未能通过知识产权抢占市场先机及制高点，如何加快专利技术成果的产业化，提升知识产权在企业经济发展中的贡献率是目前众多广西企业亟待解决的问题。

四、本书背景及目的意义

近年来，广西知识产权局等政府相关部门以激励知识产权创造为基础，以推动知识产权运用为目的，先后组织实施了重大专利专项分析与预警、专利特派员和优势知识产权企业培育示范等一系列项目，这些项目以专利信息资源利用和专利分析为基础，把专利运用嵌入到产业技术创新、产品创新、组织创新和商业模式创新中，对提升广西工业企业知识产权创造、运用、管理和保护能力起到了很好的促进作用，并取得了一批令人瞩目的研究成果。本书选取了汽车、制药、冶金和制糖等领域的广西七家企业实施知识产权战略和开展专利信息利用实践的案例，以期为广西相关企业进行技术创新和产品研发提供参考和帮助，并引导相关企业根据自身需要进行专利的跟踪分析、预警和布局，通过制定和实施全方位的专利战略来赢得用户和市场，并获取最大限度的综合效益。

第二章

全球车灯市场现状与专利技术分析

一、案例简介

这是 LW 公司在对全球车灯产业进行市场现状调查、企业技术创新及竞争对手专利情报分析过程中应用专利信息的案例。案例源于"汽配企业专利特派员工作试点建设试点示范"项目，其专利信息运用特点是：

第一，通过实地调研、典型案例分析和问卷调查等方式，对公司在专利信息运用方面的现状及存在的问题展开深入的调研，针对存在的问题制定了规章制度，清晰管理体系，保证专利战略工作正常有序地开展。

第二，引进专利特派员，协助企业专利管理人员或企业聘请专业人员对各种专利数据和信息进行收集、整理、分析和数据挖掘等二次开发后，通过运用企业内部网络、编制专利内部资料及提供培训和宣传等方式输送给企业内部各类专利信息运用者，从而推动专利信息在企业内部的广泛应用。

第三，利用中外专利数据库和中献、Orbit、Thomson Innovation/TDA 等多种国内外分析工具对汽车照明技术领域专利文献中的技术信息、经济信息、法律信息进行深度挖掘和分析，对行业及竞争对手的核心技术、发展动向和知识产权状态实施跟踪监控，完成一份汽车灯具行业专利分析报告，为企业顺利开展专利信息运用，开发各类汽车灯具产品打好基础。

第四，制定和完善专利战略，并将专利工作纳入企业技术创新、产品研发、市场开拓和经营发展的全过程，构建专利工作体系全新的管理模式和运行机制，不断提升企业自主创新能力，进而提升企业在汽车灯具市场的核心竞争力。

二、案例背景

汽车零部件产业是创新竞争最为典型的产业，伴随着汽车零部件全球采购、同步开发、电子化、系统化和模块化供货趋势的国际潮流，生产设计与研发能力已经成为零部件企业的核心竞争力。据统计，发达国家开发一款新车，70%的知识产权属于零部件企业。在国际知识产权制度的框架下，知识产权已逐渐成为汽车企业的"技术盾牌"，直接关系到汽车企业的生存空间。我国汽车零部件产业处于世界汽车零部件产业的低端，目前在中国注册的中外零部件专利总数仅占全世界的2%左右，其中，中国本土零部件企业的专利拥有量只占22%，剩下的78%为跨国零部件企业所拥有。行业中只有43%的零部件企业拥有专利，不到20%的企业拥有发明专利。知识产权已经成为我国汽车及零部件企业明显的短板，关键技术的缺失逐渐成为零部件企业良性发展的最主要障碍。我国的零部件行业企业要实现从"大"到"强"，在保护知识产权、提高自主创新能力方面任重而道远。

车灯是集照明、信息交流和外观美化等功能为一体的汽车关键零部件之一，通常每一款车型的问世或换代改型都需要设计开发新的车灯，属于定制型产品。安全可靠的汽车照明系统是汽车安全行驶的重要前提和保障。近年来，随着我国汽车工业的快速发展，汽车灯具行业也得到了长足的发展。"十一五"末，现有汽车灯具制造企业仍为200家左右，以中小企业为主；较具规模企业有10家左右（主要为合资、独资、民营），占据了大部分市场。企业已开始摆脱地域或行业束缚，围绕主机配套形成了东北、京津、华中、西南、长三角和珠三角六大汽车灯具制造产业带。通过中外联合开发等方式，行业引进、消化、吸收国外最新技术速度加快，整体开发能力逐步提高，产品水平提升较快，品种门类较为齐全，核心企业已开始通过集成创新和二次创新向国际前沿技术发起挑战。产品开发向低能耗、智能化方向发展，重点发展的AFS、LED、HID汽车灯具产品得到行业内极大关注和国家有关部门重视。

整体而言，国内车灯行业仍以外资零部件企业为主，市场中的外资占比超过74%，占据主流合资品牌车型，并呈现上海小糸车灯"一超"、广州斯坦雷、长春海拉、湖北法雷奥与深圳"多强"的局面。目前车灯产品的配套主要由存在利益共享关系的系统内配套。例如，广州本田汽车的车灯产品由广州斯坦雷电器有限公司配套生产；北京现代汽车的车灯产品由北京现代三立车灯有限公司配套生产，同为北京汽车集团下属的北京海拉车灯有限公司都没法进入北京现代汽车的产品配套供应链中；东风悦达起亚汽车的车灯产品由江苏摩比斯汽车零部件有限公司的车灯工厂配套生产；上海大众、上海通用则由上汽集团和日本小糸共同合资的上海小糸车灯有限公司配套。轿车合资企业的配套市场基本上被合资车灯企业所垄断。

国内车灯配套市场属于非完全竞争市场，这是由中国汽车工业发展的现状决定的。一方面是因为系统内产品配套供应链的原因，在合资的整车企业中，汽车相关零部件的采购决定权多数由外方决定，想要进入这些合资企业的配套产业链相当困难，而且需要经过合资方的外方母公司的技术和质量认证。引进国内的汽车车型，多数是在国际市场上比较成熟的车型，这些车型在国外已经有比较固定的配套厂商，车型引进国内生产之后，相关的汽车零部件生产多由国外原有配套企业设在国内的零部件合资或者独资企业提供。特别是与日本、韩国合资的整车企业，对原有的配套关系保护非常严密，国内企业很难进入其配套关系中。另一方面也反映出我国非合资车灯企业技术水平滞后，竞争能力不足。近年来，车灯合资企业把国外车灯的先进技术引进国内，国内传统车灯企业通过学习国外先进技术，整体开发能力逐步提高，产品水平也得到较快提升。但整体而言，行业自主创新能力差，没有强有力的自主品牌，开发能力仍较为薄弱，核心技术水平（如电子、设计、工艺）与世界先进水平仍有较大差距。在较具规模企业中，有外资背景的占领大多数，并占据我国大部分配套市场，在开发设计、二次配套和核心技术掌握等方面形成了以外资主导的局面。这种局面如不予以迅速改观，将彻底影响行业创新和自主品牌的形成，不利于行业发展。因此，国内非合资企业要改变市场中的被动局面,必须把技术引进与自主研发相结合,在消化、吸收的基础上实现技术创新和超越,着力解决汽车灯具行业发展的瓶颈问题,打造自主品牌,形成核心技术并进行专利群保护,打破跨国公司对专利技术的垄断,不断提升国内企业在国际竞争中的核心竞争力,变"中国制造"为"中国创造",才能在未来的市场竞争中掌握话语权。

针对上述情况,我国在汽车灯具行业"十二五"专项发展规划中提出以下发展目标:

第一,自主创新。通过加快人才集聚、培养和加大科技研发投入,在专利、标准化及高新技术等方面缩小与国际汽车灯具巨头的差距并走向世界。

第二,关键技术的掌握。加大力度在 AFS、LED、HID、图像识别及光导纤维照明等技术上奋起直追,突破国外技术设置的知识产权屏障,掌握技术发展动向,具备较高水平的产品研发能力和工艺装备能力。

第三,建立产业联盟。为了掌握关键技术,突破瓶颈,对于行业的前沿技术,争取建立汽车灯具技术竞争的前沿性、基础性的研发平台,可采取多元投资,组织行业核心企业,尽可能对社会资源进行高效率利用和联合攻关,成果共享,避免重复研发和建设,建立产业联盟,抢占行业制高点,争取在设计、光源、智能技术及电子器件等方面有突破。

LW 公司是广西自治区集研发、生产、销售为一体的多元化企业,生产各种车用全塑车灯,共有 200 多个品种,产品开发、设计和制造能力居全国汽车灯具行业前列;目前,LW 公司已成为年销售过亿元的灯具专业企业,是广西自治区人民政府和南宁市人民政府重点扶持的企业之一,是广西企业专利工作试点单位和中国汽车行业协会灯具分会理事单位。本案例以 LW 公司专利信息资源利用和专利分析为基础,把专利运用嵌入到汽车车灯企业技术创新和产品创新中,引导汽车零部件企业科学发展。

三、专利信息分析

本案例主要针对车灯行业技术概况、国内外车灯专利申请、国内外车灯行业专利主要申请人、车灯行业专利技术发展脉络与重点专利技术进行分析,寻找主要竞争对手的核心技术和发展动向，并对竞争对手知识产权状态实施跟踪监控。分析重点主要包括以下几个方面：①国内外车灯专利申请趋势、技术领域分布和研发集中区域；②国内外车灯专利主要申请人在车灯领域的市场份额、专利申请状况、研发侧重点、研发实力、专利族群市场布局和技术布局；③HID车灯和AFS车灯专项分析。

（一）国内外车灯专利申请分析

1. 国内车灯专利申请分析

为了详细了解国内车灯专利历年申请状况、产出及发展趋势、技术构成、研发实力、研发热点和重点，对检索到的专利数据进行统计分析，主要通过以下几个方面：车灯专利申请趋势、主要IPC技术构成、申请类型及国省分布状况和车灯专利申请的技术分布。

（1）国内车灯专利申请趋势

通过历年专利数量动向图可看出国内汽车灯具领域内的历年专利申请状况、产出及发展趋势等内容，如图2-1所示。

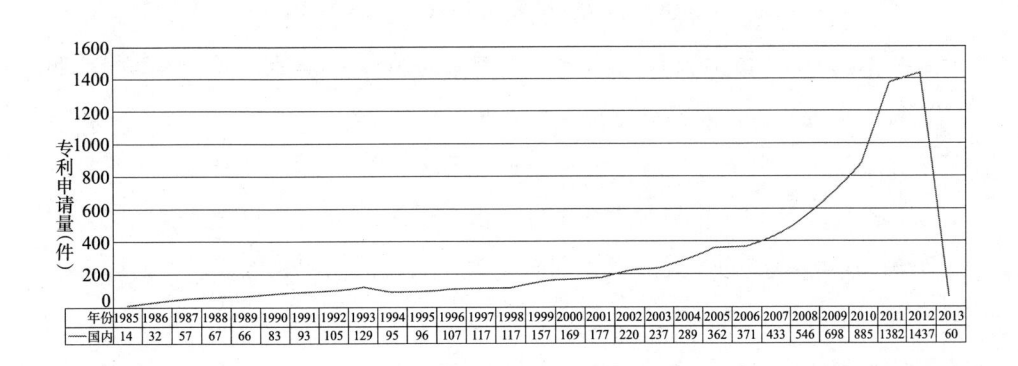

年份	1985	1986	1987	1988	1989	1990	1991	1992	1993	1994	1995	1996	1997	1998	1999	2000	2001	2002	2003	2004	2005	2006	2007	2008	2009	2010	2011	2012	2013
国内	14	32	57	67	66	83	93	105	129	95	96	107	117	117	157	169	177	220	237	289	362	371	433	546	698	885	1382	1437	60

图2-1 国内车灯专利申请趋势

由车灯专利申请趋势图可知，从1985年到1994年，我国在车灯技术上还处于探索阶段，参与车灯研发的技术人员较少，国家也未出台有关车灯方面的激励政策，因此，车灯专利的年申请数量较少；从1995年到2004年，我国有关车灯技术的研究开始起步,参与研发人员逐步增加,车灯市场需求稳定,专利申请量稳步增长;从2006年到2012年,国家加大对汽车零部件产业的扶持力度,相继出台了汽车工业"十一五"发展规划和汽车工业"十二五"规划,我国有关车灯的研究进入快速发展期,研发人员大量介入,市场需求旺盛,2012年车灯专利申请量已突破1500件。

(2)主要IPC技术构成分析

为了进一步了解国内车灯专利申请的技术领域分布和研发集中区域,对国内车灯专利申请的IPC构成进行分析,分别统计IPC大类、IPC小类、IPC大组和IPC小组,结果如下:

车灯专利申请主要涉及专利分类中的B部(作业;运输)、F部(机械工程;照明;加热;武器;爆破)、G部(物理)和H部(电学);

在大类中,数量位居前两位的是B60(申请量为3715件,占总量的43%)和F21(申请量为3309件,占总量的39%),分别涉及一般车辆和照明;

在小类中,数量位居前两位的是B60Q(申请量为3344件,占总量的44%)和F21S(申请量为2275件,占总量的30%),分别涉及一般车辆照明或信号装置的布置和非便携式照明装置或其系统;

在大组中,数量位居前两位的是B60Q1(申请量为2819件,占总量的46%)和F21S8(申请量为2103件,占总量的34%),分别涉及光学信号或照明装置的布置和准备固定安装的照明装置;

在小组中,数量位居前两位的是F21S8/10(申请量为1900件,占总量的47%)和B60Q1/14(申请量为321件,占总量的14.8%),分别涉及专门适用于车辆的信号或照明装置的设置和有变近光装置的照明装置,以上为国内车灯专利申请的技术集中区。

(3)申请类型及国省分布状况分析

为了了解我国车灯专利申请的竞争情况,对车灯专利申请类型和国省分布进行统计分析,如图2-2所示。

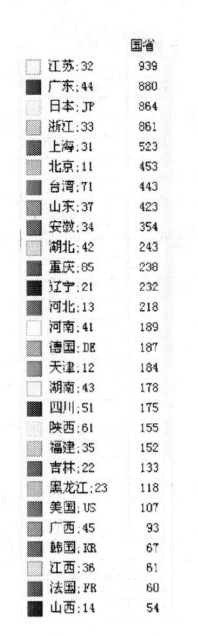

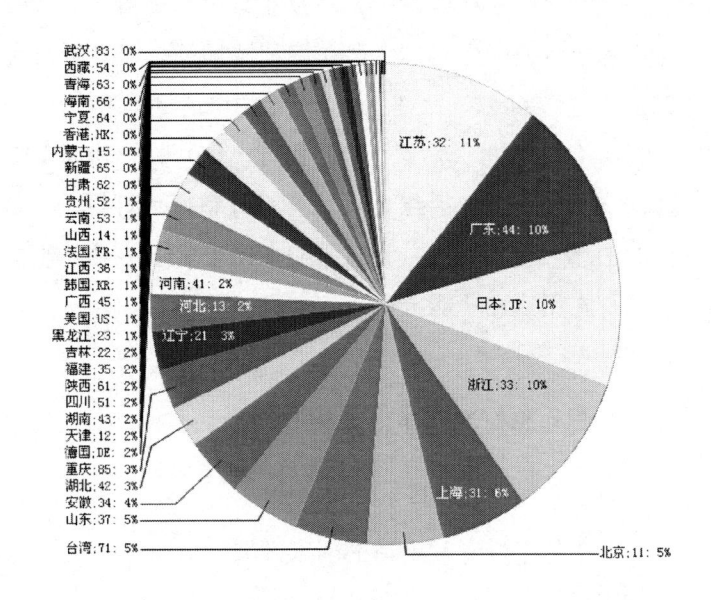

图 2-2 车灯专利申请国省分布

由图 2-2 可知，在检索到的 8946 件专利申请中，271 件为 PCT 国际申请，占申请总量的 3%。申请量前 5 的国省区域分别是江苏（939 件，占 11%）、广东（880 件，占 10%）、日本（864 件，占 10%）、浙江（861 件，占 10%）和上海（523 件，占 6%），江苏地区的申请人主要是常州星宇车灯股份有限公司和大茂伟瑞通车灯有限公司，广东地区的申请人主要是海洋王照明科技股份有限公司、比亚迪股份有限公司和广东雪莱特光电科技股份有限公司，日本来华的申请人主要是株式会社小糸制作所、本田技研工业株式会社、市光工业株式会社和斯坦雷电气株式会社，上海地区的主要申请人是上海小糸车灯有限公司和上海南北机械电气工程有限公司。国内企业申请数量虽然较多，但申请人零散，单个申请人的申请量并不高，不能对车灯领域进行有效布局和保护；日本来华申请的专利数量相对总量略少，但申请人集中，单个申请人的申请量远超国内车灯企业，专利布局全面（主要涉及前照灯和后灯），优势比较明显，日本申请人是我国车灯制造研发企业的主要竞争对手。

（4）国内车灯专利申请的技术分布

对国内车灯专利申请按产品技术领域进行统计，了解我国车灯产品所对应的专利申请状况及研究热点，结果发现：

在我国的专利申请中，LED车灯申请量最大（1782件），是当前的研究热点和重点，国内申请人已在该领域具备一定的研发实力；HID氙气灯的申请量次之（960件）；AFS随动车灯的申请量排名第三（555件）；雾灯申请量排第四（365件）；后组合灯排第五（110件）。由于LED车灯可用于前照灯、转向灯、刹车灯、后组合灯、警示灯和指示灯等，因此其研发申请量较大，而HID氙气灯仅用于前照灯；AFS随动车灯仅用于弯道辅助照明；后组合灯和雾灯在用途和功能上也比较有限，所以在申请量上也反映其用途与功能的范围是否广阔。

2. 国外车灯专利申请分析

（1）专利申请的区域分布状况

对国外车灯专利申请的国家区域和组织进行统计分析，了解专利产出和研发重点国家，如图2-3所示。

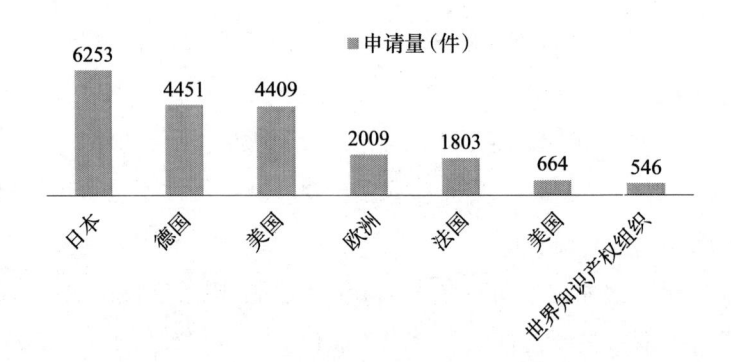

图 2-3　国外车灯专利申请的区域分布

由图2-3可知，日本产出有关车灯方面的专利申请量最多（6253件申请），说明日本在车灯技术的研发上投入较多，整体实力强于其他国家；德国产出有关车灯方面的专利申请量第二（4451件申请）；美国产出有关车灯方面的专利申请量第三（4409件申请）；欧洲产出有关车灯方面的专利申请量第四（2009件申请）；法国产出有关车灯方面的专利申请量第五（1803件申请）；英国产出有关车灯方面的专利申请量第六（664件申请）；世界知识产权组织产出有关车灯方面的专利申请量第七（546件申请）。上述申请量同时也反映对某一个国家市场的重视程度。

（2）主要IPC技术构成分析

为了进一步了解国外车灯专利申请的技术领域分布和研发集中区域，对国外车灯专利申请的 IPC 构成进行分析，分别统计 IPC 部、IPC 小类和 IPC 小组前10名进行分析，结果发现：

国外车灯专利申请主要分布在 B、F、H、G 部，少量分布在 A、E、C 部；其中 B 部为技术的集中分布区，数量为 8151 件。申请量按 IPC 小类进行划分，主要分布在以下几类：B60Q、F21V、F21S，其中 B60Q（一般车辆照明或信号装置的布置）专利申请量占总量的 33%；F21V（照明装置或其系统的功能特征或零部件）专利申请量占总量的 16%；F21S（非便携式照明装置或其系统）专利申请量占总量的 14%，为主要技术研发的集中区。

为了分析国外车灯专利申请的重点研究领域，对 IPC 进行进一步划分，选取专利申请中小组排名前十位的分类号进行统计，如图 2-4 所示。从图 2-4 中可以看出，国外车灯专利申请主要集中在 F21S-08/10 小组（1556 件专利申请）、B60Q-01/00 小组（963 件专利申请）、B60Q-01/04 小组（925 件专利申请）和 B60Q-01/26 小组（809 件专利申请），即"专门适用于车辆的信号或照明装置的设置""光学信号或照明装置的布置""装置是前大灯的布置"和"装置主要用于向其他交通工具指明车辆及其部件或发出信号"技术领域。

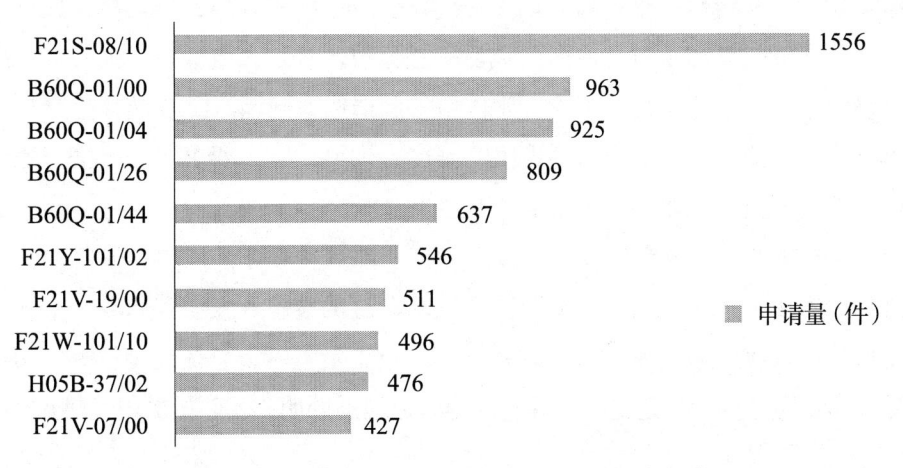

IPC 小组	申请量（件）
F21S-08/10	1556
B60Q-01/00	963
B60Q-01/04	925
B60Q-01/26	809
B60Q-01/44	637
F21Y-101/02	546
F21V-19/00	511
F21W-101/10	496
H05B-37/02	476
F21V-07/00	427

图 2-4　国外车灯专利申请 IPC 小组前十位

（3）国外车灯专利申请的技术分布

对国外车灯专利申请按产品技术领域进行统计，了解国外车灯产品所对应的专利申请状况及研究热点，结果发现：在国外的车灯专利申请中，LED车灯申请量最大（3568件），是当前的研究热点和重点，国外申请人已在该领域具备较强的研发实力；HID氙气灯的申请量次之（1998件）；AFS随动车灯的申请量排名第三位（724件）；雾灯申请量排第四位（672件）；后组合灯排第五位（591件）。排名情况与国内专利申请的技术分布大致相同。

（二）国内外车灯专利主要申请人分析

1. 主要竞争申请人分析

对国内外主要竞争申请人在各个技术领域的申请量进行统计，选取申请量排名前3的申请人进行分析，如表2-1所示。由表2-1可知，小糸制作所、斯坦雷电气和法雷奥照明涉及的领域最广，其中小糸制作所涉及LED车灯、HID车灯、AFS随动前照灯和雾灯，不仅种类多而且申请量大，说明其在国内外申请人中研发实力较强，技术储备已远超其他竞争对手。

斯坦雷电气涉及LED车灯、AFS随动前照灯和后组合灯，其主要在LED车灯技术领域中布局，说明其对LED车灯的市场前景看好同时也具备一定的研发实力，从申请总量上看，如图2-5所示，LED车灯的起步较早，是车灯行业的研究热点和重点，许多厂家都在进行技术开发，申请总量也一直保持着稳定增长；从市场应用上看，国内由于制造成本问题，LED芯片生产技术难度大，门槛高，养晶过程的温度、湿度、供电、除尘要求十分严格，致使LED车灯在国内汽车上的应用率还不足1%。

法雷奥照明涉及HID车灯、AFS随动前照灯和雾灯，其在AFS随动前照灯的专利申请中位居第一，说明其在随动车灯的技术研发中布局较早，领先于同行业其他竞争对手，但从随动车灯的申请量上看，总体起步较晚，2002年后申请量才开始稳定增长，现已成为弯道辅助照明技术领域的研究热点。

表 2-1 各个技术领域中的主要申请人

技术领域	申请人	申请量（件）
LED 车灯	小糸制作所	755
	市光工业株式会社	214
	斯坦雷电气有限公司	218
HID 氙气灯	飞利浦电子	833
	小糸制作所	320
	欧司朗车灯	256
AFS 随动前照灯	法雷奥照明公司	52
	小糸制作所	42
	博世零部件公司	24
后组合灯	丰田汽车	143
	本田汽车	71
	斯坦雷电气有限公司	24
雾灯	小糸制作所	50
	法雷奥照明公司	36
	博世零部件公司	13

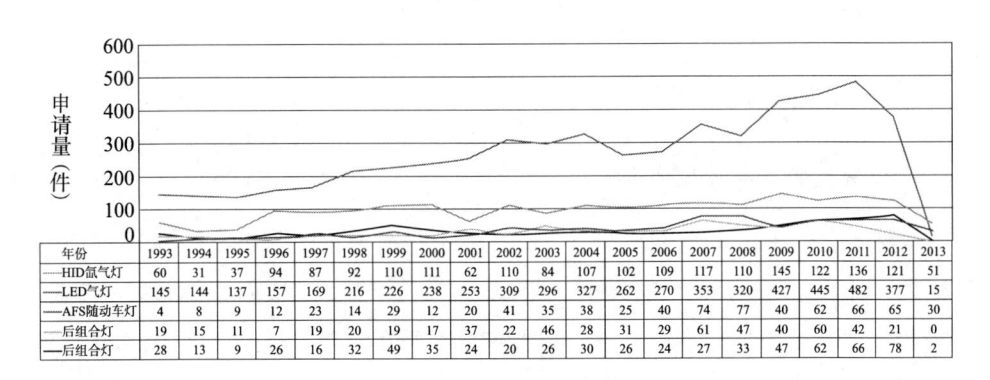

年份	1993	1994	1995	1996	1997	1998	1999	2000	2001	2002	2003	2004	2005	2006	2007	2008	2009	2010	2011	2012	2013
HID氙气灯	60	31	37	94	87	92	110	111	62	110	84	107	102	109	117	110	145	122	136	121	51
LED灯	145	144	137	157	169	216	226	238	253	309	296	327	262	270	353	320	427	445	482	377	15
AFS随动车灯	4	8	9	12	23	14	29	12	20	41	35	38	25	40	74	77	40	62	66	65	30
后组合灯	19	15	11	7	19	20	19	17	37	22	46	28	31	29	61	47	40	60	42	21	0
后组合灯	28	13	9	26	16	32	49	35	24	20	26	30	26	24	27	33	47	62	66	78	2

图 2-5 车灯各个技术领域的申请趋势

2. 主要竞争申请人 IPC 技术差异分析

为了了解主要申请人在车灯领域的研发侧重点，选取国外 4 家、国内 2 家主要申请人进行分析，对申请人的主要 IPC 小组进行统计，如图 2-6 所示。可以看出小糸制作所、法雷奥照明和斯坦雷电气的专利申请均集中在 F21S8/10 小组，即"专门适用于车辆的照明装置"技术领域，该领域主要涉及前照大灯、雾灯和行车灯；海拉车灯的专利申请中，主要集中在 B60Q1/26 小组，即"主要用于向其他交通工具指明车辆及其部件或发出信号的照明装置"技术领域，该领域主要涉及指示灯、警示灯和信号灯；吉利汽车的专利申请均集中在 B60Q1/44 小组，即"用于指明制动作用的照明装置"技术领域，该领域主要涉及制动灯；常州星宇车灯的专利申请均集中在 F21Y101/02 小组，即"发光二极管光源"技术领域，但其申请量仅 30 件，说明星宇车灯已在 LED 车灯的研究上已经起步，并具有一定的研发实力。

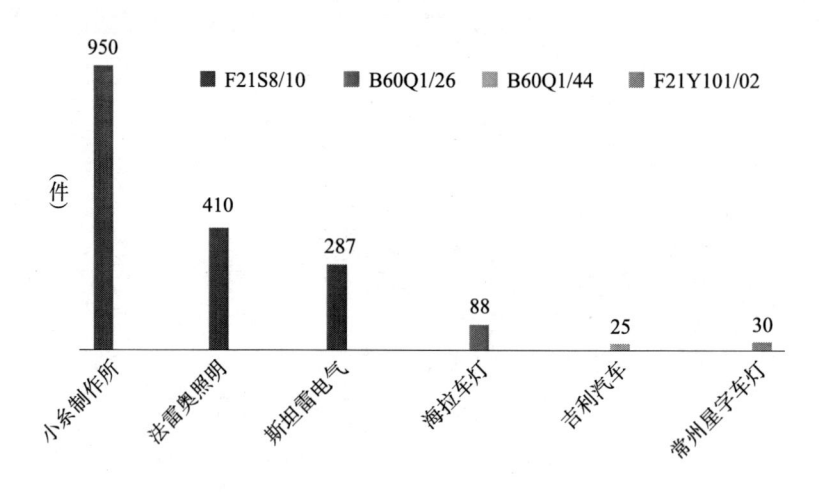

图 2-6 车灯主要申请人技术差异

3.株式会社小糸制作所

株式会社小糸（mi）制作所（KOITO）是跨国集团公司，自 1915 年成立以来，以制造先进、安全的火车、汽车、航空、船舶、交通用照明器具为专业，并通过对产品种类的不断开发，以及产品品质的不断提高，逐步成为在世界范围内知名的汽车灯具制造企业。小糸集团旗下 28 家企业，仅前照灯产品就占日本国内市场的 51%、世界市场的 20%。在企业销售不断拓展的同时，小糸也以其先进的生产管理理念、高端的生产技术带动全球汽车车灯生产。目前，小糸是全球前 50 大汽车零组件厂商、全球最大汽车车灯制造商、日本最大车灯制造商、欧美亚全球 9 国 12 条生产线和日本丰田 Toyota 车灯供应协力厂商，其产品包括：发光二极管（LED）前照灯、放电前照灯、大灯、标志灯具、高位刹车灯、卤素灯泡和微型灯泡等灯具配件及控制设备、铁路车辆、道路交通信号、交通控制系统和道路和隧道照明灯具。

Koito 小糸制作在全球的投资分布主要包括日本、中国、欧洲、北美和除中国、日本外的亚洲国家，其中日本本土的公司有 2 家（小糸制作所有限公司和小糸九州有限公司）；北美的公司有 2 家（北美照明有限公司、KPS N.A INC），办事处有 2 个（Detroit Office 和 Seattle Office）；中国的公司有 5 家（上海小糸车灯有限公司、常州小糸今创交通设备有限公司、福州小糸大亿车灯有限公司、广州小糸大亿车灯有限公司、大亿工业制造有限公司）；亚洲其他国家的公司有 3 家；欧洲的公司有 3 家。小糸车灯的产品主攻市场是日本、中国、欧洲、北美，尤其是对中国市场的注重。在中国，小糸车灯为上海通用、上海大众、上汽股份、天津一汽丰田、一汽大众、东风日产、东风乘用车、长安福特、长安铃木、安徽奇瑞、北京吉普和四川丰田等主机厂配套，是我国汽车灯具企业最大的竞争对手。

从图 2-7 可以看出，1985 年至 1994 年期间，小糸制作所的专利申请开始起步，但在我国的专利申请量还是零；自 1995 年起，小糸制作所开始在我国申请专利，1995 年至 2005 年期间，小糸制作所在我国的专利年申请量快速增长，从 1995 年的 3 件年申请量增长到 2005 年的 41 件年申请量，小糸制作所在国外的年申请量也一直保持在 90 件左右，全球年申请量的总体态势呈稳定增长趋势，从 1995 年的 59 件增长到 2005 年的 140 件；2006 年至 2012 年期间，小糸制作所在我国的专利申请量总体平稳，截至 2012 年，年专利申请量已达 64 件，小糸制作所在国外的年申请量仍然保持在 90 件左右，在全球的年申请总量从 2006 年的 94 件增长至 2012 年的 155 件。

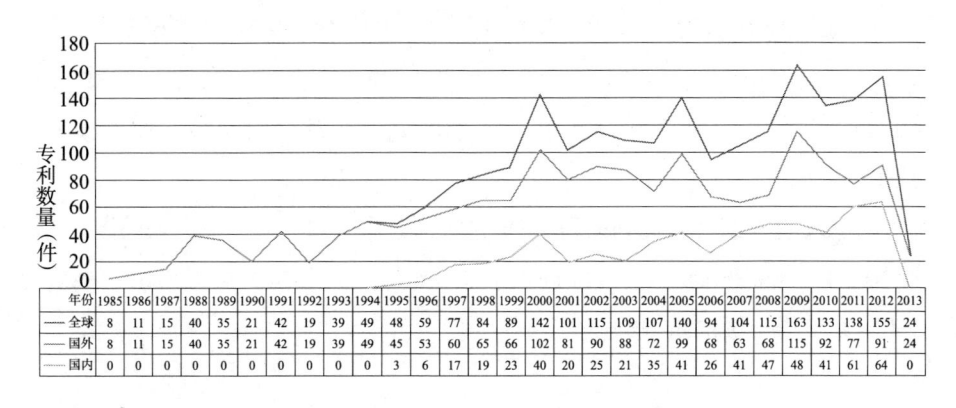

年份	1985	1986	1987	1988	1989	1990	1991	1992	1993	1994	1995	1996	1997	1998	1999	2000	2001	2002	2003	2004	2005	2006	2007	2008	2009	2010	2011	2012	2013
全球	8	11	15	40	35	21	42	19	39	49	48	59	77	84	89	142	101	105	109	107	140	94	104	115	163	133	138	155	24
国外	8	11	15	40	35	21	42	19	39	49	45	53	60	65	66	102	81	90	88	72	99	68	63	68	115	92	77	91	24
国内	0	0	0	0	0	0	0	0	0	0	3	6	17	19	23	40	20	15	21	35	41	26	41	47	48	41	61	64	0

图 2-7　小糸制作所专利申请趋势

为了分析小糸制作所的重点研究领域,通过对IPC进行进一步划分,选取专利申请中小组排名前10的分类号进行统计,如图2-8所示。从图2-8中可以看出,小糸公司的专利主要集中在F21S-08/10小组(731件专利申请)、F21Y-101/00小组(351件专利申请)、F21W101-00小组(341件专利申请),即"专门适用于车辆的信号或照明装置的设置""点状光源"和"车辆上或其中的照明装置的用途或应用"技术领域。

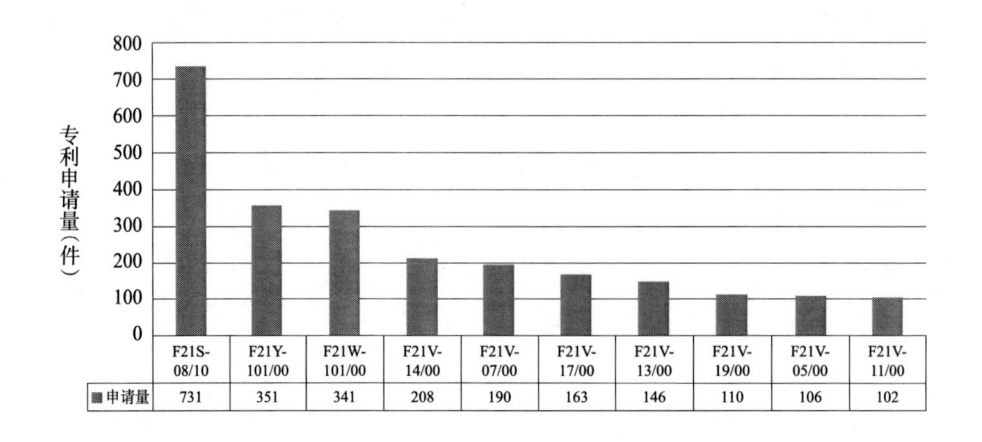

	F21S-08/10	F21Y-101/00	F21W-101/00	F21V-14/00	F21V-07/00	F21V-17/00	F21V-13/00	F21V-19/00	F21V-05/00	F21V-11/00
申请量	731	351	341	208	190	163	146	110	106	102

图2-8 小糸车灯专利申请中F部IPC小组前10

为了研究小糸制作所在世界车灯市场上的专利布局,对小糸车灯专利的族群布局进行了统计分析,并对同族专利数中排名前10的专利申请进行剖析,如表2-2所示。其中:国家地区代码表示该专利申请进入的国家和地区,是抢占该地区市场的一种行为。从表中可以看出,小糸车灯在同族专利布局上以LED灯和HID灯为主,排名前10的同族专利申请中有6件(23个、15个、15个、14个、14个、14个)涉及LED,有2件(21个、18个)涉及HID氙气灯,其他2件(16个、14个)分别涉及反射器结构设计和配光装置。

从进入的国家地区代码来看,10件均选择进入日本、9件进入德国、7件进入美国、7件进入法国、6件进入中国、6件进入英国,可以看出,小糸对上述国家市场份额的重视程度。

表 2-2　小糸车灯同族专利排名前十位透视

公开号	专利名称	同族专利数量（件）	国家地区代码
EP2192344A3	Light source unit for vehicular lamps（LED）	23	CN US EP JP KR DE FR GB
EP1067827A2	High voltage discharge lamp apparatus（HID）	21	AL AT BE CH CY DE DK ES FI FR GB GR IE JP
US5142203A	Lighting circuit for high-pressure discharge lamp for vehicle（HID）	18	GB FR DE JP
US7073931B2	Headlight（反射器）	16	CN FR DE JP US KR
US7210834B2	headlight for vehicle（LED）	15	CN FR JP US DE KR GB
US7188985B2	Headlamp apparatus for use in vehicle（LED）	15	CN FR GB JP DE KR US
EP2116421A2	Vehicle illumination lamp（配光）	14	AT JP BG CH CY CZ DE DK EE ES FI FR GB
EP1772311A1	Motor vehicle headlamp using light-emitting diodes（LED）	14	CN EP US JP KR DE
US7168836B2	Motor vehicle headlamp with low-beam operation（LED 反射器）	14	EP US JP
EP1418621A2	Headlamp for vehicle（LED）	14	CN JP US KR DE

在公司的对外发展中，Koito 小糸将我国作为它的"第二故乡"，以"在中国，为中国"的本土化经营理念扩展并抢占我国汽车灯具市场。1989 年，小糸进入我国汽车灯具市场，与上海华域汽车合资成立了上海小糸车灯有限公司（SHANGHAI KOITO AUTOMOTIVE LAMP CO.，LTD），并在 10 年时间，发展成为我国主要的汽车灯具设备供应商之一，自 1999 年开始，上海小糸着手开发汽车电子照明，并承担"十五"国家科技攻关计划重大项目，任国家半导体照明协会理事。上海小糸目前已形成有自主产品开发能力，精密模具开发能力，每年自制 200 多台专机设备，同时组成先进的柔性化生产流水线。

福州小糸大亿车灯有限公司（FUZHOU KOITO TAYIH AUTOMOTIVE LAMP CO.，LTD.）成立于 1995 年 12 月，前身为福州大亿灯具有限公司，总投资 1204 万美元。公司是由我国台湾地区大亿交通工业制造股份有限公司与日本株式会社小糸制作所合资，日本小糸现已取得 51% 股权。2008 年至 2010 年认定为"福建省高新技术企业"。主要客户有台湾大亿：TOYOTA、NISSAN、FORD、HONDA、MITSHIBISHI 和 MAZDA；日本小糸：TOYOTA、NISSAN、

SUZUKI……福州小糸大亿：东南汽车、东风汽车、东风裕隆、吉利汽车、广州小糸（丰田汽车）。

常州小糸今创交通设备有限公司（J-KOITO）是日本小糸工业株式会社（KOITO，日本上市公司）与今创集团（KTK）共同出资组建的一家中日合资企业，成立于2005年12月。公司主要从事铁路、地铁、轻轨电气设备和器材及其配件的设计、制造；信息显示系统及其配件的设计、制造；轨道交通内装配件的设计、制造和销售自产产品及产品的售后服务。

小糸制作所在1989年正式进入我国汽车灯具市场后，在我国申请有关车灯方面的专利数量453件，专利申请人以"株式会社小糸制作所"和"上海小糸车灯有限公司"为主。其中，其合资公司上海小糸申请车灯专利106件，福州小糸申请车灯相关专利12件，常州小糸申请车灯相关专利8件。其中，上海小糸在10年时间（2001—2011年）内完成了20多项成果，并在部分重点项目上布局有多项专利申请；从2001年至2006年，上海小糸以装配线的项目研究为主，先后研发了上海帕萨特B5轿车灯具开发、别克轿车灯装配线、皇冠前照灯清洗装置装配流水线等项目；从2006年至2008年，上海小糸先后完成了清洗装置、B5 GP（领驭）轿车外部灯（HID）、智能化前方照明调光系统（AFS）关键技术和KOITO汽车LED信号灯开发项目。LED信号灯作为其重点项目，上海小糸申请了一项发明专利、一项实用新型专利和一项著作权，经中科院上海科技查新咨询中心查新，该项目的总体水平达到了国际先进水平。从2008年至2011年，上海小糸完成了智能化前照灯系统、智能前照灯ECU系统、第二代清洗器和238L（卡罗拉）轿车外部灯等成果，智能前照灯作为重点项目，上海小糸申请了八项发明专利以及七项实用新型专利。可以看出，智能前照灯AFS系统是上海小糸现阶段的研发重点。同样，作为辅助的清洗装置，上海小糸申请了三项发明专利以及两项实用新型专利，在汽车灯具更新换代的同时，上海小糸也重视新灯具清洗装置的研发。

4. 斯坦雷电气株式会社

斯坦雷电气株式会社创立于1920年，是高科技跨国企业集团公司，主要产品有：用于通信设备、家用、车用电器、计算机系统、办公自动化设备、工业和医疗设备等各种光电子、半导体器件；汽车、摩托车用各种照明、显示装置；各种交通信号灯和广告显示屏等，是日本最大的专业性光电子器件公司。开发研制了世界最高发光强度的发光二极管和最小体积的红外传感器，产品得到了日本所有大中小型电信、电器公司和计算机公司、汽车公司、交通机关及如摩托罗拉、诺基亚、惠普、IBM、飞利浦、通用电气、福特、大众和奔驰等众多国际著名公司的采用与信赖。

从图 2-9 可以看出，1985 年至 1994 年期间，斯坦雷的车灯专利申请开始起步，但在我国的专利申请量还是零；自 1995 年起，斯坦雷开始在我国申请专利，1995 年至 2005 年期间，斯坦雷在我国的专利年申请量平稳增长，从 1995 年的 4 件年申请量增长到 2005 年的 25 件年申请量，斯坦雷在国外的年申请量也一直保持在 40 件左右，全球年申请量的总体态势呈稳定增长趋势，从 1995 年的 16 件增长到 2005 年的 52 件；2006 年至 2012 年期间，斯坦雷在我国的专利申请量总体平稳，截至 2012 年，年专利申请量已达 35 件，斯坦雷在国外的年申请量仍然保持在 50 件左右，在全球的年申请总量从 2006 年的 67 件增长至 2012 年的 90 件。

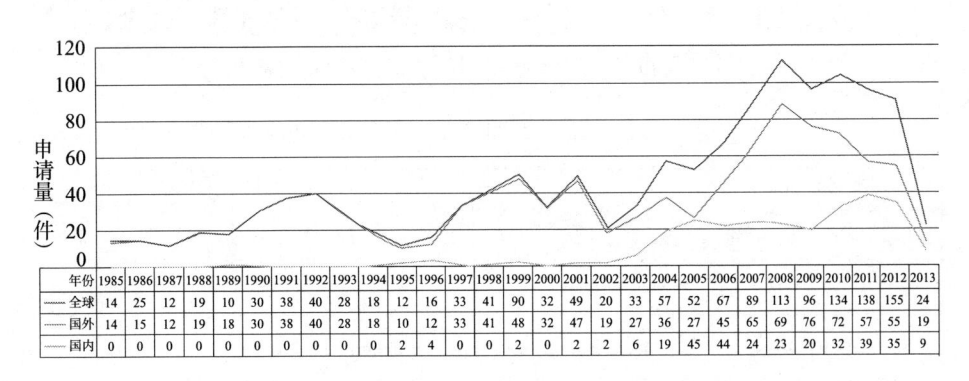

年份	1985	1986	1987	1988	1989	1990	1991	1992	1993	1994	1995	1996	1997	1998	1999	2000	2001	2002	2003	2004	2005	2006	2007	2008	2009	2010	2011	2012	2013
全球	14	25	12	19	10	30	38	40	28	18	12	16	33	41	90	32	49	20	33	57	52	67	89	113	96	134	138	155	24
国外	14	15	12	19	18	30	38	40	28	18	10	12	33	41	48	32	47	19	27	36	27	45	65	69	76	72	57	55	19
国内	0	0	0	0	0	0	0	0	0	0	2	4	0	0	2	0	2	1	6	21	25	22	24	44	20	62	81	100	9

图 2-9 斯坦雷的车灯专利申请趋势

为了分析斯坦雷的重点细分研究领域，对 IPC 进行进一步划分，选取专利申请中小组排名前 10 的分类号进行统计，如图 2-10 所示。从图 2-10 中可以看出，斯坦雷的车灯专利主要集中在 F21S－08/10 小组（254 件专利申请）、F21V－07/00 小组（148 件专利申请）和 F21S－08/12 小组（87 件专利申请），即"专门适用于车辆的信号或照明装置的设置""光源的反射器"和"提供单独的成型光束"技术领域。

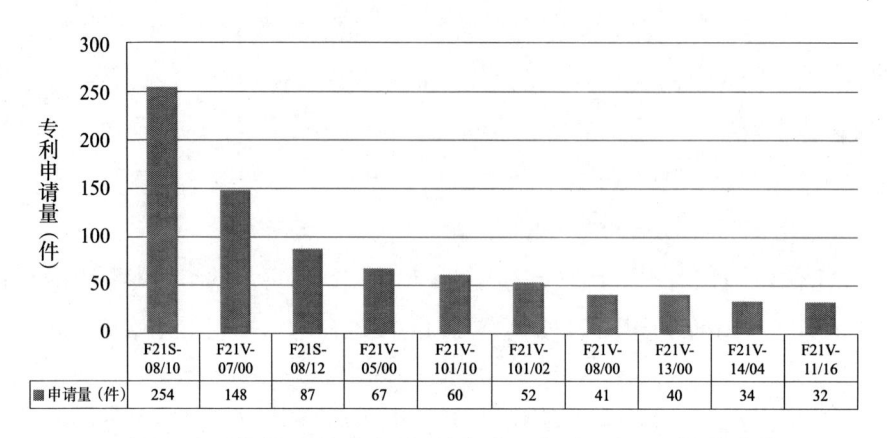

专利申请量（件）	F21S-08/10	F21V-07/00	F21S-08/12	F21V-05/00	F21V-101/10	F21V-101/02	F21V-08/00	F21V-13/00	F21V-14/04	F21V-11/16
申请量（件）	254	148	87	67	60	52	41	40	34	32

图 2-10 斯坦雷的车灯专利申请 F 部中 IPC 小组前十位

为了研究斯坦雷在世界车灯市场上的专利布局，对斯坦雷车灯专利的族群布局进行统计分析，并对同族专利数中排名前十位的专利申请进行剖析，如表 2-3 所示。从表 2-3 中可以看出，斯坦雷车灯在同族专利布局上以 LED 灯为主，排名前十位的同族专利申请中有 5 件（22 个、19 个、13 个、11 个、11 个）涉及 LED，有 1 件（19 个）涉及反射器结构，其他 4 件（13 个、12 个、11 个、11 个）分别涉及投影灯、后组合灯、荧光物质和散热片。

表 2-3 斯坦雷车灯同族专利排名前十位透视

公开号	专利名称	同族专利数量（件）
EP1526328A2	Vehicle lamp（LED）	22
US7019334B2	LED lamp for light source of a headlamp（LED）	19
US6607294B2	Headlamp（反射器）	14
US5905334A	Cold-cathode discharge device for emitting light（LED 发射电极）	13
EP1302719A1	Projector headlamp（投影灯）	13
EP2278212B1	LAMP unit（后组合灯）	12
US7795053B2	LIGHT-EMITTING DEVICE（LED）	11
US7520647B2	Light source and vehicle lamp（LED）	11
EP2202808A1	Light-emitting device（荧光物质）	11

续表

公开号	专利名称	同族专利数量（件）
US7986078B2	Lamp with heat sink configuration and method of manufacturing same（散热片）	11

斯坦雷在我国建立的车灯制造及销售公司有：天津斯坦雷有限公司、广州斯坦雷电气有限公司、苏州斯坦雷电气有限公司、武汉斯坦雷电气有限公司和重庆华域斯坦雷有限公司。斯坦雷在1996年正式进入我国汽车灯具市场后，一直将我国视为车灯销售的第二大市场，在我国申请有关车灯方面的专利数量257件，专利申请人以"斯坦雷电气株式会社"为主，而斯坦雷电器株式会社和斯坦雷电气公司是斯坦雷早期的曾用名。其中，合资公司天津斯坦雷申请车灯专利6件，以斯坦雷电器株式会社和斯坦雷电气公司的名义各申请有1件。总体而言，斯坦雷制作所的在华申请趋势保持平稳增长，但其在专利申请方面以总部的名义居多，忽视了合资公司及子公司的专利战略布局。

5. 法雷奥照明公司

从图2-11可以看出，1985年至1990年期间，法雷奥的专利申请开始起步，但在我国的专利申请还是零；1991年至2007年期间，法雷奥的专利年申请量快速增长，从1991年的29件年申请量增长到2007年的74件年申请量，自2008年起，法雷奥开始在我国申请专利，法雷奥在国外的年申请量也一直保持在70件左右；2009年至2012年期间，法雷奥在我国的专利申请量总体平稳，截至2012年，年专利申请量稳定在13件，在全球的年申请总量从2009年的52件增长至2012年的70件。

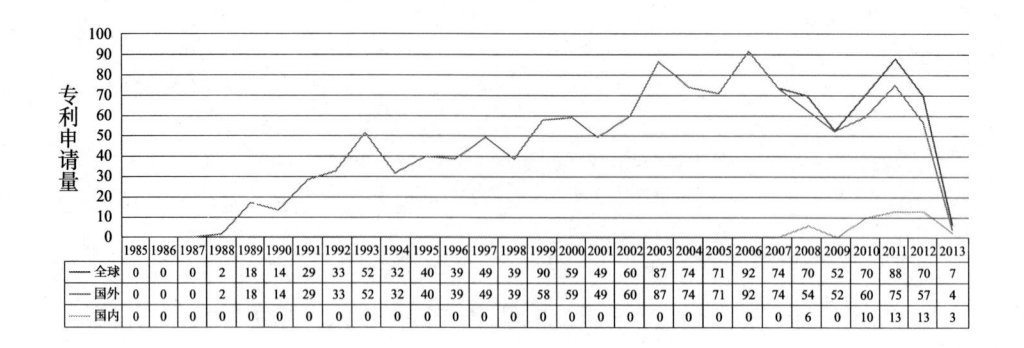

	1985	1986	1987	1988	1989	1990	1991	1992	1993	1994	1995	1996	1997	1998	1999	2000	2001	2002	2003	2004	2005	2006	2007	2008	2009	2010	2011	2012	2013
全球	0	0	0	2	18	14	29	33	52	32	40	39	49	39	90	59	49	60	87	74	71	92	74	70	52	70	88	70	7
国外	0	0	0	2	18	14	29	33	52	32	40	39	49	39	58	59	49	60	87	74	71	92	74	54	52	60	75	57	4
国内	0	0	0	0	0	0	0	0	0	0	0	0	0	0	0	0	0	0	0	0	0	0	0	6	0	10	13	13	3

图 2-11 法雷奥专利申请趋势

为了分析法雷奥的重点研究领域，对 IPC 进行进一步划分，选取专利申请中小组排名前十位的分类号进行统计，如图 2-12 所示。从图 2-12 中可以看出，法雷奥的专利主要集中在 F21S-08/10 小组（400 件专利申请）、F21V-07/00 小组（200 件专利申请）和 F21W-101/00 小组（199 件专利申请），即"专门适用于车辆的信号或照明装置的设置""光源的反射器"和"点状光源"技术领域。

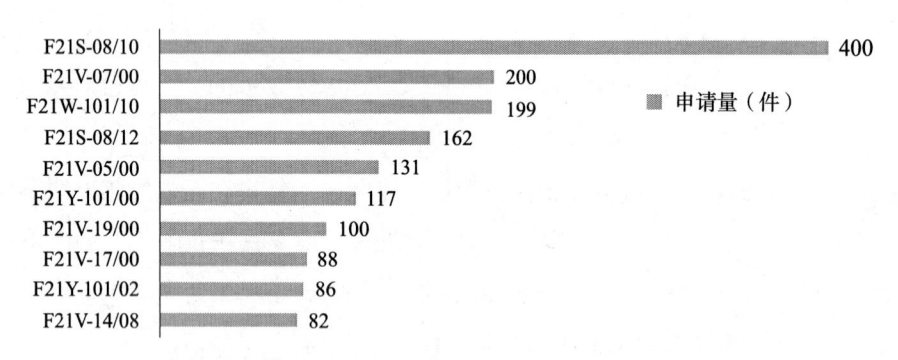

分类号	申请量（件）
F21S-08/10	400
F21V-07/00	200
F21W-101/10	199
F21S-08/12	162
F21V-05/00	131
F21Y-101/00	117
F21V-19/00	100
F21V-17/00	88
F21Y-101/02	86
F21V-14/08	82

图 2-12 法雷奥车灯专利申请中 F 部 IPC 小组前十位

法雷奥车灯同族专利排名前十位透视如表 2-4 所示。

表 2-4 法雷奥车灯同族专利排名前十位透视

公开号	专利名称	同族专利数量（件）
EP1065438A1	Headlight for motor vehicles（HID）	14

续表

公开号	专利名称	同族专利数量（件）
US6474856B2	Motor vehicle headlight（HID）	14
EP1500553A1	Headlight for motor vehicle（LED）	14
US7390112B2	Fixed light for bends for a motor vehicle（LED）	14
EP1686006A1	Lighting and/or signaling assembly for a vehicle（信号灯）	14
EP1156945A1	Indicator light for use on vehicle（信号灯）	12
EP1170547A1	Elliptical-type headlight for road lighting（椭圆大灯）	12
EP1502814B1	Vehicle headlight with dipped beam light and cornering light（近光灯、转向灯）	12
EP1516777A1	Illuminating device for electric cigar lighter（LED）	12

　　法雷奥集团目前在我国设有中国总部、22家工厂、10个开发中心、3个研究中心、1个分销中心，其中主营灯具照明的公司有：湖北法雷奥车灯有限公司、市光法雷奥（佛山）汽车照明系统有限公司。

　　法雷奥在1995年正式进入我国汽车灯具市场后，在我国申请有关车灯方面的专利数量44件，以总部法雷奥照明公司的名义申请有31件，法雷奥视觉公司申请车灯相关专利6件，法雷奥热系统公司申请车灯相关专利2件，法雷奥热照明比利时公司申请车灯相关专利2件，法雷奥热照明湖北技术中心有限公司申请车灯相关专利2件，法雷奥公司申请车灯相关专利1件。申请量按IPC小类进行划分，主要分布在以下几类：F21S、B60Q、F21V、F21W和H05Y，其中F21V（照明装置或其系统的功能特征或零部件）专利申请量占总量的39%，B60Q（一般车辆照明或信号装置的布置，及其安装或支承或其电路）专利申请量占总量的20%，F21S（非便携式照明装置或其系统）专利申请量占总量的18%，为主要技术研发的集中区。

6.海拉车灯股份有限公司

　　海拉是一个以创新和服务为导向的全球性家族企业，在30多个国家的70

个城市拥有 27 000 名员工。海拉为汽车行业开发和生产汽车照明产品以及电子设备的部件和系统,并拥有世界上最大的汽车零部件、配件、诊断和售后服务机构之一。海拉拥有超过 4 800 名研发人员,是汽车领域重要的创新驱动者之一。此外,海拉集团在 2011/12 财年创造了 48 亿欧元销售额,是全球汽车供应商前 50 强,并且是德国工业百强企业之一。1971 年,海拉公司开发出 H4 双丝卤素前照灯获得世界上第一个许可证,20 年后,1992 年,海拉公司在全球率先推出了第一代氙气前照灯,是汽车照明史上的一个重大突破,也可以说是汽车照明行业发展的里程碑。

从图 2-13 可以看出,1985 年至 1990 年期间,海拉的专利申请开始起步,但在我国的专利申请量还是零;1991 年至 2000 年期间,海拉的专利年申请量快速增长,从 1991 年的 53 件年申请量增长到 2000 年的 100 件年申请量,自 2000 年起,海拉开始在我国申请专利,海拉在国外的年申请量也一直保持在 70 件左右;2001 年至 2012 年期间,海拉在我国的专利申请量一直维持较低水平,截至 2012 年,专利年申请量稳定在 6 件,在全球的年申请总量从 2001 年的 57 件降至 2012 年的 44 件。

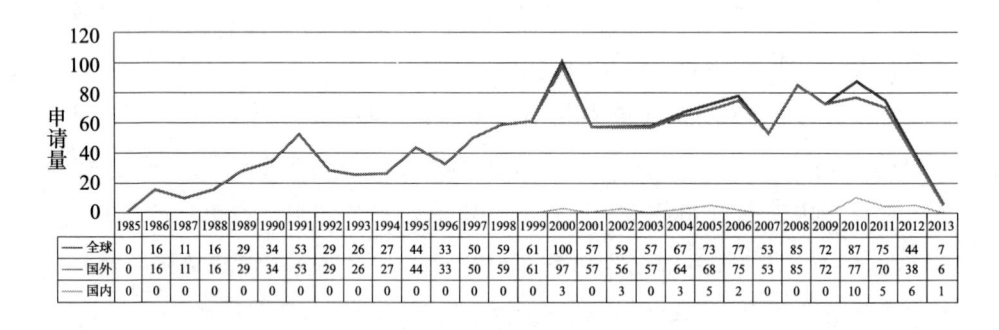

年份	1985	1986	1987	1988	1989	1990	1991	1992	1993	1994	1995	1996	1997	1998	1999	2000	2001	2002	2003	2004	2005	2006	2007	2008	2009	2010	2011	2012	2013
全球	0	16	11	16	29	34	53	29	26	27	44	33	50	59	61	100	57	59	57	67	73	77	53	85	72	87	75	44	7
国外	0	16	11	16	29	34	53	29	26	27	44	33	50	59	61	97	57	56	57	64	68	75	53	85	72	77	70	38	6
国内	0	0	0	0	0	0	0	0	0	0	0	0	0	0	0	3	0	3	0	3	5	2	0	0	0	10	5	6	1

图 2-13 海拉车灯专利申请趋势

为了分析海拉的重点研究领域,对 IPC 进行进一步划分,选取专利申请中小组排名前十位的分类号进行统计,如图 2-14 所示。从图 2-14 中可以看出,海拉的专利主要集中在 B60Q - 01/26 小组(88 件专利申请)、B60Q - 01/00 小组(65 件专利申请)和 B60Q - 01/04 小组(58 件专利申请),即"装置主要用于向其他交通工具指明车辆及其部件或发出信号""光学信号或照明装置的布置"和"装置是前大灯"技术领域。

第二章 全球车灯市场现状与专利技术分析

IPC 小组	申请量
B60Q-01/26	88
B60Q-01/00	65
B60Q-01/04	58
B60Q-01/068	55
B60Q-01/14	53
B60Q-01/076	41
B60Q-01/12	40
B60Q-03/02	33
B60Q-01/08	26
B60Q-01/00	25

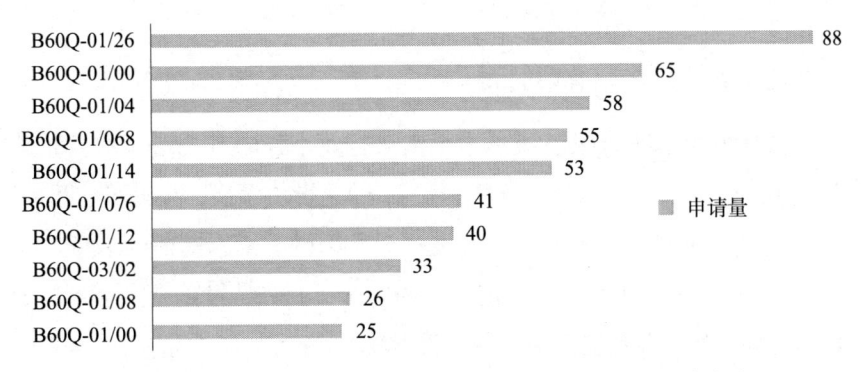

图 2-14　海拉车灯专利申请中 B 部 IPC 小组前十位

海拉车灯同族专利排名前十位透视如表 2-5 所示。

表 2-5　海拉车灯同族专利排名前十位透视

公开号	专利名称	同族专利数量（件）
US5725298A	Vehicular headlight（大灯反射器）	14
EP740758B1	Heat resistant moulded headlamp reflectors（大灯耐热铸件）	13
US6482281B1	Hot melt adhesive for bonding plastic vehicle lamps（透镜材料）	13
US6146004A	Vehicle lamp（大灯透镜）	12
EP459126A1	Process and device for starting a high pressure discharge lamp in vehicles（HID）	12
EP1047575B1	Fault diagnosis system for bias circuit for high pressure gas discharge lamp in automobile（HID 诊断系统）	12
EP1625325B1	Headlamp for a vehicle（HID）	12
EP546290A3	Emergency warning lamp（警报灯）	11
EP935727A1	Headlight for vehicle（大灯结构设计）	11

　　海拉在我国设有 4 家公司，分别是：长春海拉车灯有限公司、北京海拉车灯有限公司、海拉贸易（上海）有限公司、厦门海拉汽车电子有限公司。其中，进行车灯生产销售的有：长春海拉车灯有限公司、北京海拉车灯有限公司和海拉贸易（上海）有限公司。申请专利的仅有长春海拉车灯有限公司一家，申请量为 31 件。此外，还以海拉胡克双合有限公司为申请人申请了 3 件车灯相

35

关专利。

7. 浙江吉利控股集团有限公司

浙江吉利控股集团有限公司是中国汽车行业十强中唯一一家民营轿车生产经营企业，始建于1986年，经过二十多年的建设与发展，在汽车、摩托车、汽车发动机、变速器、汽车电子电气及汽车零部件方面取得辉煌业绩。特别是1997年进入轿车领域以来，凭借灵活的经营机制和持续的自主创新，取得了快速的发展。浙江吉利控股集团总部设在杭州，目前资产总值超过140亿元，在上海、宁波、临海、路桥、兰州和湘潭建有6个汽车整车和动力总成制造基地，拥有年产30万辆整车、30万台发动机和变速器的生产能力。吉利汽车在全国范围内拥有近500个4S店和近600家服务站，据统计，吉利汽车累计社会保有量已经超过120万辆。为提高自主知识产权和储备人才，吉利在培养轿车人才上投入大量资金，建有吉利汽车研究院和北京吉利大学、海南大学三亚学院、浙江汽车工程学院和浙江汽车职业技术学院等。被认定为国家级"企业技术中心"和"博士后工作站"，以及浙江省"高新技术研发中心"。集团投资数亿元建立了吉利汽车研究院，目前已经形成较强的整车、发动机、变速器和汽车电子电器的开发能力，每年可以推出4~6款全新车型和机型。目前拥有各种专利1600多项，其中发明专利110多项，国际专利20多项。

吉利在我国申请有关车灯方面的专利数量787件，专利申请人以"浙江吉利控股集团有限公司"和"浙江吉利汽车研究院有限公司"为主。其中浙江吉利汽车有限公司申请车灯专利21件，浙江吉利汽车研究院有限公司申请车灯相关专利369件，浙江吉利控股集团有限公司申请车灯相关专利360件，兰州吉利汽车工业有限公司申请车灯相关专利7件，济南吉利汽车有限公司申请车灯相关专利15件，湖南吉利汽车部件公司申请车灯相关专利15件。

吉利公司在我国车灯专利主要分布在F、B、H、G和E部，其中B部为技术的集中分布区，数量为377件。申请量按IPC小类进行划分，主要分布在以下几类：B60Q、B60R，其中B60Q（一般车辆照明或信号装置的布置，及其安装或支承或其电路）专利申请量占总量的63%，B60R（车辆配件或车辆部件）专利申请量占总量的16%，为主要技术研发的集中区。对IPC进行进一步划分，选取专利申请中小组排名前十位的分类号进行统计，如图2-15

所示。从图 2-15 中可以看出，吉利公司的专利主要集中在 B60Q1/44 小组（25 件专利申请）和 F21S8/10 小组（22 件专利申请），即"用于指明制动作用的照明装置"和"专门适用于车辆的信号或照明装置的设置"技术领域。

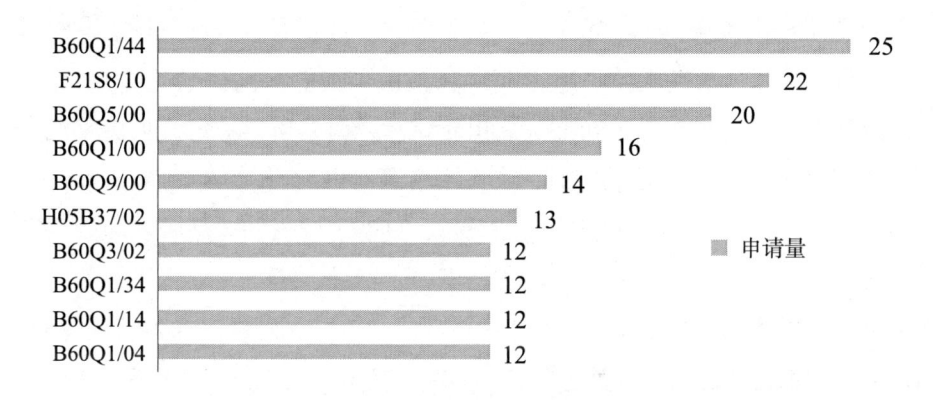

IPC分类号	申请量
B60Q1/44	25
F21S8/10	22
B60Q5/00	20
B60Q1/00	16
B60Q9/00	14
H05B37/02	13
B60Q3/02	12
B60Q1/34	12
B60Q1/14	12
B60Q1/04	12

图 2-15　吉利汽车的车灯专利申请 IPC 小组前十位

对吉利汽车的车灯专利申请所涉及的技术分布进行分析，如图 2-16 所示。可以看出，在吉利的车灯专利申请中，车灯检测设备相关的专利申请有 102 件，位居第一；信号指示灯相关的专利申请 39 件，位居第二；制动警示灯的相关专利申请 33 件，位居第三。此外，吉利汽车还涉及随动车灯（12 件申请）、LED 车灯（23 件申请）、远近光切换系统（11 件申请）、转向灯（15 件申请）、辅助照明（15 件申请）和雾灯（26 件申请）等技术领域。

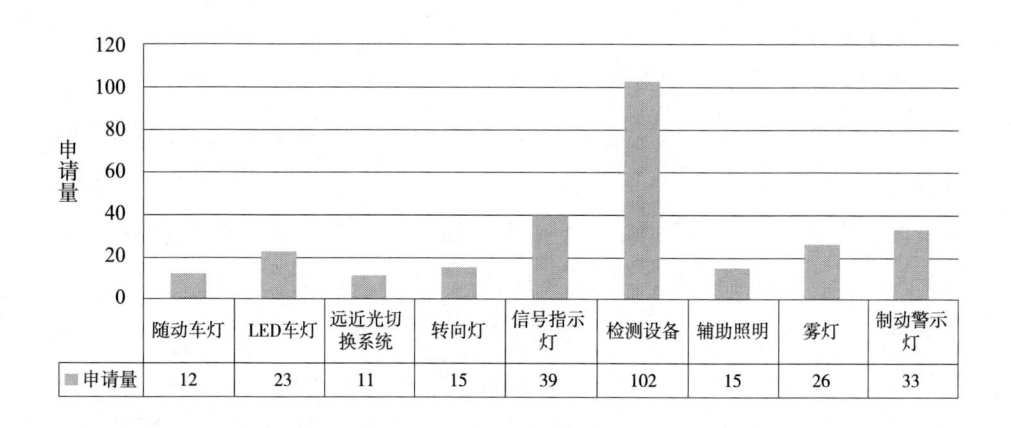

技术领域	随动车灯	LED车灯	远近光切换系统	转向灯	信号指示灯	检测设备	辅助照明	雾灯	制动警示灯
申请量	12	23	11	15	39	102	15	26	33

图 2-16　吉利车灯申请所涉及的技术分布

8. 常州星宇车灯股份有限公司简介

常州星宇车灯股份有限公司位于常州国家高新技术产业开发区内，是一家集研制、生产和销售汽车车灯为一体的专业厂家。公司生产的产品主要为一汽集团（一汽大众、一汽轿车、一汽丰田、一汽夏利、一汽海马、一汽解放、一汽丰越和一汽吉林汽车）、上海大众、上海通用、奇瑞汽车、东风日产、广汽乘用车和神龙汽车等公司配套。由于供货及时、质量稳定，被多家汽车厂评为"优秀供应商"。公司拥有一支技术精湛、团结合作的高素质技术队伍，拥有自己的模具加工中心和快速成型设备，具备了较强的产品研发和模具设计、加工能力，2007 年荣获了江苏省技术中心称号，2008 年获得了江苏省汽车照明工程技术研究中心的称号。2010 年 11 月被国家发展改革委、科技部、财政部、国家税务总局和海关总署五部委联合认定为国家级企业技术中心。

公司拥有大型注塑机、多色注塑机、塑料表面光固化线、机器人涂胶喷漆站、振动摩擦焊和真空镀铝及其他各类加工设备五百多台，具有年产各类车灯 2 500 万只的生产制造能力。公司还具有符合 ECE 法规要求的标准试验中心，可进行各种车灯和回复反射器的型式试验和配光测试，2007 年被认定为国家级的实验室。

星宇车灯在我国申请有关车灯方面的专利数量 106 件，其中常州星宇车灯股份有限公司申请有 92 件，东莞市星宇光电科技有限公司申请有 10 件，常州星宇车灯有限公司申请有 4 件。

星宇车灯在我国车灯专利主要分布在 F、B、H、G 部，其中 F 部为技术的集中分布区，数量为 212 件。申请量按 IPC 小类进行划分，主要分布在以下几类：F21V、F21S、F21W、F21Y，其中 F21V（照明装置或其系统的功能特征或零部件）专利申请量占 F 部总量的 38%；F21W（与照明装置或系统的用途或应用有关）专利申请量占 F 部总量的 19%；F21S（非便携式照明装置或其系统）专利申请量占 F 部总量的 15%；F21Y（光源的构成）专利申请量占 F 部总量的 12%，为主要技术研发的集中区。

为了分析星宇车灯的重点研究领域，对 IPC 进行进一步划分，选取专利申请中小组排名前 10 的分类号进行统计，如图 2-17 所示。从图 2-17 中可以看出，星宇车灯的专利主要集中在 F21Y101/02 小组（30 件专利申请）、

F21S8/10 小组（25 件专利申请）和 F21W101/10 小组（21 件专利申请），即 "LED 发光二极管光源" "专门适用于车辆的照明装置"和"前灯、聚光灯或雾灯"技术领域。

IPC 小组	申请量
F21Y101/02	30
F21S8/10	25
F21W101/10	21
F21V29/00	16
F21V19/00	16
F21W101/02	12
F21V17/00	7
H05B37/02	6
F21S2/00	6
F21V29/02	5

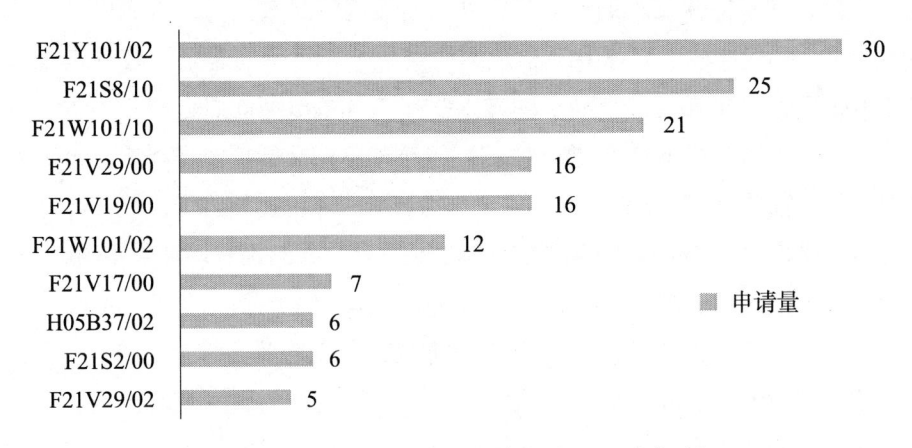

图 2-17 星宇车灯的专利申请 IPC 小组前 10

对星宇车灯的车灯专利申请所涉及的技术分布进行分析，如图 2-18 所示。可以看出，在吉利的车灯专利申请中，LED 车灯相关的专利申请有 30 件，位居第一；前照灯相关的专利申请 26 件，位居第二；散热装置相关专利申请 10 件，位居第三。此外，星宇车灯还涉及雾灯（6 件申请）、随动车灯（9 件申请）、灯壳设计（5 件申请）、警示灯（2 件申请）、后组合灯（6 件申请）和调光系统（8 件申请）等技术领域。

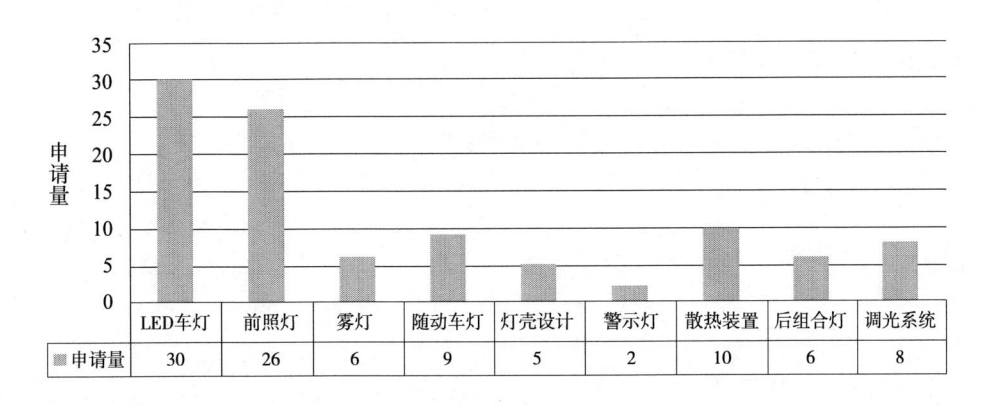

	LED车灯	前照灯	雾灯	随动车灯	灯壳设计	警示灯	散热装置	后组合灯	调光系统
申请量	30	26	6	9	5	2	10	6	8

图 2-18 星宇车灯申请所涉及的技术分布

（三）HID 车灯专项分析

汽车前照灯中的光源经历了从白炽灯到卤钨灯的发展，随着汽车对低能耗、安全性和舒适性要求的进一步提高，比卤钨灯光效更高，寿命更长，显色性能更佳的气体放电光源 HID 灯应运而生。1991 年德国建立了 HID 汽车前照灯的标准，1996 年正式批准了 ECE NO.98 气体放电型前照灯和 ECE NO.99 气体放电型光源两个 ECE 法规。欧洲高级轿车率先配备了由飞利浦公司研制的 HID 汽车前照灯。光源是 35W 金属卤化物灯（汽车行业称之为氙气 HID 灯），如今日本采用 HID 前照灯的车辆数已超过了欧洲，我国也有逐渐采用的趋势。HID 光源的汽车前照灯被誉为 21 世纪革命性汽车照明产品。

从 1992 年德国海拉发明的全球第一盏 HID 氙气前照大灯到现在，已经有二十多年的时间。国际车灯企业的 HID 氙气前照大灯的研发生产技术已经相当成熟，海拉、小糸制作、伟世通（VISTEON）和法雷奥等车灯企业都已经能够批量生产，现在研发重点之一是 AFS（自适应性车灯控制系统）HID 氙气前照大灯。通用凯迪拉克、宝马、奔驰全系列和福特 RSMondeo、丰田雷克萨斯、现代雅尊 AZERA 等国际车型都选择配置 HID 氙气前照大灯。国际车灯企业普遍认为，在 LED 前照大灯研发生产技术成熟之前，HID 灯将是国际汽车前照大灯的发展趋势。

1. HID 车灯专利申请分析

对 HID 车灯专利申请的国家、地区和组织进行统计分析，了解 HID 车灯专利产出和研发重点国家，如图 2-19 所示。

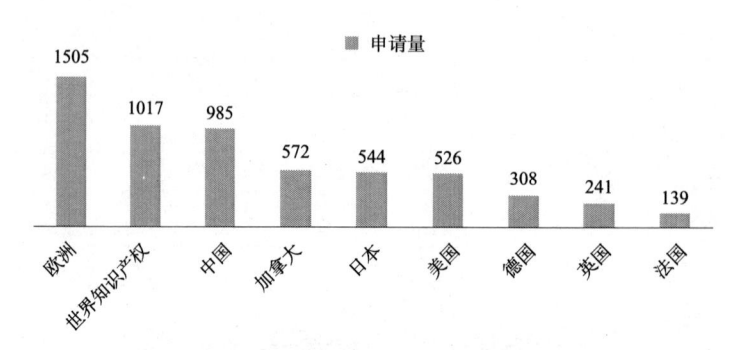

图 2-19 HID 车灯专利申请的国家组织分布

由图 2-19 可知，欧洲产出有关 HID 车灯方面的专利申请量最多（1 505 件申请），这说明：①申请人对欧洲 HID 车灯市场的重视程度要高于其他国家和地区；②欧洲申请人在 HID 车灯上具备较强的技术研发实力，投入较大；③欧洲申请人对 HID 车灯的重视程度要高于其他国家。世界知识产权局产出有关 HID 车灯方面的专利申请量居第二位（1 017 件申请），说明较多的 HID 车灯申请人意图进行全球战略布局，抢占新兴市场。中国产出有关 HID 车灯方面的专利申请量居第三位（985 件申请），中国作为汽车销售大国，已经得到众多国外专利申请人的重视，加之国内对 HID 车灯的政策扶持，使得我国成为 HID 车灯专利申请的重点地区之一。加拿大（572 件申请）、日本（544 件申请）和美国（526 件申请）分别列第四、第五和第六位，申请人对该地区的市场重视程度相当，其研发实力与专利产出较为接近。此外，德国产出有关 HID 车灯方面的专利申请量居第七位（308 件），英国产出有关 HID 车灯方面的专利申请量居第八位（241 件），法国产出有关 HID 车灯方面的专利申请量居第九位（139 件）。

为了使企业更好地了解 HID 车灯在专利申请方面的竞争对手，对专利申请人进行统计，如图 2-20 所示。

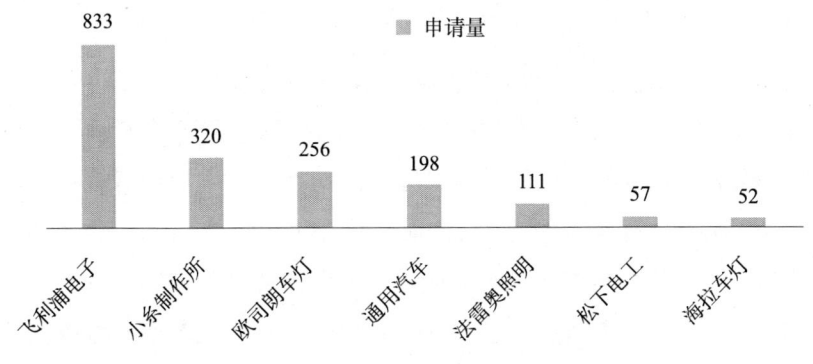

图 2-20 HID 车灯主要专利申请人

从图 2-20 中可以看出，飞利浦电子申请 HID 车灯的相关专利数最多（833 件），说明飞利浦电子在 HID 车灯领域具备较强研发实力（其在我国已有 HID 车灯相关专利技术布局），是我国研发制造 HID 车灯企业强有力的竞争对手；小糸制作所申请 HID 车灯的相关专利数居第二位（320 件）；欧司朗车灯申请 HID 车灯的相关专利数居第三位（256 件）；通用汽车申请 HID 车灯的相关专利数居第四位（198 件）；法雷奥照明申请 HID 车灯的相关专利数居第五位（111 件）；松下电工申请 HID 车灯的相关专利数居第六位（57 件）；海拉车灯申请 HID 车灯的相关专利数居第七位（52 件）。我国研发制造 HID 车灯企业在进行技术开发、专利申请时可参考跟踪上述主要申请人的专利状况，把握竞争对手专利新动向有助于企业自身研发方向的决策和重复研究现象的避免，还可以将对手的信息用于预警，避开知识产权纠纷。

通过对国内外 HID 车灯专利申请的细分技术领域进行统计，分析 HID 车灯专利申请中的研发热点，如图 2-21 所示。

分类号	申请量
H05B-41/24	1195
H01J-61/36	743
H05B-41/28	707
H01J-61/30	660
H05B-41/288	611
H01J-61/82	576
H05B-37/02	555
H05B-41/36	518
H01J-61/73	518
H01J-61/00	509

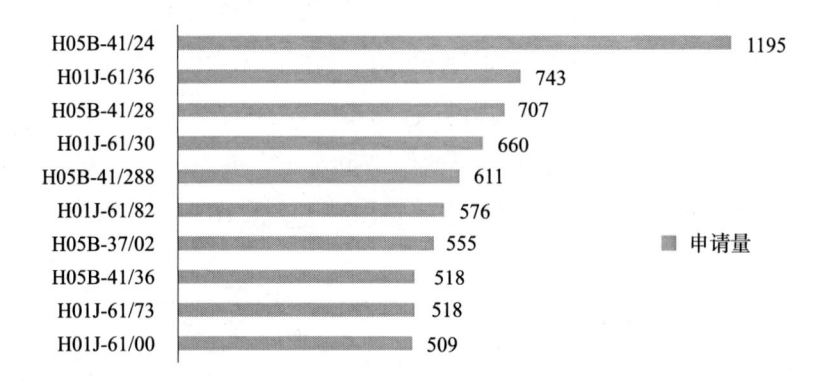

图 2-21　HID 车灯专利申请的细分技术领域

由图 2-21 的统计数据可知，小组分类号为 H05B – 41/24 的申请量最多（1195 件），即"通过高频交流电对灯供电的控制电路"技术领域；小组分类号为 H01J – 61/36 的申请量居第二位（743 件），即"放电灯管壳部件间的封接"技术领域；小组分类号为 H05B – 41/28 的申请量居第三位（743 件）；即"应用静态转换器的放电灯点火或控制的电路装置"技术领域；小组分类号为 H01J – 61/30 的申请量居第四位（660 件），即"气体或蒸汽放电灯的管壳"技术领域。小组分类号为 H05B – 41/288 的申请量居第五位（611 件），即"带有半导体器件并特别适合于没有预热电极的灯"技术领域；小组分类号为 H01J – 61/82 的申请量居第六位（576 件），即"带有高压非收缩放电的灯"技术领域；小组分类号为 H05B – 37/02 的申请量居第七位（555 件），即"电光源的控制装置"技术领域；小组分类号为 H05B – 41/36 的申请量居第八位（518 件），即"放电灯点火的控制电路装置"技术领域。小组分类号为

H01J-61/73 的申请量居第九位（518 件），即"有以难蒸发金属蒸气为主要发光填料的"技术领域；小组分类号为 H01J-61/00 的申请量居第十位（509件），即"气体或蒸气放电灯"技术领域。以上技术领域为 HID 车灯专利申请的热点技术集中区。

技术发展路线图的绘制可以帮助企业进行产品开发上的规划、技术定位和商业战略。技术路线是对专利信息进行技术发展路线的分析，能够为技术开发战略和政策优先顺序研讨提供知识、信息基础和对话框架，提供决策依据，提高决策效率，HID 车灯的技术发展路线如图 2-22 所示。

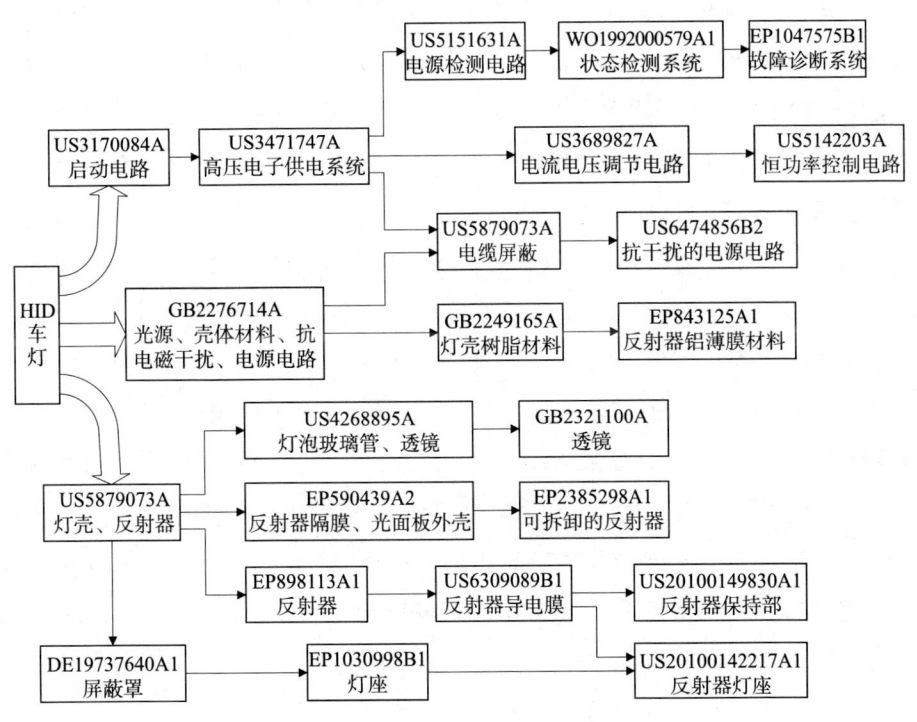

图 2-22 HID 车灯的技术发展路线

通过对主要竞争申请人的核心专利进行追溯及反追溯，得出 HID 车灯专利早期、中期和现今专利申请的研发内容与发展趋势。从图 2-22 中可以看出，HID 车灯诞生初期的专利申请有三个方向，分别是：公开号为 US3170084A 的美国专利申请涉及启动电路；公开号为 GB2276714A 的英国专利申请涉及光源、壳体材料、抗电磁干扰、电源电路；公开号为 US5879073A 的美国专利申请涉及灯壳、反射器。

经过一段时间的技术发展，公开号为 US3471747A 的美国专利申请涉及高压电子供电系统，该申请在原公开号为 US3170084A（启动电路）的基础上得到了发展，并进一步衍生出三个发展方向：① 电源检测电路（公开号为 US5151631A）→状态监测系统（公开号为 WO1992000579A1）→故障诊断系统（公开号为 EP1047575B1）；② 电流电压调节电路（公开号为 US3689827A）→恒功率控制电路（公开号为 US5142203A）；③ 电缆屏蔽技术（公开号为 US5879073A）→抗干扰的电源电路（公开号为 US6474856B2）。

公开号为 GB2276714A 的英国专利申请（涉及光源、壳体材料、抗电磁干扰、电源电路）衍生出两个发展方向：① 电缆屏蔽技术（公开号为 US5879073A）→抗干扰的电源电路（公开号为 US6474856B2），该路线为技术交叉路线。② 灯壳树脂材料（公开号为 GB2249165A）→反射器铝薄膜材料（公开号为 EP543125A1）。

公开号为 US5879073A 的美国专利申请（涉及灯壳、反射器）衍生出四个发展方向：① 灯泡玻璃管、透镜（公开号为 US4268895A）→透镜（公开号为 GB2321100A）；② 反射器隔膜、光面板外壳（公开号为 EP590439A2）→可拆卸的反射器（EP2385298A1）；③ 反射器（公开号为 EP898113A1）→反射器导电膜（公开号为 US6309089B1）：分支 1→反射器保持部（公开号为 US20100149830A1），分支 2→反射器灯座（公开号为 US20100142217A1）；④ 屏蔽罩（公开号为 DE19737640A1）→灯座（公开号 EP1030998B1）→反射器灯座（公开号为 US20100142217A1），反射器灯座（公开号为 US20100142217A1）为灯座（公开号 EP1030998B1）与反射器导电膜（公开号为 US6309089B1）的技术交叉路线。

（四）AFS 车灯专项分析

汽车照明对交通安全具有重要作用。据日本交通事故研究和数据分析研究所研究表明，汽车在夜间和白天发生交通事故的概率比例是 7∶3，而在夜间的所有交通事故中，80% 的事故来源于车灯照明质量低下。同时，由于交通密度日益增加，车速日益加快，加上车辆行驶条件千变万化，使得前照灯的设计面临很大的挑战。汽车的有效路面照明,其目的不仅仅是增强人的视觉,在某些情况下若没有车灯有效的照明系统,想看见道路中的物体是完全不可能的事(如急转弯道内侧或恶劣天气等)。高性能前照灯以及其他前后车灯,是实现"看得见和被看见"的汽车照明的基本目标,这就为汽车照明系统提出了更新更高的要求,汽车随动前照灯正是为逐步适应这一要求而不断发展的系统。

目前解决弯道照明所采取的方案主要有两种:一种是在汽车前照大灯的基础上增加静态转弯辅助照明系统,当汽车转弯行驶时自动开启以增加照明范围,称为静态智能前照灯系统;另一种是采用智能化程度更高的自适应主动转向前照灯,根据汽车行驶工况自动调节车灯的照射方向,称为动态智能随动前照灯系统。第一种方法虽然也能有效地改善夜间行车的照明效果,但因照射角度固定会给对面车辆驾驶员造成眩目,第二种方法具有更高的灵活性,既可以保证可靠的照明,又不会影响其他驾驶员的行车环境。因此,真正意义上的自适应前照灯系统主要是指动态智能随动前照灯系统。

随动前照灯系统是一套能够根据行驶路况和车辆状态的变化自动对灯光的照度分配进行最优化调节的系统,系统能够提供最优的行驶安全性和驾驶舒适性。

随动前照灯系统的优势主要通过高速公路照明、乡村照明、城市照明和弯道照明等几种模式的照明优化来体现,使汽车在不同的行驶环境中达到最佳的照明效果。与传统汽车前照灯的区别之处在于车灯和光型都可以随着周围环境灵活变化,尤其在夜间弯道驾驶的情况下,可以根据相应传感器收集的信号,快速地控制车灯作出位置上的调整和亮度的调节,以便发现障碍物时能够紧急避让。

在国外,早在20世纪40年代和60年代就出现了转向辅助照明大灯及可操纵的汽车主大灯。在欧、美、日等发达国家和地区,从20世纪90年代中叶就已经开始投入随动前照灯系统AFS系统的研究开发并将其列为欧共体尤尼卡(EURE-KA)的1403号项目。但一直以来世界各国都在法律上明令禁止移动车灯,要求汽车前照灯必须保持横向固定安装。直至2003年,欧洲法规率先得到修改,才允许使用可改变光型的汽车前照灯系统,汽车随动前照灯系统的雏形Pre-AFS相继诞生于世。2006年,意大利玛涅蒂马瑞利车灯公司首次投放了随动前照灯（AFS）。法国的 VALEO 和德国 HELLA 公司也纷纷推出自己的随动前照灯系统。

在国内，由于汽车行业正处在由制造到研发的转型道路上，在这方面的研究还比较少。同时由于引进的随动前照灯系统大多为生产商本国道路状况考虑，且国内的道路状况也与日本和欧洲有较大不同，因此随动前照灯系统很少能发挥最大作用，所以随动前照灯系统在国内的应用前景还有待开发。目前国内上海小系车灯有限公司已经对天津丰田锐志随动前照灯完成了国产化开发工作，用于新款丰田佳美随动前照灯系统也已完成参考。另外，北京经纬恒润科技所研发的自适应随动前照灯控制系统（AFS），在安全性和智能方面具有一定的领先优势：其产品新君越的 Bi-Xenon 随动转向氙气大灯具有智能调节光照距离和光照角度的功能。

对 AFS 车灯专利申请的国家、地区和组织进行统计分析，了解 AFS 车灯专利产出和研发重点国家，如图 2-23 所示。

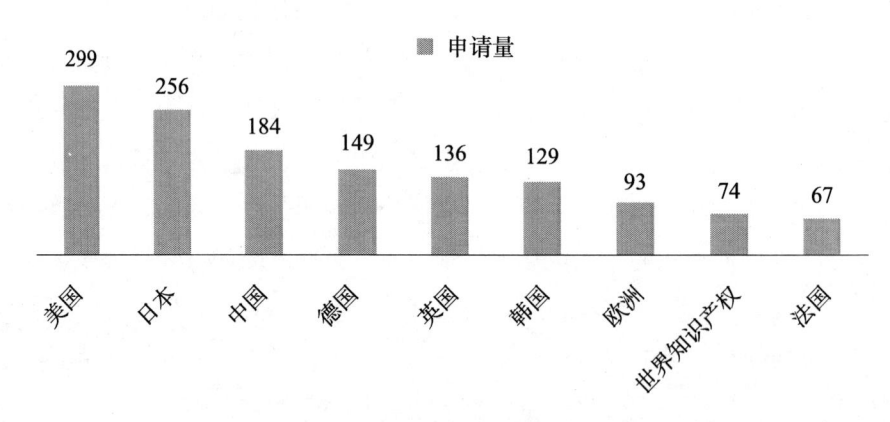

图 2-23　AFS 车灯专利申请的国家组织分布

从图 2-23 中可以看出，美国产出有关 AFS 车灯方面的专利申请量最多（299 件申请），这说明申请人对美国 AFS 车灯市场的重视程度相对较高，且美国申请人在 AFS 车灯上具有较强的技术研发实力，并且在 AFS 车灯的知识产权保护意识上要高于其他国家。日本产出有关 AFS 车灯方面的专利申请量居第二位（256 件），说明日本申请人在 AFS 车灯研发上也具有一定的技术研发实力，加之日本申请人对知识产权的重视，其专利申请量仅次于美国。中国产出有关 AFS 车灯方面的专利申请量居第三位（184 件申请），其中国外申请人在中国申请的 AFS 车灯专利数量约占总量的 15%，国内申请人极为零散，各自跑马圈地而未能形成有效的专利保护群。德国（149 件申请）、英国（136 件申请）和韩国（129 件申请）分别列第四、第五和第六位，申请人对该地区的市场重视程度相当，其研发实力与专利产出较为接近。此外，欧洲产出有关 AFS 车灯方面的专利申请量居第七位（93 件），世界知识产权局产出有关 AFS 车灯方面的专利申请量居第八位（74 件），法国产出有关 AFS 车灯方面的专利申请量第九（67 件）。

从图 2-24 中可以看出，法雷奥照明申请 AFS 车灯的相关专利数最多（52 件），说明法雷奥照明在 AFS 车灯领域具备较强研发实力（未见其在我国实施 AFS 车灯相关专利技术布局），是我国研发制造 AFS 车灯企业的主要竞争对手。小糸制作所申请 AFS 车灯的相关专利数第二（42 件），小糸制作所在 AFS 车灯具有较强的研发实力（其在我国已有 AFS 车灯相关专利申请），是我国研发制造 AFS 车灯企业强有力的竞争对手。博世零部件公司申请 AFS 车灯的相关专利数第三（24 件），现代摩比斯申请 AFS 车灯的相关专利数第四（15 件），斯坦雷电气申请 AFS 车灯的相关专利数第五（13 件），株式会社电装申请 AFS 车灯的相关专利数第六（11 件），长安大学申请 AFS 车灯的相关专利数第七（10 件），奇瑞汽车申请 AFS 车灯的相关专利数第八（6 件）。我国研发制造 AFS 车灯企业在进行技术开发和专利申请时可参考跟踪上述主要申请人的专利状况，把握竞争对手专利新动向有助于企业自身研发方向的决策和重复研究现象的避免，还可以将对手的信息用于预警，避开知识产权纠纷。

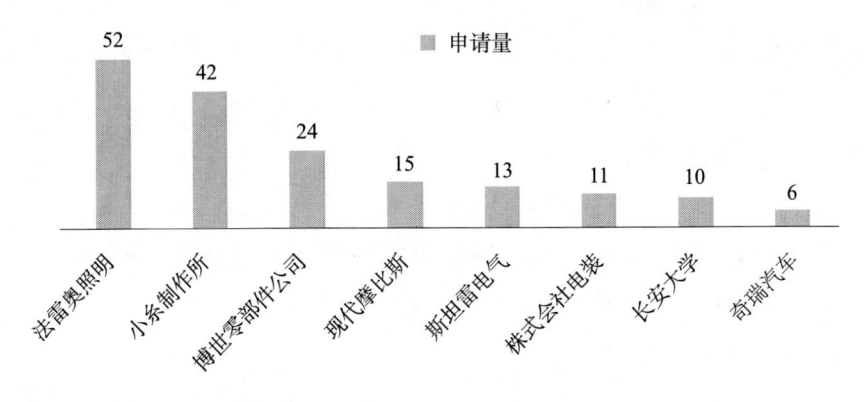

图 2-24　AFS 车灯主要专利申请人

通过对国内外 AFS 车灯专利申请的细分技术领域进行统计，分析 AFS 车灯专利申请中的研发热点，如图 2-25 所示。

分类号	申请量
B60Q-01/14	107
B60Q-01/04	100
H05B-37/20	88
B60Q-01/02	85
B60Q-01/08	75
B60Q-01/12	62
B60Q-01/00	60
F21S-08/10	47
B60Q-01/44	35
B60Q-11/00	31

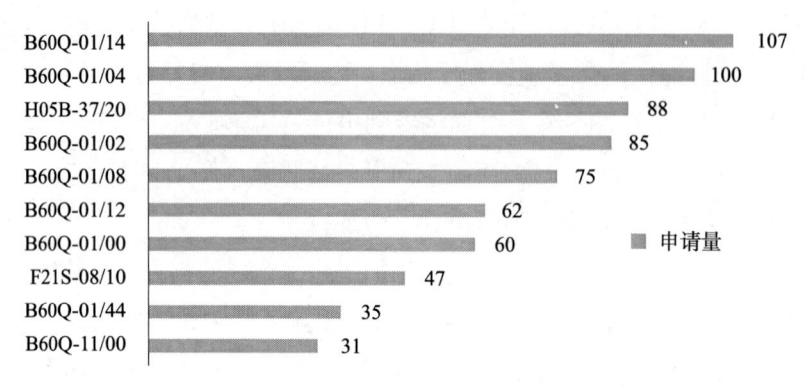

图 2-25　AFS 车灯专利申请的细分技术领域

由图 2-25 的统计数据可知，小组分类号为 B60Q－01/14 的申请量最多（107 件），即"有变近光装置的照明装置"技术领域。小组分类号为 B60Q－01/04 的申请量居第二位（100 件），即"装置是前大灯的照明装置"技术领域。小组分类号为 H05B－37/20 的申请量居第三位（88 件），即"用于一般电光源的控制电路装置"技术领域。小组分类号为 B60Q－01/02 的申请量居第四位（85 件），即"装置主要用于照亮前方路程的照明装置"技术领域。小组分类号为 B60Q－01/08 的申请量居第五位（75 件），即"自动的照明装置"技术领域。小组分类号为 B60Q－01/12 的申请量居第六位（62 件），即"用于转向位置"技术领域。小组分类号为 B60Q－01/00 的申请量居第七位（60 件），即"光学信号或照明装置的布置"技术领域。小组分类号为 F21S－08/10 的申请量居第八位（47 件），即"专门适用于车辆的照明装置"技术领域。小组分类号为 B60Q－01/44 的申请量居第九位（35 件），即"用于指明制动作用的照明装置"技术领域。小组分类号为 B60Q－11/00 的申请量居第十位（31 件），即"用于 B60Q 1/00 至 B60Q 9/00 各组内所包含装置的监测装置的布置"技术领域。以上技术领域为当前 AFS 车灯专利申请的热点技术集中区。

AFS 车灯的技术发展路线如图 2-26 所示。

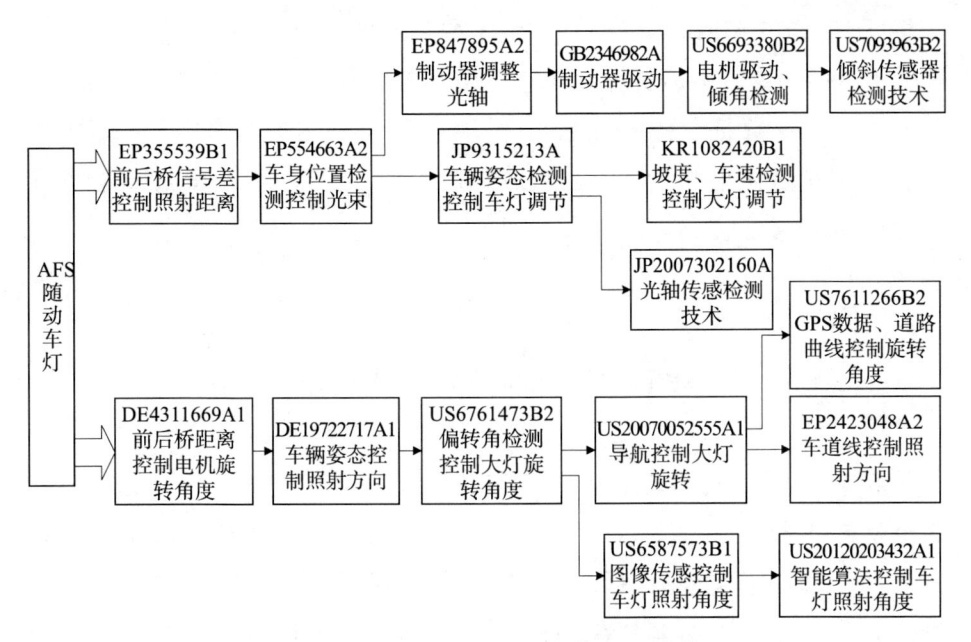

图 2-26 AFS 车灯的技术发展路线

通过对主要竞争申请人的核心专利进行追溯及反追溯，得出 AFS 车灯专利早期、中期和现今专利申请的研发内容与发展趋势。从图 2-26 中可以看出，AFS 车灯诞生初期的专利申请有两个方向，分别是：公开号为 EP355539B1 的欧洲专利申请涉及前后桥信号差控制照射距离，公开号为 DE4311669A1 的德国专利申请涉及前后桥距离控制电机旋转角度。

经过一段时间的技术发展，公开号为 EP554663A2 的德国专利申请涉及车身位置检测控制光束，该申请在原公开号为 EP355539B1（前后桥信号差控制照射距离）的基础上得到了发展，并进一步衍生出两个发展方向：① 车辆姿态检测控制车灯调节（公开号为 JP9315213A）：分支 1→坡度、车速检测控制大灯调节（公开号为 KR1082420B1），分支 2→光轴传感检测技术（公开号为 JP2007302160A）；② 制动器调整光轴（公开号为 EP847895A2）→制动器驱动（公开号为 GB2346982A）→电机驱动、倾角检测（公开号为 US6693380B2）→倾斜传感器检测技术（公开号为 US7093963B2）。

公开号为 DE4311669A1 的德国专利申请（前后桥距离控制电机旋转角度）进一步发展为车辆姿态控制照射方向（公开号为 DE19722717A1）→偏转角检测控制大灯旋转角度（US6761473B2），偏转角检测控制大灯旋转角度（US6761473B2）进一步衍生出两个发展方向：①导航控制大灯旋转（US20070052555A1）：分支 1→车道线控制照射方向（EP2423048A2），分支 2→GPS 数据、道路曲线控制旋转角度（US7611266B2）；②图像传感控制车灯照射角度（US6587573B1）→智能算法控制车灯照射角度（US20120203432A1）。

四、专利信息运用效果

第一，完成一份"全球车灯市场现状与专利技术分析"专利分析报告，为企业顺利开展专利信息运用，开发拥有自主知识产权的汽车灯具产品打好基础。主要研究成果包括：指明了车灯技术发展概况、对国内外车灯专利申请进行了分析、对国内外车灯专利主要申请人进行了分析、进行了 HID 车灯专项分析和 AFS 车灯专项分析。

第二，通过消化吸收本次研究取得的成果，明确汽车灯具领域技术聚焦点、空白点和发明点，加快该领域专利布局，形成核心技术的专利族群。项目实施期间共提交了 11 项发明专利申请。

第三，在企业建立了专利信息分析与产品运行决策深度融合、专利创造与产品创新能力高度匹配、专利布局对产品竞争地位保障有力和专利价值实现对产品运行效益支撑有效的工作机制，推动重点产品的专利协同运用，培育形成专利指导产业发展新模式。建设了重点产品专利运用基础服务平台，并建立服务链条完整的一体化专利运用服务体系。

第四，制定和完善了企业专利战略，建立了技术创新与产品研发的专利可行性分析规范以及专利权管理与保护规范。

五、广西汽车零部件产业创新发展的启示和建议

第一，企业研发和投资决策在战略上要有全球视野，在战术上要做到有的放矢。通过对丰田汽车、本田汽车、飞利浦电子、博世零部件公司等全球竞争对手排名靠前的国际巨头进行跟踪分析，企业可以掌握竞争对手在汽车灯具、节能发动机、转向系统、悬架系统、自动变速器、车桥总成等关键零部件领域的专利技术分布状况、研发侧重点、研发实力；通过分析竞争对手的专利布局情况可以预判竞争对手的市场意图，使广西企业能够结合自身研发实力及方向做出正确的研发决策，在研发、投资上做到有的放矢，在技术及产品布局上得心应手。

第二，专利信息分析分析是企业打开局面的问路石。目前广西汽车零部件企业在产品开发过程中往往出现开盲目研究、重复研究等现象，在研发时难以获取技术热点、技术空白点、技术启示，在销售时不了解竞争对手的底细与王牌，不能做到有的放矢，面对国内外行业巨头的产品竞争与技术封锁，广西汽车零部件产业总体技术落后；而将专利信息分析运用纳入到企业自身研发、生产、销售工作流程中，能够使企业在竞争中赢得主动。

第三，广西汽车零部件企业开展专利信息分析时要注意科学性和有效性，在汽车零部件产品研发前进行专利信息分析，能够避免盲目研究、重复研究、侵权研究；在汽车零部件产品研发进行中开展专利信息分析，能够获得技术启示和研发突破并布局自身专利；在销售产品时开展专利信息分析，能够掌握竞争对手的市场意图，建立预警机制，树立自身优势，逐步缩小与国际巨头的差距并逐步走向世界，使广西汽车零部件产业迈入新的台阶。

第四，开展专利信息分析是实施专利战略布局"全局一盘棋"的基石。现阶段，广西汽车零部件企业在专利技术研发、申请上较为散乱，技术分布过于分散从而导致自身优势得不到凸显、竞争力不足，核心专利布局的缺乏往往使得外围技术受制于人；通过开展专利信息分析，汽车零部件企业可以在汽车灯具、节能发动机、转向系统、悬架系统、自动变速器、车桥总成等技术领域形成核心专利的同时，围绕核心专利在其外围布局专利形成专利保护网，确保企业专利产出有序化，使企业核心技术得到充分保护，提升广西汽车零部件产业的整体竞争力。

第三章

特色中药产品的专利分析及企业战略能力提升

一、案例简介

"广西是我国中医药资源大省，现有中草药物 4600 多种，居全国第二位，拥有许多壮、瑶、侗等少数民族医药及医方、验方共 14000 余种。但目前广西大多数企业存在新药开发不足、研发人才缺乏、竞争力不强、知识产权保护相对薄弱等问题，以致资源优势不能有效地转化为区域总体上的产业优势。《中医药创新发展规划纲要 (2006—2020 年)》提出中医药创新发展基本任务是："继承，创新，现代化，国际化"，因此，广西中药产业是一个具有较强发展优势和广阔市场前景的战略性产业。在这样政策环境下，广西面临着极大的机遇和挑战，亟须培育出一批独具特色的现代中医药科技型企业以带动区域中药产业的发展。"

专利作为知识产权的重要组成部分，不仅是现代企业参与市场竞争的利器，同时也日渐成为现代企业有效提升投资获利空间和自身造血机能的重要手段。在本案例中，W 公司针对公司心脑血管特色中药产品的特点及知识产权保护现状，通过对国内外三七总皂苷相关专利及市场情况开展调查分析，建成相应的专利文献数据库，为企业顺利开展专利战略，丰富产品结构，发展特色中药产业奠定良好基础。其专利信息运用的特点在于：

第一，以企业的需要为出发点，结合市场现状、研究论文和专利文献科学计量学统计原理，对三七总皂苷技术领域进行全面调查和分析，为公司在血栓通系列产品的技术升级及制定市场营销策略提供参考。

第二，以专利分析为切入点，对三七总皂苷行业主要竞争对手的研究动态和专利结构进行全面分析，使公司及时全地了解竞争对手，为企业明确了产品研发方向，有效规避侵权风险，扩大企业竞争优势。

第三，将三七皂苷技术领域进行技术分解，通过对三七皂苷提取工艺、三七皂苷药理用途研究、三七总皂苷制剂工艺研究三大分主题专利分析，并提出一些研究建议和专利布局建议，对公司准确把握三七皂苷技术发展脉络及技术发展预测提供参考。

第四，结合三七皂苷技术领域的专利分析，建成一个专利文献专题数据库。该数据库可通过共享数据的方式进行定期更新，且具有强大的分析功能，技术人员可通过该数据库更好地了解现有技术，开阔研发思路，有效节约公司研发成本。

第五，根据三七皂苷技术领域的专利分析成果，结合公司产品发展的需要，申请一系列相关专利，丰富现有核心技术的专利结构，为公司优势产品、优势技术的发展保驾护航。

二、案例背景

我国心脑血管药市场仅次于抗感染药，属于第二大类药，约占全国药品销售规模的15%。虽然我国心脑血管药物需求旺盛，但当前生产规模还不能满足国内需求，尤其是高端药物多依赖进口，国产心血管病药物市场还有很大成长空间。在近年来随着化学药物对许多心脑血管疾病表现乏力以及毒副作用较大的情况下，利用高新技术成功开发的治疗心脑血管疾病的植物提取类制剂，以其多靶点的治疗效果和优于化学药的安全性优势，对心脑血管疾病的治疗发挥着愈来愈重要的作用。尤其在国内，血塞通注射液、复方丹参滴丸、地奥心血康和步长脑心通等中药、天然药物品种在治疗心脑血管疾病方面已占有主导优势，为天然药物治疗心脑血管疾病市场提供了较好的市场空间。

三七总皂苷是从三七植物中提取的有效物质，三七药物植物的化学成分较多，主要由四环三萜达玛烷型原人参二醇组皂苷和四环三萜达玛烷型原人参三醇组皂苷组成。三七总皂苷具有良好的止血功效，能明显缩短出血和凝血时间，促进人体红细胞分裂、生长具有明显补血功效，还能显著提高巨噬细胞吞噬率，提高血液中淋巴细胞比值，具有活血化瘀、祛瘀生新的疗效。近3年来，三七总皂苷的应用越来越广泛，其所占心血管药物的市场份额连年增长。近年来在化学药物对许多疾病表现乏力及毒副作用较大的影响下，人们越来越对中成药及植物提取类制剂寄予了厚望，这就增加了中成药类心血管药物的市场。

许多临床药理研究表明，三七皂苷成分中，人参皂苷 Rg1、三七皂苷 R1 具有抗血小板聚集、抗血栓形成和保护脑神经的作用，人参皂苷 Rb1 等二醇皂苷主要为消炎、止痛作用。三七总皂苷中含多种单体皂苷成分，其中人参皂苷 Rg1、人参皂苷 Rb1 和三七皂苷 R1 含量较多。三七皂苷的功效已被证实得十分确切，也被患者和医务工作者广泛接受。目前，在国内心脑血管疾病用药中，三七总皂苷类针剂的使用量一直处于上升趋势，常被用作脑梗塞急性发作和脑梗塞后遗症的维持治疗，现已成为国内综合性医院心内科、神内科和肾内科的基本药物。

三七注射剂（包括水针和冻干粉针）主要是血栓通和血塞通两大品种，临床数据表明，血栓通和血塞通注射剂治疗脑梗塞疗效显著，能抑制动脉粥样硬化后内膜斑块的形成，临床上常作为脑梗塞急性发作和脑梗塞后遗症维持治疗用药。该药主要应用于神经内科，作为抗凝药物也应用于心内科和肾内科。由于冻干粉针剂的安全性更高，目前血栓通和血塞通的冻干粉针剂已逐渐成为三七总皂苷的主导剂型。

在心脑血管药物剂型方面，因注射剂作用迅速，生物利用度高，治疗危急重症效果好，因此在重点医院市场，注射剂占中药心血管用药的55%以上。虽然近年中药注射剂频发不良反应事件，对中药注射剂市场监管也非常严格谨慎，不同程度上影响了中药市场，导致部分产品退出市场，但这也给有质量保障、企业管理规范和产品质量较高的中药品种留出了增长空间。在国家大力支持和保护中医药发展的前提下，国家基本药物和医药药物目录均对中药产品给予一定的倾斜，其中三七总皂苷两类主要产品血栓通注射液、注射用血栓通（冻干）和血塞通注射液和注射用血塞通（冻干）也都进入基本药物目录或医保目录，成为主流心脑血管中药品种，从长期来看仍有较大的增长空间。

三、专利信息获取

1. 检索资源

本案例数据主要由国内外专利文献和研究文献组成，部分引用数据来自公开网站，文献数据来源如下：

国内专利文献：中献专利信息分析系统、中国专利数据库服务平台；

国内非专利文献：清华同方系列数据库、维普中文期刊数据库、万方数据库；

国外专利文献：Thomson Innovation（TI）数据库、世界专利数据库、欧洲专利数据库；

国外非专利文献：Dialog Proquest 数据库群、谷哥学术搜索。

2. 检索结果

截至 2013 年 12 月 31 日，检索到三七皂苷相关专利文献 1676 件，归并同族专利后为 795 项。数据样本结构如表 3-1 所示。

表 3-1 数据样本结构

技术主题	申请量（项）	主要技术内容	主要申请人
血栓通、血塞通类产品	124	成分保护、剂型保护、制剂工艺	黑龙江珍宝岛制药、梧州制药、昆明制药、复旦大学、李明劲、云南植物药业有限公司

续表

技术主题	申请量（项）	主要技术内容	主要申请人
提取工艺	122	渗滤法、树脂柱吸附、反相硅胶柱洗脱、色谱法、汽蒸法、微生物转化、超声波提取、美拉德褐变反应	韩国科技研究院、天士力制药、海南亚洲制药、浙江大学、中国医学科学院药物研究所
用途发明	95	心血管疾病、神经退行性疾病、抗肿瘤、护肤	韩国人参科学株式会社、昆明制药、天士力制药、许淑清、上海中医药大学、昆明理工大学
药物组合	305	丹参+三七、银杏+三七、栀子+三七、黄芪+三七、其他组合	天士力制药、天津药物研究院、浙江大学、中国科学院上海药物研究所、云南楚雄天利药业
周边产品	98	化妆品、护肤品、牙膏、保健食品、保健饮料	人参科学株式会社、广西奥奇丽股份、云南人羞花化妆品公司
其他	51	质量控制方法、新化合物、三七皂苷检测方法、	—

四、专利信息分析

信息分析主要包括以下几个方面：三七皂苷技术主题专利总体分析、竞争对手分析、三七皂苷提取工艺相关专利分析、三七皂苷用途相关专利分析、三七总皂苷制剂方法的专利分析、三七皂苷技术领域典型专利诉讼和转让案例等。

1. 三七皂苷技术主题专利总体分析

（1）区域分析

在国外，由于西方医学在用药方面都是从有效成分入手，而五加科人参植物皂苷类型大多相同或相似，其后在国外有关三七皂苷的专利申请大多都是通过五加科人参类植物引入的，而直接针对三七的研究较少。在国内，由于三七的用途和药效得到了大量的临床实践验证，以三七原药材的药物组合的专利申请较多，81%的专利申请集中在国内。三七皂苷方面的创新难度提高，目前已进入技术成熟期，多数企业将更多的精力放在市场营销方面，同时其专利申请量回到一个比较平均的水平。技术成熟期间，企业专利的布局主要是应市场客户需求，进行产品升级、工艺改进而产生的一些专利，主要体现在专利数量平稳上。

在国内，除了新疆、青海、西藏、宁夏和台湾地区没有三七皂苷相关专利申请外，其他省份和地区均有布局。其中，云南省作为三七生产大省，又聚集云南白药、昆明制药和云南植物药业等大型医药企业，三七皂苷相关专利申请量最多，达到154项。此外，三七皂苷相关专利申请量较多的省份（地区）为广东、广西、四川、上海、浙江、江苏、山东、北京、天津和辽宁。

（2）申请人分析

从三七皂苷相关专利申请量前十位申请人的情况来看，大致可将三七皂苷技术主题的专利申请人分为五类，如表3-2所示。

表3-2　国内三七皂苷相关专利申请量前十位的申请人

排序	申请人	申请量（项）	主要涉及的发明主题
1	天津天士力制药股份有限公司	46	丹参滴丸、丹参片、丹参粉针剂、丹参组方周边专利、三七皂苷制备工艺
2	昆明制药集团股份有限公司	27	血塞通各种剂型（注射液、粉针剂、片剂、胶囊）、三七皂苷制备工艺、三七皂苷新用途
3	黑龙江省珍宝岛制药有限公司	15	血塞通各种剂型（注射液、粉针剂、片剂、胶囊）、三七皂苷制备工艺、产品质量控制工艺
4	浙江大学	12	三七皂苷制备方法、新用途、三七+淫羊藿、三七叶啤酒
5	北京奇源益德药物研究所	11	三七皂苷药物组合（灯盏花素+三七+黄芪、三七+黄芪、三七+人参、曲克芦丁+三七总皂苷、双嘧达莫+三七总皂苷、三七+银杏）
6	海南亚洲制药有限公司	9	人参皂苷（单体Re、Rg1、Rg2、Fe、F1）提取工艺
7	北京本草天源药物研究院	9	血塞通周边专利、三七皂苷检测方法、丹参组方周边专利
8	广西梧州制药（集团）股份有限公司	8	血栓通（注射液、粉针剂）、三七皂苷制备工艺

续表

排序	申请人	申请量（项）	主要涉及的发明主题
9	李明劲（成都新希臣药业有限责任公司法人代表）	8	三七通舒胶囊、通痹胶囊、三七皂苷制备工艺
10	云南植物药业有限公司	8	血塞通各种剂型（注射液、片剂、胶囊）、三七皂苷制备工艺

第一类：血栓通、血塞通产品生产企业，典型代表如广西梧州制药、昆明制药、黑龙江省珍宝岛制药和云南植物药业，以及一些未列入前十位，专利量较少的广东众生药业、丽珠集团利民制药和广东远大药业等企业。

第二类："丹参"类产品生产企业。三七皂苷作为丹参组方的重要组方部分，相关企业在申请专利保护核心产品时，也有可能对三七皂苷制备工艺或用途申请专利，巩固专利保护群，典型代表企业如天津天士力制药股份有限公司。

第三类：三七药材原料加工企业。这些企业主要是在三七药材深加工处理工艺方面申请专利，成都新希臣药业有限责任公司（法人代表李明劲）的专利、云南特安呐制药股份有限公司（法人代表唐修文）的专利。

第四类：利用三七药材及有效成分生产日化品和保健品的企业。其中，专利申请量较多的如海南亚洲制药有限公司"今幸胶囊保健食品"系列专利、广西奥奇丽股份有限公司"田七牙膏"系列专利和云南人羞花化妆品有限公司"三七化妆品"系列专利。

第五类：技术合作开发、技术转让服务或技术咨询型的科研单位，典型代表如浙江大学、北京奇源益德药物研究所和北京本草天源药物研究院等。

在第一类企业中，昆明制药厂址位于三七原药材生产大省云南，在资源的获得上占有很大的优势。目前，昆明制药在三七总皂苷方面已初步形成专利保护群，其申请量是"血塞通"和"血栓通"生产企业中最多的一家。其专利申请的模式是一个不断补充完善专利布局的过程，与产品生产工艺升级和市场竞争相匹配，而不是仅仅为专利数量而申请专利，这点值得国内企业学习。从近年的研究动态来看，昆明制药很可能在未来几年从三七种植工艺和三七总皂苷提取工艺升级，以及在三七提取药渣方面有所创新。

黑龙江珍宝岛药业作为一家研发高端中药制剂产品的现代化制药企业，也跻身于心脑血管类中药制剂的研制和开发。珍宝岛药业为了适应公司产能扩大的需求和降低原料药材的制约风险，与文山地区按照《文山三七标准化种植基地建设项目合作协议》规定，建立了珍宝岛药业股份有限公司云南文山三七标准化种植基地，实施三七标准化种植基地建设，确保原材料的稳定供应。这点，珍宝岛药业与昆明制药非常相似，均开始从原药材方面注力，以保证"血塞通"的产能。在专利竞争方面，近年来国内涉及专利诉讼的案件呈增长态势，企业提起诉讼存在多方面的原因，如获得赔款、扩大自身影响力、将竞争对手赶出市场或打压竞争对手的市场份额、警示威胁竞争对手以阻挡其前进的脚步等。经历了与昆明制药"三七皂苷粉针剂"的侵权案件之争，珍宝岛药业在2005年后的专利申请量增幅很大，关于"血塞通"粉针剂的专利尤为突出。在专利保护的内容方面，珍宝岛药业关于三七皂苷技术主题的专利申请相对落后于昆明制药，且多数在2005年之后，多数获得授权的专利保护内容较小，更多的是起到在应对专利纠纷和增加广告效应方面的作用。

丽珠医药的三七皂苷相关专利的申请量不大，但其血栓通注射液的专利申请得比较早，且保护范围较大，是后来进入"血栓通"注射液市场和布局专利最有阻力的一件壁垒专利，为其产品在国内市场竞争和进入国际市场提供的有力支撑。另外，丽珠医药关于"人参皂苷 Rh1、F1 或两者的混合物在制备用于抗血小板聚集活性药物中的用途"专利申请是一种在三七总皂苷专利申请难度越来越大的情况下申请专利获得授权的一种较好的思路。

（3）技术主题分析

从相关专利涉及的技术主题来看，目前三七皂苷的专利申请大致分为以下六个方面：①三七皂苷提取、分离纯化工艺；②三七皂苷药物组合及用途，其中"丹参"药物类的专利有相当大的申请量；③三七皂苷药物制剂工艺；④在防治心脑血管疾病中的应用（血栓通、血塞通类）；⑤产品质量控制方法，有效成分检测方法；⑥化妆品、日用品和保健食品，如图3-1所示。

在三七皂苷相关专利的分布中，三七皂苷提取工艺、在防治心脑血管疾病中的应用（"血栓通""血塞通"类）以及"丹参"类产品的相关专利已经有大量的专利申请，这与实际心脑血管中成药市场中"三七"和"丹参"两大类产品的情况很相似。同时，这也说明三七皂苷在提取工艺"血塞通"类和"丹参"类产品方面很难再做创新或者说是创新成本将会比较大。通过对专利地图的分析，不难发现仍有一些方向具有很好的可专利性，如特定类型皂苷成分的提取方法及用途，具有增强免疫力和调养心脑血管的功能保健食品。

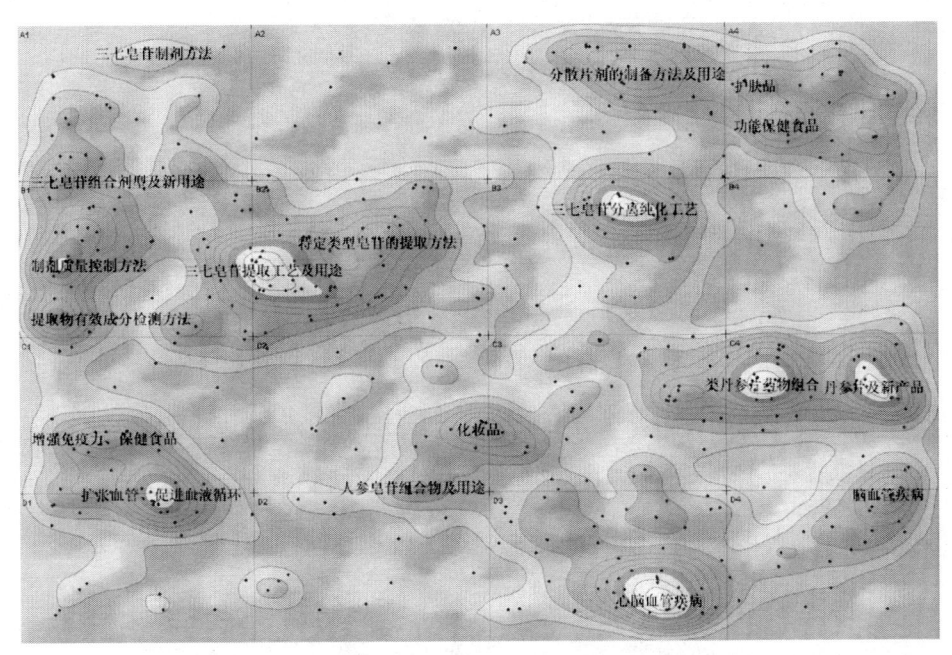

图 3-1　三七皂苷相关技术的专利地图

2. 三七皂苷提取工艺相关专利分析

（1）三七皂苷提取工艺相关专利总体趋势分析

随着我国中药现代化的深入，企业对中草药提取工艺的要求越来越高。在国外的申请中，主要是针对五加科植物人参和西洋参提取工艺的研究，由于成分上的某些共性而引入三七。在本报告主题下，关于三七皂苷提取工艺较相关的专利申请有 123 项（不含同族专利）。通过对 1997 年以来三七皂苷主题下提取工艺的专利申请情况的分析（如图 3-2 所示），发现在 2001 年之后，关于三七皂苷提取工艺的专利申请迅速增多。2009 年，三七皂苷提取工艺的专利申请最多，达到 15 项。从地域分布看，三七皂苷提取工艺的专利申请主要分布在中国和韩国（如图3-3所示），分别占到全部申请量的74.31%和11.93%。此外，在美国、日本和英国等其他国家也有少量分布。

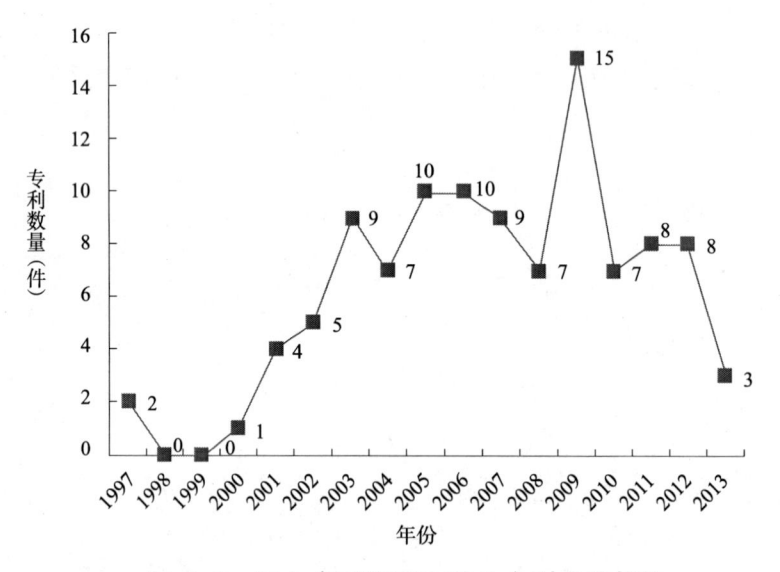

图3-2 三七皂苷提取工艺的专利申请趋势

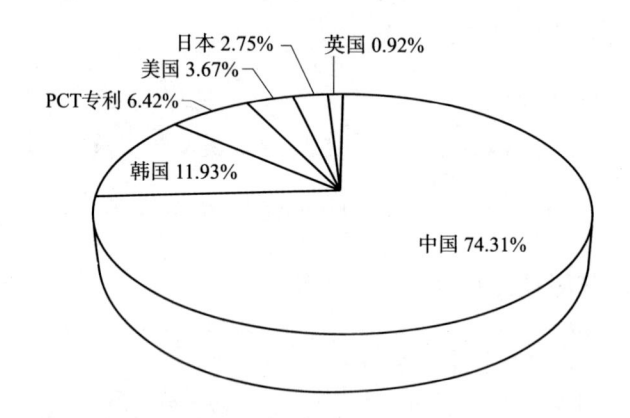

图3-3 三七皂苷提取工艺的专利在国内外的分布情况

从三七皂苷提取工艺发展的趋势来看（如图3-4所示），最早的是采用中药传统的加工方法——水煎法。到1989年之后，才出现一些现代化提取技术，如大孔树脂吸附分离工艺，代表性专利为富宁制药厂1993年申请的一种三七总皂苷药物及其制备方法（CN93105774.4）。该专利中三七总皂苷提取工艺的步骤为：三七原料→浸泡→粉碎→浸提→精滤→浓缩→层析→脱色

→过滤→浓缩→干燥→成品,其中层析环节采用了大孔层析树脂柱,提纯后三七总皂苷的纯度可达88%以上。在脱色工艺环节中先后采用了氧化铝和活性炭,后来为了更利于工业化生产,特别制成了氧化铝柱和活性炭柱。此外,在国内还出现了一种通过生物反应器培养生产人参皂苷的方法,代表专利为华东理工大学申请的一种三七细胞生产人参皂甙和多糖的方法及反应器(CN00116350.7)。该专利首先是设计了一种鼓泡式和升气式反应器,在鼓泡式或升气式反应器中采用分批培养或补料培养的方法对三七种子细胞进行培养,可生产出人参皂苷和人参多糖,细胞的生产最高产率为1518mg/(l.d)。可能是由于工业实用性的问题,这种通过培养细胞的方法生产人参皂苷和人参多糖未见有大规模应用的报道。在国外,从人参和西洋参的处理方法中发展了一种利用生物酶辅助提取工艺,代表专利为韩国伊尔华有限公司申请的一种生物酶代谢法提取人参皂苷工艺(US1997982260A),该工艺是采用类杆菌(KFCC-10923)通过生物代谢提取人参皂苷。

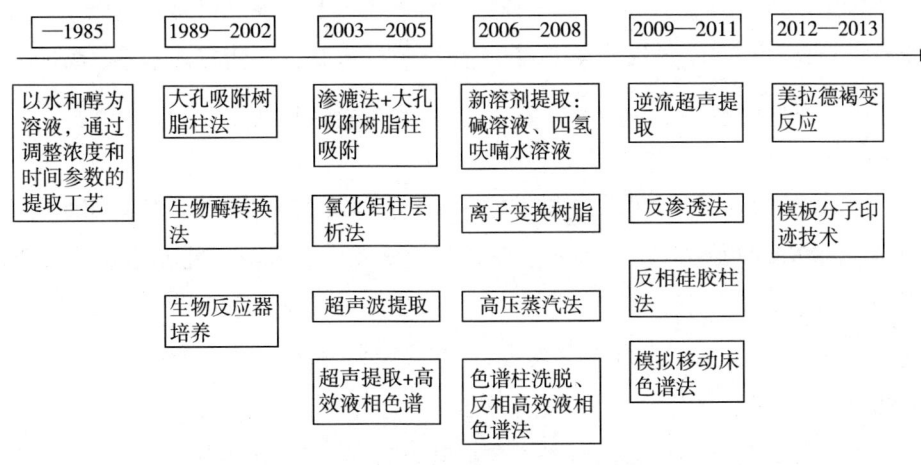

图 3-4 三七皂苷提取工艺的发展趋势

在2003—2005年之间,大孔树脂吸附分离工艺、氧化铝柱层法和微生物酶提取工艺得到了进一步发展。其中,大孔树脂吸附分离法尤其得到各医药生产企业的欢迎,如唐修文(云南特安呐制药股份有限公司董事长)、云南省药物研究所均采用"大孔树脂吸附+氧化铝柱脱色"的方法提取三七茎、叶和花中的皂苷成分(CN200310103758.X、CN200310116235.9);李明劲(四川希臣医药科技开发有限责任公司董事长)也针对三七三醇皂苷和三七二醇皂苷的制备方法申请了相关专利（CN200410070158.2、CN200410070156.3），所采用的方法为"渗漉法+树脂柱吸附"。此外，高效且无污染的超声波提取法开始受到人们欢迎。当时，比较有代表性的是采用超声波配合高效液相色谱的提取工艺，如张平（广东省广州市）申请的"一种三七总皂苷的制备方法"（CN200410091532.7），该方法是将预处理过的三七药材有效部位进行超声振荡提取，然后通过非极性或弱极性大孔吸附树脂柱洗脱或正丁醇萃取、浓缩、干燥、粉碎，得到粉末，最后通过高效液相色谱系统进行纯化。

在2006—2008年之间，这个阶段的主流工艺仍是渗漉法配合大孔树脂柱吸附、氧化铝柱洗脱、柱层析法、碱溶液溶解和正丁醇萃取等工艺，如海南亚洲制药有限公司2006年在三七总皂苷或三七皂苷单体提取工艺方面申请的8项专利就比较有代表性。除了这些主流工艺外，国外采用高压汽蒸法处理红参和高丽参（KR200756322A、KR200763685A）的工艺进入我国，被成功转移到三七的处理中，如中国科学院昆明植物研究所申请了一件发明专利（CN200710066195.X），公开了一种熟三七和熟三七标准提取物和其应用，其技术核心是在100℃蒸汽或高于100℃高压蒸汽蒸制三七药材，干燥、粉碎或不粉碎，可制得含量为10%以上的三七总皂苷，其中人参皂苷Rh4和人参皂苷Rg5的含量不低于3%。

在2009—2011年之间，微生物发酵提取工艺得到了进一步的发展（KR201143207A、KR201143206A）；天津天士力制药股份有限公司在三七皂苷提取工艺方面申请了大量专利，所采用的技术方案多是通过变换技术特征组合得到，其中一种工艺是采用反相硅胶柱分离方法制备三七三醇皂苷（CN200910069895.3）。此外，还出现几种比较新鲜的工艺方法，如辽宁科技大学提出的一种应用模拟移动床色谱分离制备人参皂苷Rb1的方法（CN201010233652.1）、云南植物药业有限公司提出的一种连续逆流超声提取结合膜技术提取三七总皂苷的方法（CN201110039788.3）和广西梧州制药（集团）股份有限公司提出的一种利用反渗透法浓缩三七总皂苷提取液的方法（CN201110414948.8）。

近年来，三七皂苷一些主流工艺如大孔树脂柱吸附、氧化铝柱洗脱和硅胶柱分离等已应用比较成熟，相关的专利申请难度也越来越大，但也出现了一些新的提取思路，如韩国科学技术研究院（KOREA INSTITUTE OF SCIENCE AND TECHNOLOGY）提出的采用美拉德褐变反应的方法来处理五加科人参植物，从而提高人参皂苷 Rg3、Rg5、Rk1 的含量（KR201214831A、KR201224454A）。美拉德反应又称为"非酶棕色化反应"，是法国化学家 L.C.Maillard 在 1912 年提出的。所谓美拉德反应是广泛存在于食品工业的一种非酶褐变，是羰基化合物（还原糖类）和氨基化合物（氨基酸和蛋白质）间的反应，经过复杂的历程最终生成棕色甚至是黑色的大分子物质类黑精或称拟黑素，所以又称羰氨反应。美拉德反应多是应用于食品香精生产中，国外研究比较多，国内研究应用很少。

在国内，南京医科大学提出一种应用多模板分子印迹聚合物来分离纯化三七活性皂苷的方法（CN201310495697.X）。该方法具体是：将模板分子、功能单体混合溶解在致孔剂中，超声混匀，形成模板分子—功能单体复合物，再加入有效量的引发剂、交联剂，超声通氮气后密封；在氮气保护下，分子印迹聚合物采用热引发，置于振荡培养箱中进行聚合反应；聚合反应结束后，所得到的分子印迹聚合物用甲醇—冰醋酸进行洗脱，除去模板分子，再用甲醇洗至中性，然后真空干燥，得到多模板单分散三七活性皂苷分子印迹聚合物。

云南植物药业有限公司近两年在原料药膜分离技术方面也取得了较大的进展。据报道，云南植物药业的"云南特色植物原料药膜分离关键技术研究与示范"项目近期已通过验收。该项目通过膜技术的应用获得三七总皂苷主要成分总含量达到86%，指纹图谱相似度在95%以上，各项指标达到2010版《中国药典》注射级三七总皂苷标准。目前，云南植物药业已建成智控植物低温活性膜提取中试生产线 1 条和日处理量 100 吨以上植物提取废液生化反渗透膜处理产业化系统工程示范基地 1 个。

（2）三七皂苷提取工艺的一些重要专利

重点专利 1	一种五加科人参属植物皂苷成分提取工艺	
	申请人：KOREA INSTITUTE OF SCIENCE AND TECHNOLOGY	
	申请号：KR20137651A	申请日：2013.01.23

技术核心：微波辐射辅助提取

发明要点：一种五加科人参属植物（包括竹节三七、三叶人参、人参三七、越南参、人参、西洋和三七）皂苷成分的微波辐射提取工艺，首先是用水或丁醇制得五加科人参属植物粗提液，然后在 150~190℃，2~100 个大气压的条件下微波辐射 30~90 分钟。相对于普通的热处理工艺，该方法能明显提升 Rg3、Rk1、Rb1、Rc、Rb2、Rd、Rg5 等类型皂苷的提取效果。该提取物制成的药物可用于治疗癌症、血小板聚集感染和皮肤炎，提高脑认知功能。

重点专利 2	一种三七皂苷微波提取工艺	
	申请人：SEMYUNG UNIVERSITY DIVISION OF INDUSTRY – ACADEMY COOPERATION GROUP；KO SUNG KWON	
	申请号：KR2011142001A	申请日：2011.12.26

技术核心：超声波辅助提取

发明要点：一种三七皂苷微波提取工艺：先用醇浸取三七，获得粗提液；在 80~120℃条件下，用超声波处理 30~50 分钟；按比例加入 1 重量份三七超声波提取物和 5~300 重量份蒸馏水和醋，pH 控制在 2~4，减压浓缩，冷冻，干燥后得到三七皂苷提取物。该方法可以对三七皂苷成分中的 F4, Rg3, Rg5, Rg6, Rh1, Rh4, Rk1, Rk3, F1 有较好的提取效果，提取物中 F4, Rg3, Rg5, Rg6, Rh1, Rh4, Rk1, Rk3, F1 的含量最高可达到 60%。该提取物可用于治疗糖尿病、癌症、过动症、血栓、异位性过敏和性功能障碍，改善代谢综合征，提高肝功能和大脑的认知功能。

重点专利 3	一种提高五加科人参植物中人参皂苷 Rg5 和 Rk1 的方法	
	申请人：KOREA INSTITUTE OF SCIENCE AND TECHNOLOGY，KR	
	申请号：KR201224454A	申请日：2012.03.09

技术核心：美拉德褐变反应

发明要点：一种提高五加科人参植物中人参皂苷 Rg5 和 Rk1 的方法，其特征在于：首先用水或醇溶液浸取，然后在正己烷、二氯甲烷、乙酸乙酯和 / 或丁醇精馏获得粗提取液；将粗提取液在 100~130℃条件下与氨基酸（选自谷氨酸、亮氨酸、赖氨酸或精氨酸）进行美拉德褐变反应（一种普遍的非酶褐变现象，一般应用于食品香精生产应用之中，国外研究比较多，国内研究应用很少），反应时间为 0.5~12 小时；反应后的提取液人参皂苷 Rg5 ≥ 20%，人参皂苷 Rk1 ≥ 10%。用该方法获得的提取物可制成药物或功能食品，具有提高免疫力、提高认识能力、抗癌、抗氧化和抗过敏等作用。

重点专利4	多模板单分散三七活性皂苷分子印迹聚合物及其制备方法	
	申请人：南京医科大学	
	申请号：CN201310495697.X	申请日：2013.10.21
	法律状态：实质审查的生效	公告日：2014.03.12

技术核心：模板分子印迹技术

发明要点：多模板单分散三七活性皂苷分子印迹聚合物的制备方法，其特征在于制备步骤为：

1）将模板分子、功能单体混合溶解在致孔剂中，超声混匀，静置 2~4 小时，形成模板分子—功能单体复合物，再加入有效量的引发剂、交联剂，超声 5~10 min，通氮气 5~10 min，密封；其中，模板分子与功能单体的摩尔比为 1：2~1：6；功能单体与交联剂的摩尔比为 1：1—1：6；致孔剂的体积用量与模板分子的摩尔量之比为 25~150 ml/mmol；引发剂的用量是模板分子、功能单体和交联剂总质量的 3%—5%；

2）在氮气保护下，分子印迹聚合物采用热引发，置于振荡培养箱中进行聚合反应，培养箱转速为 100~300 r/min，聚合温度为 50~70℃，聚合反应时间为 20~36 小时；

3）聚合反应结束后，所得到的分子印迹聚合物用甲醇—冰醋酸进行洗脱，除去模板分子，再用甲醇洗至中性，然后 45℃真空干燥 12~24 小时，得到多模板单分散三七活性皂苷分子印迹聚合物。

其中，多模板单分散三七活性皂苷分子印迹聚合物的模板分子为人参皂苷 Rb1、人参皂苷 Rg1 和三七皂苷 R1，三者摩尔比为 44：43：13；所用的功能单体为丙烯酰胺、甲基丙烯酸、烯丙基脲或 4-乙烯基吡啶；所用的引发剂为偶氮二异丁腈或过氧化苯甲酰。

重点专利5	一种连续逆流超声提取结合膜技术提取三七总皂苷的方法	
	申请人：云南植物药业有限公司	
	申请号：CN201110039788.3	申请日：2011.02.17
	法律状态：授权	公告日：2012.04.11

技术核心：连续逆流超声结合膜提取工艺

发明要点：一种连续逆流超声提取结合膜技术主要是加三七粗粉重量 6—

15 倍的 40%~90% 乙醇在 20~50℃的温度下连续逆流超声提取 20~120min，超声频率为 20~80kHz；滤液用 1000~2500 的超滤膜或 100~800 纳滤膜在 20℃~50℃，0.4~4.1 MPa 下膜浓缩；减压浓缩至无醇味后加水稀释或直接加水稀释，过滤上大孔吸附树脂，水洗脱再用 50%~90% 乙醇洗脱；过碱性阴离子树脂后用 100—800 纳滤膜，0.4~4.1 MPa 下膜浓缩，脱色后减压浓缩，喷雾干燥。

重点专利 6	从三七中制备人参皂苷 Rg1 的方法	
	申请人：中国人民解放军第四一一医院	
	申请号：CN201310572043.2	申请日：2013.11.15
	法律状态：实质审查的生效	公告日：2014.03.12

技术核心：特定皂苷成分（Rg1）的硅胶柱洗脱

发明要点：一种从三七中制备人参皂苷 Rg1 的方法，其特征在于，具体步骤为：将新鲜三七根洗净、切片、晒干、粉碎成三七粉；将三七粉用有机溶剂加热回流提取，合并提取液；将提取液旋转蒸发回收溶剂，得到三七提取物；将三七提取物用有机溶剂溶解，以层析用硅胶拌样，待有机溶剂挥发干净后，干法上硅胶柱，经二氯甲烷和甲醇梯度洗脱，收集含有人参皂苷 Rg1 的洗脱部分，回收溶剂，得到含有 Rg1 的粗品；将含有 Rg1 的粗品，用醋酸乙酯溶解，冷却析出晶体，过滤，得到 Rg1 纯品。

3. 三七皂苷用途相关专利分析

在三七皂苷相关用途发明的专利申请中，技术内容主要分为心脑血管疾病类、抗癌类和护肤（美白、去皱纹）、糖尿病、老年痴呆、缓解疲劳、抗炎几大类，其申请趋势如图 3-5 所示。心脑血管疾病为三七皂苷的常规用途，其相关专利申请最多，其次是日用化妆品的护肤、美白和去皱纹等用途，如国内的人羞花化妆品公司的系列专利。

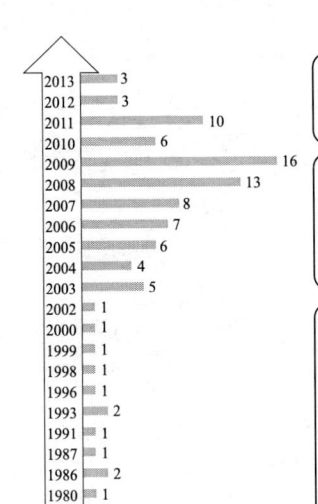

年份	申请数
2013	3
2012	3
2011	10
2010	6
2009	16
2008	13
2007	8
2006	6
2005	7
2004	4
2003	5
2002	1
2000	1
1999	1
1998	1
1996	1
1993	2
1991	1
1987	1
1986	2
1980	1
1978	2

近年,针对三七单体皂苷成分的用途专利申请逐渐增多,主要包括:肺间质纤维化、抑郁症、冠心病、心绞痛、老年痴呆、脑梗死、中风病、腹泻、糖尿病、脂质代谢失调、减肥、神经退行性疾病、抑制巨细胞病毒、消化系统炎性疾病和神经眼科疾病等

国内的申请逐渐增多,主要是针对三七总皂苷、三七三醇组皂苷、三七二醇组皂苷成分的新用途,主要包括:抗炎镇痛、治疗风湿性、类风湿性关节炎、增强脑功能和记忆力、糖尿病、慢性脑供血不足、防治骨质疏松症、全身炎性反应综合征、促进营养吸收、脑中风、脑梗塞、抗抑郁、高血压病、记忆力减退、预防和治疗老年痴呆、肝损伤和PTCA术后再狭窄等

主要来自国外的申请,一般是针对五加科植物人参、西洋参与三七相同的皂苷成分。涉及用途包括:抗癌、代谢失调、循环系统疾病、炎症、促进头发生长、心律失常、内毒素休克、冠心病、强肾、改善疲劳、改善血液流动、分解脂肪、抗癌、肠胃病、提高皮肤免疫力、骨质疏松、搞焦虑和抗抑郁等

图 3-5　三七皂苷相关用途发明专利申请趋势

近年来,三七皂苷在用途方面的专利申请从原来的大类病种细化到具体的不同情形的小类病种。近五年三七皂苷的用途相关专利申请的技术内容统计如表3-2所示。可见,随着人们对三七皂苷成分研究的深入,以及提取工艺的不断优化改进,分离获得单体皂苷并对其药理用途进行的深入研究的成果越来越多,其相关专利申请也越来越多。这不仅是未来在三七皂苷技术主题申请专利的方向,更代表了三七药材深加工开发技术发展的大趋势。

表 3-3　近五年三七皂苷的用途代表性专利申请的技术内容

年份	申请人(申请号)	活性成分	用途
2009	MDGENE CO. LTD. (KR20093060A)	人参皂苷 Re、Rg1、Rg2、Rb1、Rb2、Rd,含量 0.2%—10%	2 型糖尿病
	UNIGEN INC.,KR (WO2009KR778A)	五加科植物叶提取物	缓解疲劳
	AFEXA LIFE SCIENCES INC. (US2009394313A)	西洋参提取物	恶性血液肿瘤
	昆明理工大学 (CN200910094187.5)	三七三醇组皂苷	诱导细胞内硫氧还蛋白表达增加
	澳门大学 (CN200910139993.X)	三七二醇组皂苷	动脉粥样硬化

续表

年份	申请人（申请号）	活性成分	用途
2009	上海新康制药厂、上海师大科技开发总公司（CN200910194673.4）	三七总皂苷、Rb1、Rg1、Rg3、Re、Rh1、R1 其中一种或几种组合	抑制 α—葡萄糖苷酶活性
	昆明制药集团股份有限公司（CN200910168179.0）	三七三醇组皂苷	帕金森病
	昆明理工大学（CN200910095095.9）	三七三醇组皂苷	乙酰氨基酚所致的肝损伤
	昆明理工大学（CN200910095096.3）	三七二醇组皂苷	抑制肿瘤
	许淑清（CN200910223952.9 CN200910223951.4 CN200910223952.9 CN200910223953.3）	三七、三七提取物、三七总皂苷以及三七总皂苷组合物	冠状动脉粥样硬化、PTCA 术后再狭窄、糖尿病性神经病变、糖尿病性微血管病变
2010	新乡医学院（CN201010000735.6）	三七皂苷 Rg1	肺间质纤维化
	中山大学（CN201010193222.1）	人参皂苷 Rb3	抑郁症
	黑龙江珍宝岛药业股份有限公司（CN201010624615.3）	R1、Rg1、Rb1、Re、Rd 组合物	中风病
2011	GINSENG SCIENCE INC.（KR2011125739A）	Rg3、Rk1、Rg5、Rb1，Rb2，Rc、Rd	防止皮肤老化
	大连大学（CN201110005851.1）	人参皂苷 Rb3	糖尿病
	昆明制药集团股份有限公司（CN201110053987.X）	三七三醇皂苷	神经退行性疾
2012	University Industry Coop eration Group of Kyung Hee University（KR201238799A）	人参皂苷 Re	缓解焦虑、增强免疫力
2012	上海中医药大学（CN201210179606.7）	三七皂苷 R1	消化系统炎性疾病
	吉林省中药制剂工程研究中心有限公司（CN201210266795.1）	三七皂苷 R1	视网膜病变等眼科疾病

续表

年份	申请人（申请号）	活性成分	用途
2013	苏州谷力生物科技有限公司（CN201310146943.0）	三七皂苷元新化合物	癌症
	高尚先（CN201310429401.4）	人参总次苷组合物（人参皂苷部分水解，脱掉部分糖基的降解产物次生皂苷的混合物）	耳鸣、眩晕、美尼尔氏综合征
	上海中医药大学（CN201310465076.7）	三七皂苷 Fc	心肌缺血、心肌梗塞

4. 三七总皂苷制剂方法的专利分析

三七总皂苷由于药理功效丰富，被用于多种复方制剂中，其中著名品牌如云南白药、复方丹参滴丸和片仔癀，其单方制剂，如活血祛瘀和通脉活络常用中成药"血栓通"和"血塞通"系列产品。目前市场上的三七总皂苷产品的剂型主要有注射液、冻干粉针剂、胶囊、滴丸、分散片、泡腾片、咀嚼片和颗粒剂等。因各生产厂家的活性成分含量和制剂方法各不相同，各产品的功能相近，但功效不一。近年来，三七总皂苷产品中冻干粉针剂迅速发展，以及产品剂型的多元化，制剂工艺的相关专利申请也占了三七总皂苷技术主题专利申请量中相当大的一部分。

从三七皂苷的制剂方法相关专利的申请情况来看（如图3-6所示），较早申请三七皂苷产品制备方法的专利是1996年昆明制药在三七皂苷粉针剂制备方法上申请的两项专利。昆明制药经过五六年临床应用和学术研究，三七总皂苷系列产品在治疗心脑血管疾病方面的功能得到人们普遍认可。从2002开始，"血栓通"和"血塞通"系列产品的市场销售量飞速增长，而产品相关生产工艺的专利申请量也迅速增长，在2004年就达到了年申请量25项。2004—2006年间，有许多企业进入三七总皂苷产品的竞争，而导致全国生产"血塞通"各剂型产品的企业达到70多家，成为国内三七总皂苷中成药发展黄金期。

在2011—2013年期间，三七总皂苷高端产品"血栓通""血塞通"冻干粉针剂在市场上供不应求，三七皂苷的制剂方法相关专利申请再次出现高峰。这个阶段昆明制药和梧州制药都在着手策划粉针剂产能升级，在粉针剂生产工艺方面出现了一些专利申请。同时三七总皂苷的剂型也出现多元化的发展，在注射液、粉针剂、胶囊、滴丸、分散片和颗粒剂等传统剂型的基础上，新出现了一些滴鼻剂、滴眼液和缓释剂等剂型的专利申请。另外，由于产能发展的需要及产品质量要求的提高，这个阶段也出现了一些工艺改进的发明专利申请。

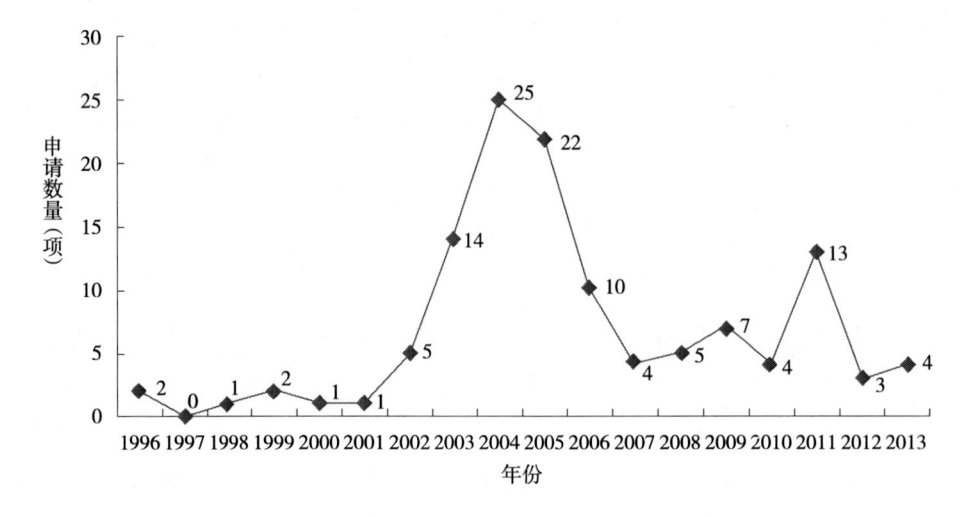

图 3-6　三七皂苷制剂方法的相关专利申请趋势

从三七皂苷的制剂方法相关专利的授权情况来看（如图 3-7 所示），失效专利的比例偏多，占到了 52%；正在申请中的较少，占有比例仅为 12%。这是三七皂苷的制剂方法趋于成熟，创新难度逐渐增大的表现。同时，国家部分政策收紧，获得这类药品生产批文难度增加，也有可能造成近两三年专利申请量下降。因此，可以推测，往后两三年在三七皂苷的制剂工艺方面的授权专利量将会呈现下降趋势，而由于三七皂苷成分药理研究的深入，在用途方面的专利会逐渐增多。

目前，三七皂苷的制剂方法相关专利的授权量为 43 项，占该技术主题的 36%。其中，注射液、粉针剂、崩解片和不限定剂型的药物组合的专利申请量和授权量相对较多。片剂的申请量较多，但授权比例较小。三七总皂苷各种剂型的专利申请量及授权数量如图 3-7 所示。如果这些已获授权的专利与产品的实际生产和市场销售比较匹配的话，注射液、粉针剂和崩解片较有可能成为三七总皂苷未来重点发展的主流剂型。

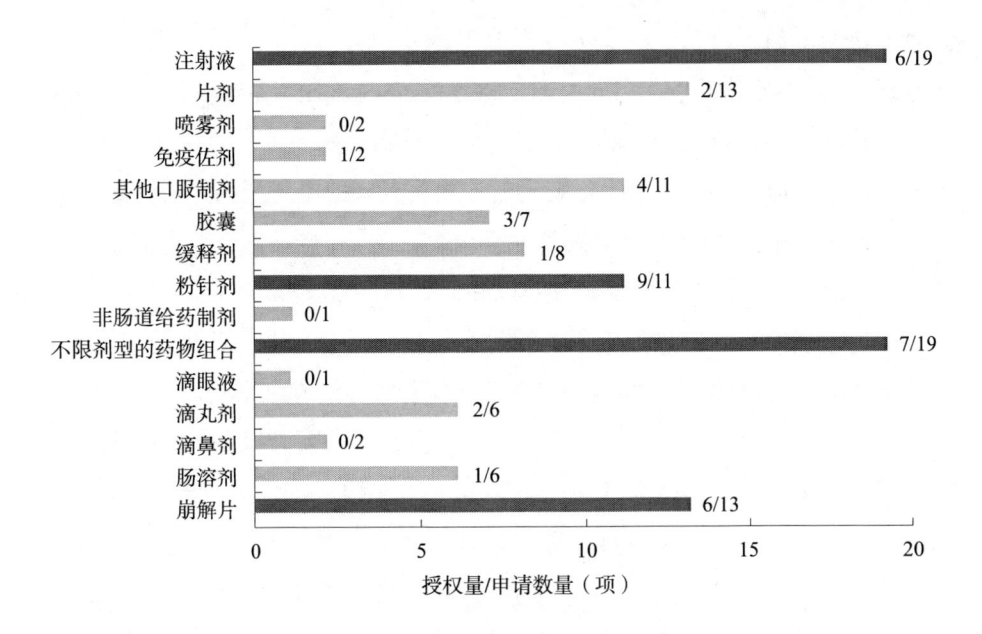

剂型	授权量/申请数量
注射液	6/19
片剂	2/13
喷雾剂	0/2
免疫佐剂	1/2
其他口服制剂	4/11
胶囊	3/7
缓释剂	1/8
粉针剂	9/11
非肠道给药制剂	0/1
不限剂型的药物组合	7/19
滴眼液	0/1
滴丸剂	2/6
滴鼻剂	0/2
肠溶剂	1/6
崩解片	6/13

图 3-7　三七总皂苷各制剂方法的专利申请量及授权情况

目前,国内生产三七总皂苷产品的70多家企业,一部分企业是产品原研方,大多数是采用现有技术或通过改进现有技术进行生产,总体上来看就是产品制剂方法申请专利保护的企业不多。从各企业在制剂方法的相关专利申请量及授权量来看,昆明制药、黑龙江省珍宝岛制药、云南植物药业和梧州制药是拥有的三七总皂苷产品制剂工艺专利授权量最多的4家企业,也是当前和未来几年三七总皂苷产品市场竞争力最强的4家企业。其中,昆明制药申请专利保护的剂型种类最多,而针对粉针剂申请保护的专利数量则是黑龙江省珍宝岛制药最多;云南植物药业的三七系列产品有血塞通注射液、血塞通分散片,但在制剂工艺方面获得专利授权量仅有三件。

五、专利信息运用效果

本案例专利信息运用效果如下:

第一,本案例完成了一份三七总皂苷技术专利分析报告,包含三七皂苷技术主题研究及市场概述、数据说明及约定、总体申请趋势分析、竞争对手分析、典型申请人分析、三七皂苷提取工艺专题分析、三七皂苷药理用途专题分析、三七中各类型皂苷药理用途专题分析、三七总皂苷制剂工艺专题分析、三七皂苷技术领域典型的专利诉讼和专利转移案件和主要观点及建议十一个部分。该报告通过对目前国内外三七皂苷相关专利的申请情况开展调查分析，归纳出18条对国内药类企业较具参考意义的观点。报告还基于专利信息分析，结合企业的情况，提出了技术开发建议和专利布局建议。

第二，根据专利信息分析报告的研究结果，结合企业现状申请三七皂苷相关专利10件，较好地完善了企业在三七皂苷方面的专利结构。

第三，以检索到专利文献为数据基础，结合企业需要及研发人员操作特点，建立了一个涵盖中国、美国、日本、英国、法国、德国、加拿大、瑞士、俄罗斯、欧洲专利局及世界知识产权组织等多个国家和地区的三七皂苷专利专题数据库，包括2254条专利文献。企业技术人员可通过该数据库了解到当今三七皂苷产品制备工艺、有效成分提取工艺及新用途等技术热点，对企业新产品研发及专利布局有较高的参考价值。

六、广西相关企业发展特色中药的启示和建议

第一，提升现代中医药创新能力。以建成现代中医药产业为总体目标，建立符合企业研发人员操作特点中医药专利数据库，开发中医药信息管理系统，加强实验室动物生产基地标准化建设，积极申报组建现代中药新药研发中心、重点实验室，加强区内外技术合作；围绕广西特色中药原材料、中成药产品开展药理基础研究、复方药物作用机理、疗效及安全性评价、药理及代谢、药物相互作用、临床研究、制剂与质量控制、工艺、生产设备等方面开展全方位研究体系，整体提高企业中药创新能力和研究水平。

第二，研究发展广西特色中药的"互联网+"商务模式。"互联网+"是互联网思维的进一步实践成果，它代表一种先进的生产力。广西的中医药企业不仅具有原药材的资源优势，还有地处北部湾经济带、东盟经济带的区位优势，广西的中医药企业可结合这些优势，突破传统营销模式，试探性发展"互联网+"中药商务模式，借助互联网的优势形成具有广西特色中药品种，并

延伸到保健食品和日化产品等系列精深加工产品上,强化技术链,拉长产业链,做大产业规模。

第三,加强人才培养。长期以来,广西一直作为中药"资源大省"形象存在,而未能成为中"产业大省"的主要原因之一是人才缺乏。广西中药企业要打造特色中药品牌,可在借鉴广西区内花红药业、梧州制药、玉林制药等企业成功经验的同时,加强中药材规模化种植技术人才培养工作,形成与中医药产业相适应的高级人才培养体系要加强高素质中医药专业技术人才、知识产权保护人才、生产管理和经营人才、技能型人才及复合型人才的引进和培养。

第四,加大知识产权保护力度。在知识产权保护方面,企业应在立项、研发、采购、生产、销售和售后各个环节积极开展专利信息分析和预警工作,并形成一套企业自身特色的知识产权管理体系,有效规避知识产权风险;注重企业核心技术的保护,在保护形式上先对采用专或技术秘密的保护形式进行评估;在专利布局保护策略上采取"点+面"的专利申请策略,形成企业自己的专利池,以专利群的形式对核心技术进行立体式全方位的保护。

第四章
世界亚硫酸法制糖澄清技术领域专利分析

一、案例简介

本案例是 SGE 公司承担的"制糖企业专利特派员工作试点建设试点示范"项目的研究成果。项目借助当前制糖设备飞速发展的契机，通过引进专利特派员，开展甘蔗澄清技术专利分析研究，了解和掌握行业发展现状、创新能力、专利现状及存在的主要问题，从而有针对性地为企业制定个性化的服务方式和内容，针对亚硫酸法澄清工艺的前沿关键技术进行全面研究和攻关，为企业出谋划策，使专利工作嵌入企业发展的全过程，从而引导企业运用专利制度推进自主创新。实现技术的突破及提升，并通过专利布局形成技术壁垒，形成核心技术集群优势，从而巩固和提升企业的市场竞争力。其专利信息运用特点是：

第一，借助 Dialig 等国内外大型数据库以及中献、Orbit、TDA 和 Innography 等多种国内外分析工具，围绕制糖澄清领域研究与生产的前沿关键技术开展专利信息分析研究，了解该领域的技术动态、研究热点、专利布局和发展态势，为企业确定和调整发展战略提供决策参考。

第二，在开展专利信息分析的基础上，提交一份专利分析报告。通过分析重点专利，研判核心技术的专利情况，分析专利风险，并提出保护策略；帮助企业寻找专利切入点，围绕制糖澄清工艺开发具有自主知识产权的新技术和新工艺并进行专利布局，形成由"核心专利、外围专利、防御专利和竞争专利"构成的多层次专利保护体系，巩固和扩大企业在制糖澄清领域的竞争优势。

第三，针对企业专利工作中的不足和实际需求，开展相关专利基础知识培训，提高企业员工的专利意识，帮助企业培养兼具技术专长和专利管理经验的人才。

第四，指导企业建立和完善知识产权工作机制，不断强化专利技术的研究、申报和转化应用等工作，促进企业核心技术发明专利的规模化。

二、案例背景

食糖既是人民生活的必需品，也是食品工业及下游产业的重要基础原料，与粮、棉、油等同属关系国计民生的大宗产品。制糖行业作为传统的农产品加工业，与糖料种植紧密相关，且主要集中在广西、云南、广东、海南、新疆和黑龙江等地区，已成为边疆少数民族地区经济的支柱产业。

广西蔗糖业积数十年发展之功，占全国六成之重，已形成种植、加工和销售等配套体系比较完整的产业体系，成为广西农业产业化较为成熟的产业，为广西的经济发展做出了很大的贡献，与国内其他产糖大区相比，广西是名副其实的糖业大省，在国内糖业市场中占有重要地位。据国家统计局权威数据显示，2012年，广西甘蔗年产量7 829.71万吨，成品糖产量861.51万吨，均位列全国第一。同样据2012年统计，广西共有104家机制糖厂，主要分布在广西10个地市。广西中南部是广西蔗糖生产的优势区域，重点布局在崇左、扶绥、横县、宁明、宾阳、大新、龙州、隆安、武鸣、邕宁、南宁辖区、贵港覃塘、来宾、武宣、象州、鹿寨、柳城、柳江、宜州和上思等20个县（区）。目前广西最大的机制糖厂生产能力是日榨甘蔗24 000吨，最小的糖厂日榨甘蔗是1000吨，平均日榨甘蔗量为5580吨。近年来广西制糖技术、装备企业发展较快，国内许多先进的制糖工艺、设备均由广西的企业率先研发、应用和推广。目前，广西的制糖技术、装备企业已瞄准海外特别是东南亚市场，全力创新，提升技术和制造水平，力争在国际制糖市场上占有一席之地。

制糖业在广西食品产业实现超千亿元支柱产业中担当主要角色，是广西在全国最具影响力的食品产业。广西如何继续发挥制糖业基础优势，加大结构调整力度，加快促进产业升级，提高产业综合竞争力，实现"以资源换产业"新的发展空间，是构建具有广西特色现代产业新体系的需要，是推动广西农民长效增收、加快社会主义新农村建设的需要，是促进广西实现科学发展、和谐发展和跨越发展的需要。

甘蔗制糖总体来说包括提汁、糖汁澄清、糖汁浓缩蒸发、糖浆结晶、分蜜、干燥、包装和入库这几个过程。澄清（也叫清净），压榨出来的蔗汁还含有很多杂质，必须经过蔗汁的澄清处理，通过除去非糖分以提高糖汁的纯度，并降低其粘度和色值，为煮糖结晶提供优质的原料糖浆。影响澄清的主要因素是蔗汁的pH值、加热温度和澄清时间。只有把这些因素控制好，使蔗糖成分尽可能多地保留下来，同时尽可能多地除去非糖分，才能完成澄清的任务。

目前甘蔗制糖方法是以清净过程中使用的主要清净剂来命名。各产糖国家用甘蔗生产白砂糖和粗糖的通用清净方法主要有亚硫酸法、石灰法和碳酸法。其中，亚硫酸法采用石灰和二氧化硫为主要清净剂。混合汁经预灰、一次加热、硫熏中和、二次加热后入沉降器，分离出清净汁和泥汁，泥汁经过滤得滤清汁，它与清净汁混合再经加热、多效蒸发成糖浆，再经糖浆硫熏得清糖浆作结晶原料。石灰法是以石灰为主要清净剂。将混合汁预灰至pH6.4，加热至60℃，然后加灰中和至pH7.6~8.0，再加热至100~102℃，入沉降器分离出清净汁与泥汁。泥汁过滤得滤清汁与清净汁混合，经多效蒸发得糖浆以供结晶用。碳酸法是以石灰和二氧化碳为主要清净剂的蔗汁清净法。其工艺流程为：混合汁经一次加热、预灰，然后再加入过量的石灰乳的同时通入二氧化碳进行一次碳酸饱充，使产生大量钙盐沉淀，随即加热、过滤得一碳清汁，再经第二次碳酸饱充，然后加热、过滤，得二碳清汁，又经硫熏、加热、蒸发成糖浆。然后进行硫漂使pH降至5.8~6.4，供结晶之用。

国外糖厂规模普遍较大，糖厂装备向着大型和高效化发展，自动化控制程度高，能耗低，产品质量好。欧美等发达国家生产工艺设备先进，多为一步法生产各种规格的高品质白砂糖（甜菜糖），甜菜糖主要采用碳酸法（后发展为双碳酸法）生产。甘蔗糖多采用二步法，即先在原料集中地，以简单工艺设备生产原糖，然后运到大城市的精炼厂进行精炼加工。发展中国家生产技术装备相对较差，大部分实行一步法直接生产白糖，或直接生产原糖用于国际贸易（如巴西）。中国糖厂全部采用一步法生产。由于产品档次总体较低，目前我国生产的糖还不能进入伦敦和纽约的期货交易市场。只有极少数糖厂生产的白糖能够满足可口可乐、百事可乐等国际著名饮料的用糖标准。

我国制糖企业技术装备水平与发达国家相比存在较大差距，特别是高效节能设备开发应用能力比较差，生产企业自动化控制水平低，产品质量不稳定，资源消耗高于国际同行业水平。因此，依靠科技创新，研发新技术、新工艺和新设备并推广应用，促进制糖业加快升级，提高产品质量，降低生产成本，对于改变目前国内制糖业现状，提高其市场竞争力十分关键。目前，国家通过进一步实施结构调整战略，重点支持糖料生产优势区域制糖企业的技术改造，淘汰一批生产规模小、资源消耗高且技术水平低的制糖企业，进一步优化了制糖行业产业布局。因此，需要提高制糖工业的整体科技水平和技术装备水平，提升生产效率，减低生产成本。

国内糖企原来主要采用亚硫酸法和碳酸法生产精制糖，虽然碳酸法清净效果显著超过亚硫酸法，但由于碳酸钙滤泥降解困难，产出量大，能耗高；而亚硫酸法因其低成本、节能环保、滤泥可资源化利用等循环经济特性而被广泛使用。近年以来，随着各种新技术的出现，亚硫酸法的产品质量得到较大改善，尤其是糖浆上浮技术的出现，使亚硫酸法白糖中二氧化硫残留量降低至碳酸法白糖的水平，因而原有的许多碳酸法糖厂也逐渐被改造为亚硫酸法。近十年来，随着各种新式制糖设备的不断涌现，传统亚硫酸法工艺的设备条件已悄然改变，以新式设备为基础的亚硫酸法工艺改革的条件已经成熟。

本案例针对SG公司进行弱碱性亚硫酸法澄清工艺及配套设备的研发需求，引进专利特派员，开展亚硫酸法澄清工段专利信息分析研究，从该技术领域的国内外专利申请趋势、主要企业专利申请现状及重点和该技术领域的关键技术专利申请情况等方面入手，结合翔实的数据进行系统分析，得出分析结果，同时结合企业的研发实际提出了具体建议，并最终形成《基于全球视野的亚硫酸法制糖澄清技术专利情报研究》报告。

三、专利信息获取

本案例的检索主题是亚硫酸法制糖,检索截止日期为 2014 年 11 月 30 日。研究对象是亚硫酸法制糖专利技术,因此检索的目标文献是所有关于硫酸法制糖的专利文献,采用的数据库是中国专利数据库、德温特世界专利索引数据库和欧洲专利局专利文献数据库等。检索由初步检索、全面检索和补充检索三个阶段构成,针对中文数据库和外文数据库单独进行检索,从而避免由于数据库自身特点造成的检索数据遗漏。

将检索后的数据筛选后,结合专利文献实际的分布特点,形成制糖澄清专利技术分类体系,并且提出一种结合了科学性和可行性的制糖澄清技术界定标准,从而为本案例的研究工作扫清障碍。并根据企业的需求,兼顾专利信息分析的实用性和高效性,进行了数据分类工作。其中一级分类为制糖澄清工艺,二级分类为亚硫酸法澄清工艺。本案例重点关注制糖亚硫酸法澄清工艺及设备。

蔗糖澄清技术分类体系如图 4-1 所示。

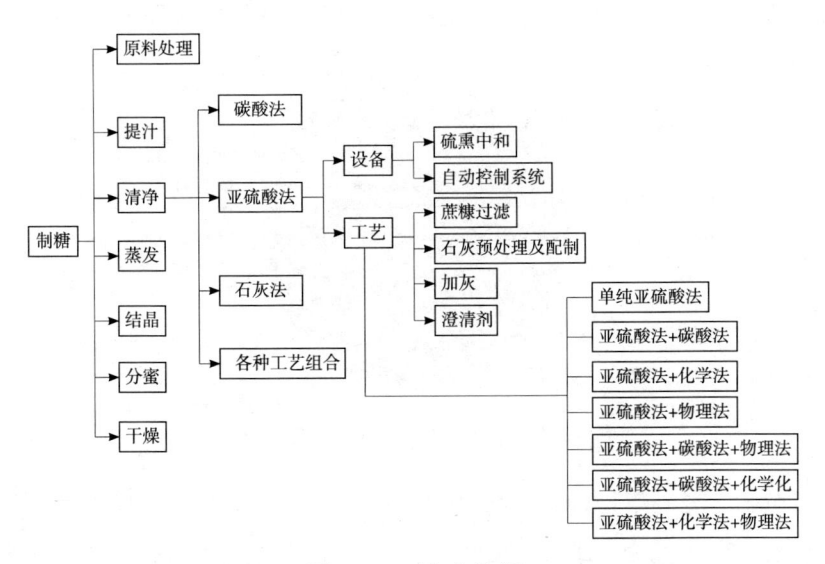

图 4-1 技术分解

本案例共检索到与制糖业原料预处理、提汁、澄清、结晶和干燥工段相关的国内外专利申请 9760 件,其中原料预处理工段 1317 件,提汁工段 3409 件,澄清工段 1692 件，结晶工段 3373 件，干燥工段 525 件。

四、专利信息分析

本案例从全球制糖业的专利申请全局着手，以澄清工段专利申请为切入点，以亚硫酸法澄清工艺为重心，借助国内外大型数据库及多种国内外分析工具，围绕制糖澄清技术领域，特别是亚硫酸法澄清技术领域的研究与生产前沿关键技术开展专利信息分析研究。分析主题主要集中在以下几个方面：世界制糖业专利申请现状概述、世界制糖业澄清技术专利申请分析和世界制糖业亚硫酸法澄清关键技术专利分析。

（一）世界蔗糖业专利申请现状

在国内外共检索到与制糖业原料预处理、提汁、澄清、结晶和干燥工段相关的专利申请 9760 件。其中各工段所占比例如图 4-2 所示。

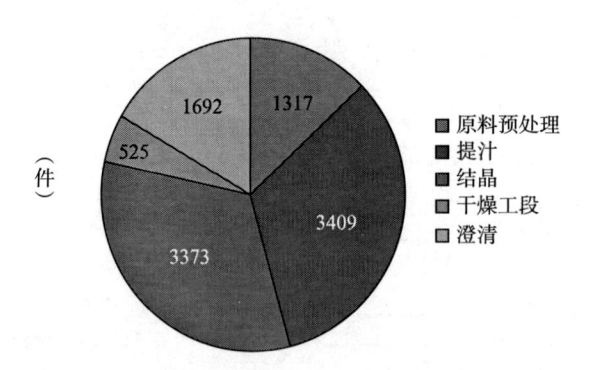

图 4-2 制糖业各工段申请量比重

经分析，专利申请趋势（以 10 年为一个节点）如图 4-3 所示，可以看出以 20 世纪 70 年代为分水岭，之前专利申请量持续走低，70 年代专利申请量骤然增加，此后申请量在高水平状态下略有起伏。

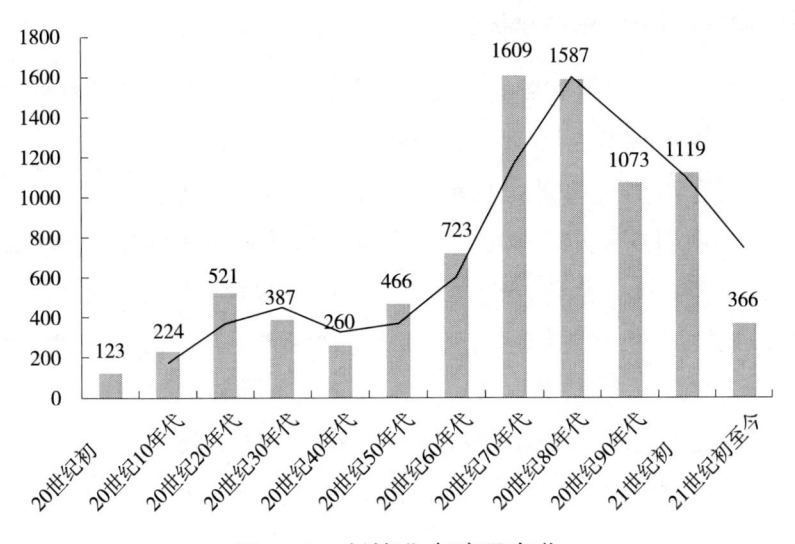

图 4-3 制糖业申请量变化

申请人（专利权人）排名如图 4-4 所示，排在前五位的分别是 FIVES CAIL BABCOCK（法国）、BRAUNSCHWEIGISCHE MASCH BAU（德国）、BUCKAU WOLF MASCHF R（德国）、BRAUNSCHWEIGISCHE MASCHB ANSTA（德国）和 RAFFINERIE TIRLEMONTOISE SA（德国），可见排在前面的申请人以德国的居多。

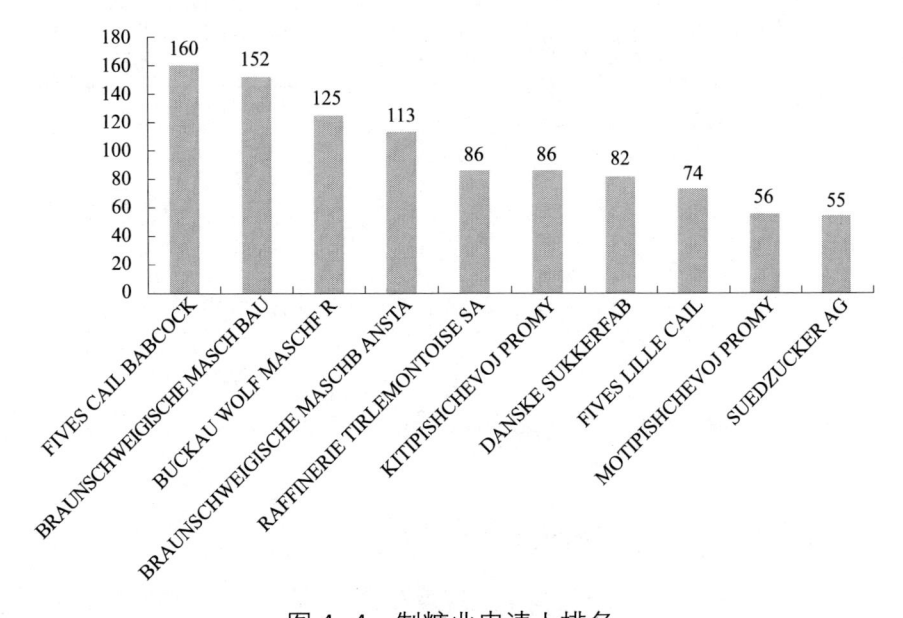

图 4-4 制糖业申请人排名

中国制糖业专利申请现状

在国内,与制糖业相关的专利申请共计947条,统计其专利申请类型,发现实用新型申请和发明专利申请各占一半。

从申请趋势来看,发现国内制糖专利申请量从20世纪70年代至90年代都比较少,从2005年开始国内专利申请量开始增加,到2012年到达高峰。

国内制糖专利申请人分析如图4-5所示,排在前三位的分别是广西大学、王孝忠(地址:广西壮族自治区南宁市大学西路北一里一号南宁市糖业合金榨辊厂)和华南理工大学,按专利权人(申请人)所属省市专利申请量分析可知,广西(43.1%)、广东(10.34%)和云南(9.95%)的分布比较多,其中国外PCT申请量排在第二位,占12.73%。

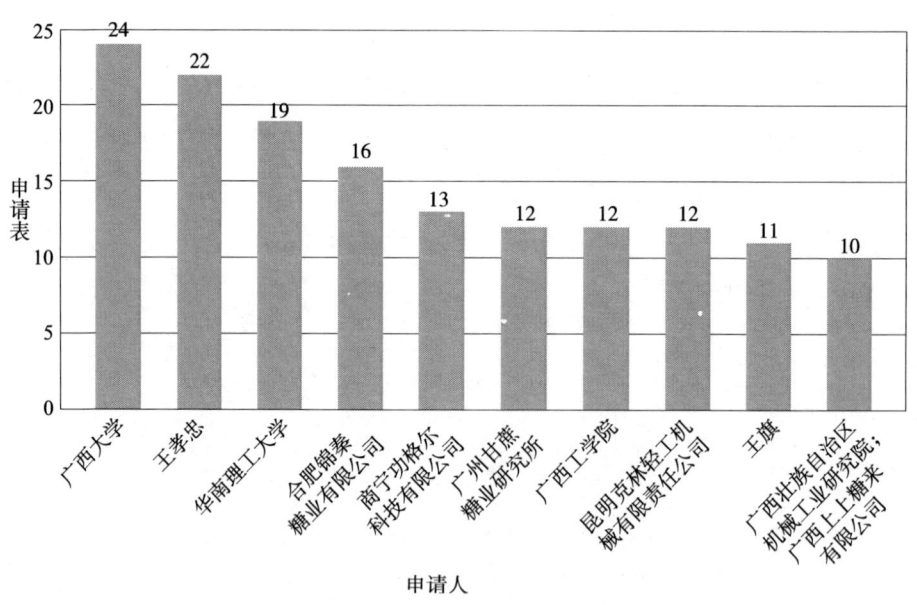

图4-5 中国制糖业主要专利申请人分析

(二)世界制糖业澄清技术专利申请分析

1. 世界制糖业澄清技术专利申请现状

20世纪以来,世界制糖澄清工艺持续发展,各国申请了1692件原创专利,其申请量受糖料产量和糖业政策影响较大。1900—1019年，专利申请量不足50件，在随后的50年内，专利申请量也稳定在100件以内。近百余年中，糖业澄清工艺突飞猛进的发展是在1970—1989年之间，专利申请总量在两个十年中分别达到241件和256件。20世纪90年代，专利申请有个下滑趋势，到21世纪的第一个十年又激增到了339件。2010—2013年，受专利申请到公开的滞后期的影响，专利申请量相对又有所跌落。

1970—1979年间，专利申请量排名前三位的国家分别是苏联、日本和美国，专利申请量分别为77件、35件和21件。苏联的工艺专利申请为32件，其中9件与自动控制相关；设备专利申请为45件，其中4件与自动控制相关。日本的专利申请以工艺专利申请为主，有33件。美国的工艺专利申请与设备专利申请的比例为6∶1。世界产糖大国巴西和印度的专利申请量远不如前三者，各仅为4件。巴西主要以生产原糖为主，然后出口到其他国家进行精炼。原糖对糖品质量要求不及精制糖高，因此技术人员对工艺过程的创新也受到一定影响。且上述两国每年的出口糖供不应求，企业埋头于生产，也在一定程度上影响了技术创新的积极性。

1980—1989年间，全球制糖澄清技术领域的专利申请共计256件，其中，苏联的专利申请量继续保持强势领先，达到118件，日本紧随其后，但申请量不足苏联的1/3。由于1985年中国《专利法》正式实施，制糖澄清技术也有了自己的专利申请，虽然申请量仅有6件，但是却是个不错的开始。巴西和印度的申请量分别为4件和2件，技术创新活力较为欠缺。

1990—1999年间，全球制糖澄清技术领域的专利申请跌落至170件，随着苏联于1991年解体，其专利申请总量以16件告终。取代其领先地位的是苏联解体后最大的原成员国——俄罗斯，专利申请总量为50件。20世纪90年代，中国的工业化进入了一个新的时期，制糖业的发展步伐也逐渐加快。这一时间段内，中国制糖澄清技术领域的专利申请量比上一个十年翻了一番，达到12件。印度和巴西的则仍原地踏步，专利申请量分别维持在4件和1件（如图4-6所示）。

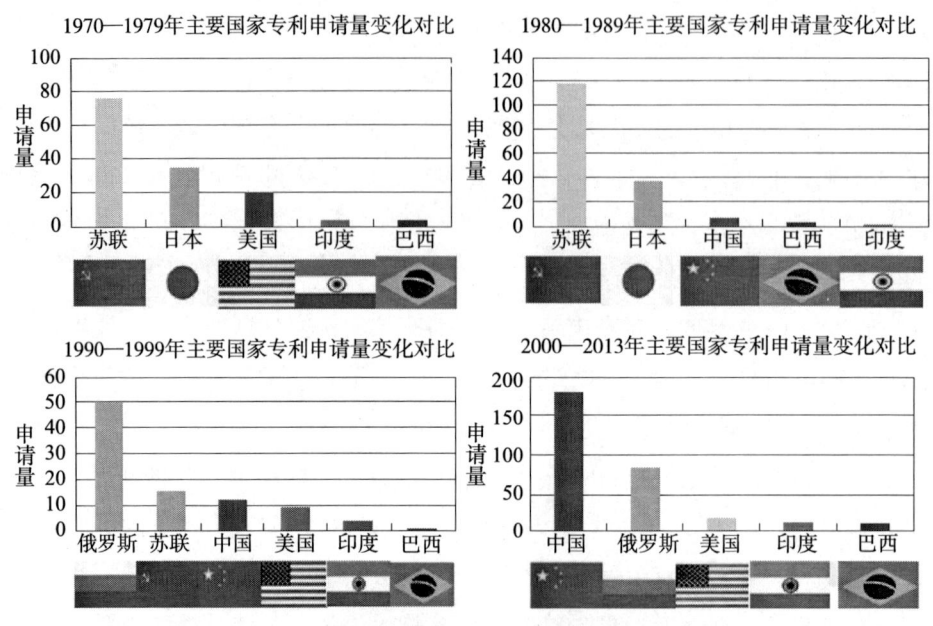

图 4-6　20 世纪 70 年代至今世界制糖澄清技术
领域主要申请国专利申请量变化

进入 21 世纪，中国制糖澄清技术蓬勃发展，为世界贡献了 187 件专利申请，占此时段专利申请总量的四成多，展示了较为强大的创新能力。紧随中国的俄罗斯和美国专利申请量之和仅达到中国专利申请量的 60%，分别仅为 87 件和 20 件。印度和巴西的专利申请量也有一定程度上升，为 15 件和 14 件。

目前世界上甘蔗制糖工业普遍采用的有亚硫酸法、碳酸法和"两步法"（即先生产原糖再经精炼生产白砂糖）等几种工艺，其中我国大都以亚硫酸法为主，澳大利亚、巴西、古巴及欧美国家主要使用碳酸法和"两步法"工艺。碳酸法生产的白糖质量较优，残硫量较低，但由于此法工艺较复杂，投资大，生产成本较亚硫酸法高，且滤泥易吸收空气中的 CO_2 生成 $CaCO_3$ 硬结而无法使用，从而造成环境污染和资源浪费；"两步法"工艺虽然在一些国家大行其道，但因其投资大，工艺流程长，难以被包括中国在内的发展中国家接受。目前发展中国家特别是中国和一些亚洲国家，采用亚硫酸法制糖工艺的糖厂占全部甘蔗糖厂总数的 80% 以上，由于该制糖工艺已有几十年以上的历史，工艺成熟，投资较省，除产品含硫较高外其他质量指标基本达到碳酸法水平，故在甘蔗制糖中仍占据着统治地位。但其残留量高，产品易返潮变黄，逐渐被大中型食品饮料企业拒之门外，市场竞争力日渐下降，这已成为甘蔗制糖行业中的难题。多年来，不少专家学者、科研部门及企业针对亚硫酸法工艺存在的弊病，投入了大量精力进行研究，研制出不少可用于亚硫酸法制糖的助剂，如用于增强蔗汁澄清效果的聚丙烯酰胺等，都无法取代硫熏所达到的脱色效果，只能在制糖过程中起到辅助作用。

关于蔗糖澄清工艺在世界范围内共搜集到 1692 件原始专利申请，其中，用二氧化碳或二氧化硫对混合汁或糖浆进行预处理（C13B 20/06）的有 449 件，采用碱土化合物（C13B 20/02）的有 326 件，其后分别是采用离子交换树脂（C13B 20/14）的有 202 件，采用活性炭等吸附剂（C13B 20/12）的有 176 件，采用二氧化硫或者亚硫酸盐（C13B 20/10）的有 146 件。依据技术标引的结果可知，国外以碳酸法、磷浮法、石灰法、离子交换树脂和活性炭吸附等其他澄清方法居多，在其工艺过程中以 SO_2 作为主要澄清剂的仅有 62 件，SO_2 仅作为可选择的技术方案之一，中国实实在在针对亚硫酸法的工艺专利申请有 32 件，这与国外采用碳酸法或二步法（石灰法粗制粗糖→精炼厂精制成品糖）澄清工艺和中国以亚硫酸法澄清工艺为主的现状相符。用电的方法（C13B 20/18）对糖业进行澄清也有 39 件专利申请。

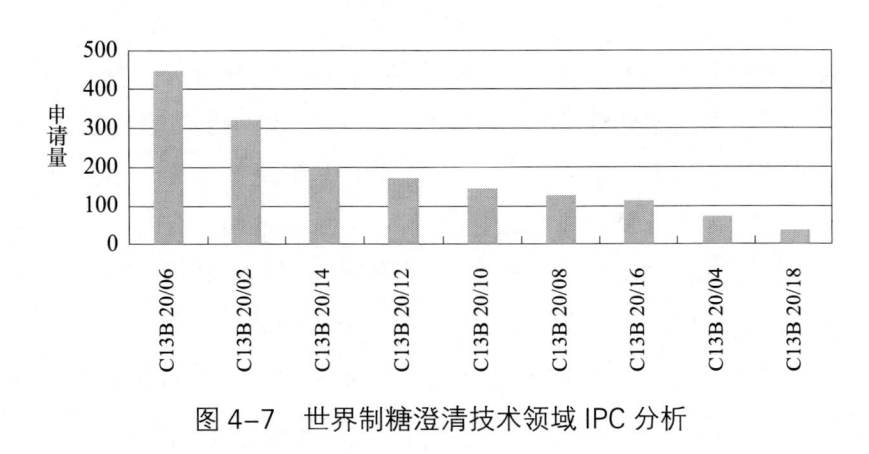

图 4-7　世界制糖澄清技术领域 IPC 分析

2. 中国糖业澄清技术专利申请现状

在中国，关于制糖澄清工段的专利申请共有 205 件，其中与工艺相关的专利申请有 124 件，与设备相关的专利申请 81 件。

自从 1985 年中国设立专利制度以来，制糖澄清工艺就有了自己的专利申请。1986年，当时的齐齐哈尔轻工学院为了克服已有流程石灰消耗量大、预灰凝聚颗粒大和吸附表面小的不足，研发并公开了一种制糖静混器半预灰—渐进预灰流程（CN86100030），属于甜菜渗出汁清净流程。该流程较大幅度节省了石灰消耗，提高了糖汁的纯度和热稳定性，降低了糖汁的钙盐和色值，缩短了煮糖时间。之后的十余年时间，国内的制糖澄清工艺申请发展缓慢，或因亚硫酸法工艺已是相当成熟的工艺，工业上以沿用已有工艺为主，或即便创新了新工艺，因专利保护意识不强，亦未申请专利保护。进入21世纪，中国渐渐迈入了崭新的知识经济时代。由于社会的发展，经济的起步及腾飞，中国也如睡醒雄狮，开始在传统及新兴领域吹响了技术创新及变革的号角。在制糖澄清技术领域，在21世纪的最初10年，中国申请专利技术71件，申请量呈锯齿状变化，虽因政策与原料产量的影响，申请量高低起伏，但总体处于上升态势，并于2009年以21件专利申请达到高峰，仅次于随后2012年的22件。期间2011年专利申请量有较明显下滑，与2010年跌宕起伏的中国糖市有一定关系。2012年专利申请量达到最高的22件，2013年的专利申请小幅下滑至19件。由于专利从申请至公开有18个月的滞后期，2012年7月之后公开的申请文件也许还有一部分尚未公开，因此这些数据还有一定的上浮空间。

对124件中国制糖澄清工艺技术领域的专利申请进行标引后，将其划分为16个技术组合，可见制糖澄清工艺除了传统的仅使用碳酸法、亚硫酸法中的一种，还衍生出物理法（超声、涡流、活性炭和膨润土等）、化学法（聚丙烯酰胺、单宁和高分子量铝聚合物等）和生物法（酶和蛋白质），及它们之间的技术组合，如CN00116153.9公开了一种碳酸法与亚硫酸法的组合工艺；CN201310202858.1公开了一种碳酸法与物理法的组合工艺；CN201310045431.5公开了一种亚硫酸法与物理法的组合工艺；CN201010045640.6公开了一种生物法与化学法的组合工艺；CN200610018838.9公开了一种物理法与生物法的组合等，有的专利申请还给出了3种不同性质的工艺组合，如CN00114236.4即给出了一种亚硫酸法（或碳酸法）+物理法+化学法的工艺组合等。

对不同技术组合的专利申请的功效进行了对比。由图4-8可知，无论何种组合，对澄清技术改进效果以糖汁澄清效果及最终成品的高质量始终被作为主要目标，这也是对该工艺的基本要求。其次，由于传统制糖业大量使用石灰、二氧化硫、二氧化碳及各种酸碱的使用，极易造成环境污染，且传统制糖业投资大，流程复杂，因此工艺环保、经济、简单也是相对重要的技术诉求，研究人员也有针对性地进行了创新。

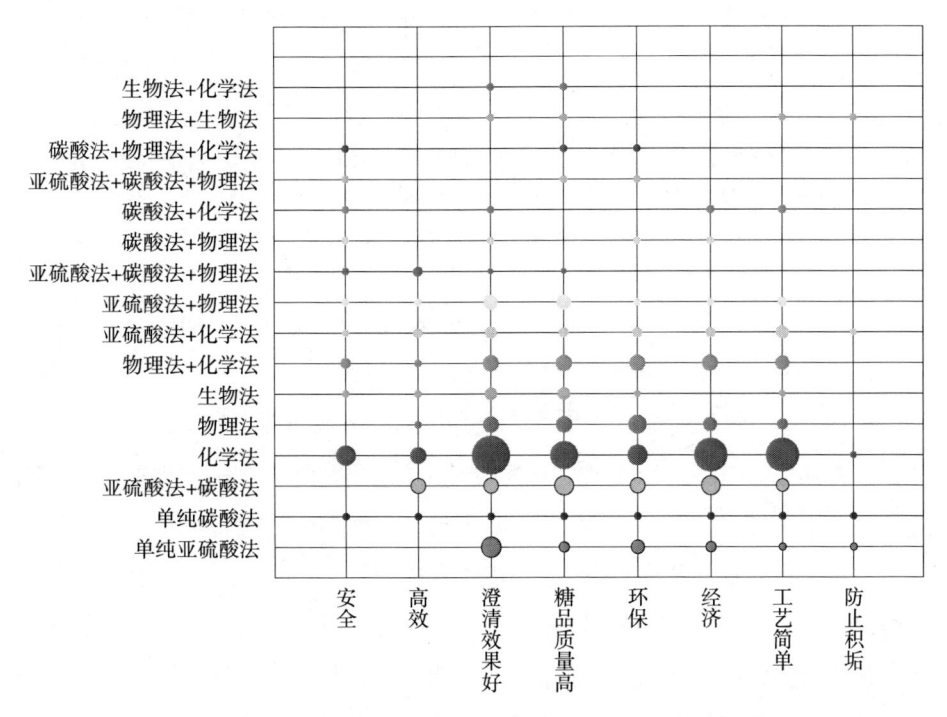

图 4-8 制糖澄清工艺技术—功效矩阵图

近十年，制糖澄清技术领域的专利申请以化学法为多，这与可用于汁液澄清的化合物质较多，技术创新思路较其他方法广阔有一定的关系。从图 4-9 中亦可见，无论在哪一年，化学法的申请量均处于遥遥领先地位。其次，由于我国 90% 以上的糖企都在运用单纯亚硫酸法，因此在工作过程中对该法技术创新的思路也较多，因此也衍生了较多的专利申请，其特点是基本以 4~5 年为一个节点，就会出现该技术专利集中申请期，我们认为，这也许与创新了一项技术后将其运用于工业生产，在随后数年中又发现了新的问题，又再次通过技术改造对工艺过程进行进一步优化有一定关系。

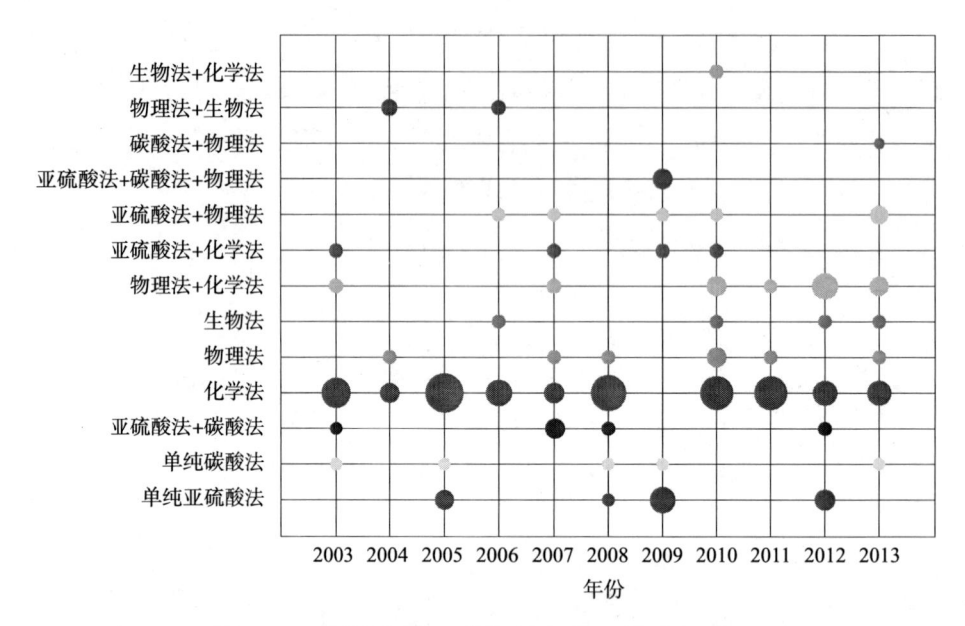

图4-9 制糖澄清工艺领域年份—技术矩阵图

由图4-9我们还可以发现，中国专利申请中物理法首先出现在2004年，这是一件以圆筛过滤机+超滤膜+纳滤膜对糖液混合汁进行澄清、脱色和脱盐的方法，该年还出现了物理法和生物法的结合工艺申请，采用膜+中温淀粉酶的组合对甘蔗清汁进行澄清处理。该专利申请中，酶的作用主要是去除污染膜的蔗汁胶体，提高膜通量，还不是直接处理糖汁中杂质。到了2006年，CN200610124587.2公开了一种蔗糖工业用复合酶制剂，将淀粉酶、果胶酶、葡聚糖酶、还原糖氧化酶、蛋白酶和纤维素酶组合物用于蔗糖澄清中，有效改善了糖液品质，降低了物料黏度，提高了沉降过滤效果，提高了白砂糖质量和产糖率。

3. 亚硫酸法澄清工艺技术专利申请现状

在国内，与亚硫酸法澄清工艺相关的专利申请共计32件，如表4-1所示。

表4-1 中国亚硫酸法澄清工艺相关专利申请

序号	申请号	名称	技术分类
1	CN201310179666.3	糖汁澄清低碳低灰低温饱充法	亚硫酸法+碳酸法
2	CN201310082816.9	一种蔗汁澄清方法	物理+亚硫酸法

续表

序号	申请号	名称	技术分类
3	CN201310045431.5	水力微振荡强化蔗汁中和反应的方法及装置	物理+亚硫酸法
4	CN201210502468.1	亚硫酸法糖厂顽性蔗汁的清净方法	亚硫酸法
5	CN201210500241.3	甘蔗压榨汁的弱碱性澄清方法	亚硫酸法
6	CN201010154171.1	磷酸复合物脱色剂的制备及其应用方法	化学+亚硫酸法
7	CN201010138164.2	一种改进甘蔗糖厂亚硫酸法生产工艺的方法	亚硫酸法+物理
8	CN200910114660.1	糖厂甘蔗混合汁的磷酸—过氧化氢澄清的方法	化学+亚硫酸法
9	CN200910310203.X	一种超声强化蔗汁澄清方法	物理+亚硫酸法+碳酸法
10	CN200910310215.2	一种强化蔗汁澄清方法	物理+亚硫酸法+碳酸法
11	CN200910308507.2	一种强化硫熏中和的蔗汁澄清方法	亚硫酸法
12	CN200910192052.2	一种低碳低硫糖汁澄清方法	碳酸法+亚硫酸法
13	CN200910300886.0	一种防止蒸发罐结垢及降低白砂糖灰分的制糖澄清工艺	亚硫酸法
14	CN200910300424.9	一种强化硫熏中和反应的蔗汁澄清方法	亚硫酸法+物理
15	CN200910113864.3	从锅炉烟道气制取CO_2—N_2混合气体用于制糖澄清工艺的方法	亚硫酸法
16	CN200810073808.7	烟道气饱充混合汁澄清方法	碳酸法+亚硫酸法
17	CN200810084385.9	磷酸亚硫酸法甜菜制糖工艺	亚硫酸法
18	CN200810073416.0	一种甘蔗压榨汁的澄清方法	亚硫酸法+碳酸法
19	CN200710201374.X	亚硫酸法糖厂混合汁低温处理工艺	化学+亚硫酸法
20	CN200710052895.3	一种强化硫熏中和反应的制糖澄清工艺方法	亚硫酸法+物理
21	CN200610048758.8	用糖和用高效活性炭改进亚硫酸法制糖工艺生产脱硫糖的方法	物理+亚硫酸法
22	CN200510092554.X	制糖生产清浊汁分流澄清工艺	亚硫酸法
23	CN200510035131.4	一种由甘蔗直接制造高品质白糖的工艺	亚硫酸法或碳酸法或化学法
24	CN200310103730.6	一种单宁及其改性物在制糖工艺中的应用	亚硫酸法+化学
25	CN03111797.X	一种亚硫酸法生产糖浆的清净方法	亚硫酸法+碳酸法
26	CN01108403.0	亚硫酸—碳酸法蔗汁澄清工艺	亚硫酸法+碳酸法
27	CN00116153.9	亚硫酸—碳酸法蔗汁澄清工艺	亚硫酸法+碳酸法
28	CN00114236.4	低温磷浮法糖汁清净处理新工艺及方法	亚硫酸法或碳酸法+物理+化学

续表

序号	申请号	名称	技术分类
29	CN98111053.3	由甘蔗直接制备绵白糖的方法	亚硫酸法＋化学
31	CN94117344.5	亚硫酸法制糖新工艺	亚硫酸法
32	CN91104439.6	"低温强碱"改进亚硫酸法甘蔗制糖清净工艺	亚硫酸法

由表 4-1 可见，单纯亚硫酸法制糖的专利申请有 8 件，亚硫酸法与其他方法联用的专利申请有 23 件，占 73% 之多。

4. 制糖亚硫酸法澄清技术领域重要申请人分析

（1）广西工学院

广西工学院（现更名为广西科技大学，为了与专利申请人名称契合，本文仍称为广西工学院）在制糖澄清技术领域共有 16 件专利申请，其中以发明专利申请为主，为 11 件。已获授权的专利申请有 8 件（包括 7 件发明，1 件实用新型），未决专利申请 2 件。

从 2007 年开始，除了 2012 年，广西工学院几乎每年在制糖澄清技术领域有所建树，其涉及的工艺类型也是多种多样。最早申请的专利是关于亚硫酸法＋物理法的组合，是一种加入了超声波的亚硫酸法工艺。随后的 2008 年，申请了两件与化学澄清方法相关的专利，采用 ClO_2 破坏蔗汁中的氧化酶，对糖汁进行脱色处理，并均获得授权。当年还申请了两件实用新型专利，但均不幸失效。2009 年是广西工学院制糖澄清技术领域创新欲望最强烈的一年，共贡献了 6 件专利申请，均与亚硫酸法相关，发明专利申请分别涉及亚硫酸法＋碳酸法＋物理法的工艺组合，及亚硫酸法＋物理法的工艺组合，在工艺过程中引入了超声和涡流技术。2011 年和 2012 年分别申请了 1 件实用新型专利（失效）和 1 件发明专利（授权）。2012 年创新脚步停滞，于 2013 年又恢复生机，公开了 2 件发明专利申请和 1 件实用新型专利。其中 2 件发明专利申请尚处于未决状态。

（2）钦州华成自控设备有限公司

钦州华成自控设备有限公司（下称钦州华成）1994 年成立，主要研制生产用于制糖企业自控系统的设备产品。据悉，其 pH 值自控产品在国内糖业用户占有率为95%，目前，国内日压榨能力2000吨以上的300多家制糖企业基本是使用华成公司的产品，并出口越南、缅甸和南非等国家。自2006年开始，钦州华成的自控系列产品申请了多项专利，其中围绕pH全自动检测申请了7项专利，围绕硫熏强度自动控制申请了4项专利，还有2项糖厂磷酸自动配酸专利和1项CaO自控系统等，均与自动控制有关，其中9件已获授权，2件尚处于未决状态。可以说，就pH自控技术而言，华成已经形成有一定规模的专利布局，钦州华成能从一个成立时注册资金只有38万元的集体所有制小厂一跃发展成为现在拥有总资产超千万元的现代化IT企业，年产值由初期的不足100万元迅速发展到数千万元，知识产权保护战略起到了至关重要的作用，值得同行借鉴。

（三）世界制糖业亚硫酸法澄清关键技术专利分析

1. 碱性澄清工艺

我国有超过90%的糖厂采用亚硫酸法工艺生产白砂糖，不足10%的糖厂采用碳酸法工艺生产白砂糖。碳酸法生产白砂糖产品质量优于亚硫酸法，但生产成本高，碳酸法滤泥引起的环保问题难以解决，导致碳酸法工艺难以推广。亚硫酸法生产白砂糖的质量不及碳酸法，主要问题是色值和SO_2含量偏高。而搞好澄清，提高清汁和糖浆的质量，是提高白砂糖质量的前提和基础。我国亚硫酸法制糖工艺一般采用酸性法（清汁pH=6.5左右）和中性法（清汁pH=6.9~7.1），其原因是沉淀颗粒结实，沉降速度快，泥汁体积小，过滤性能较好，但其缺点也较明显，即蔗糖容易转化，硫熏设备易受腐蚀等。目前，已有一些研究提出了碱性亚硫酸法的工艺，虽然考虑到还原糖在碱性条件下与氨基氮化合物起美拉德反应而导致清汁颜色变深及钙盐增加，糖浆增色且这种色素在煮糖过程中无法除去而直接进入蔗糖晶体，从而影响产品质量，碱性亚硫酸法的应用和推广受到了相当大的限制，但现有研究显示，采用弱碱性澄清工艺不但可以降低白砂糖SO_2含量，而且还能降低白砂糖的色值，达到提高白砂糖质量的目的。有研究人员在广西凤糖白沙制糖有限责任公司榨汁生产中探讨弱碱性澄清和偏中性煮糖工艺对白砂糖质量及收回率的影响，证明了弱碱性澄清和偏中性煮糖工艺条件下，可以降低白砂糖的色值和 SO_2 含量，减少蔗糖的转化，从而达到提高产品质量和收回率的目的。

在专利申请文件中，CN103114155A 也公开了一种甘蔗压榨汁的弱碱性澄清方法，该方法包括甘蔗压榨汁过滤，加入石灰和磷酸调节 pH 值，一次加热，硫熏和加灰中和，二次加热，中和汁沉降分离出清汁和泥汁的步骤，其中甘蔗压榨汁过滤步骤控制过滤后蔗汁的绝干蔗糠含量为 2.4g/L 以下；硫熏和加灰中和步骤将 pH 控制在 7.8~9。该方法能够提升制备出来的蔗糖的品质，制备出的蔗糖里含有杂质少，色值低，并且获得了更高的蔗糖产出率，最终制备的蔗糖煮炼回收率可以提升 2% 以上。

2. 蔗糠过滤

在原糖生产工艺中，由于其澄清过程仅加入一定量的石灰和少量的磷酸或酸性磷酸盐，因而所产生的固形物多为粘性较大、难于过滤的胶状物质。对于这一澄清工艺，在混合汁中存在少量细蔗糠，可使其与胶状的磷酸盐类物质絮凝在一起，形成比较大的粒子，使泥汁比较容易过滤。所以在原糖生产中，混合汁存在一定量的蔗糠，似乎问题不大；甚至有些原糖厂在过滤的过程中，还特别向泥汁中加入一定量的细蔗糠，以帮助其过滤。但在我国，情况有所不同：我国的甘蔗糖厂绝大部分采用亚硫酸法或碳酸法直接生产白砂糖，在混合汁中存在一定量的细蔗糠，就会直接影响蔗汁的沉降及增加过滤的负担。这是因为，碳酸法澄清工艺和亚硫酸法澄清工艺本身都会产生一定量的质地良好的助滤剂（如二氧化碳与石灰乳反应生成的碳酸钙或亚硫酸法与石灰乳反应生成的亚硫酸钙），它们除了具有良好的澄清脱色作用外，还具有良好的助滤作用，无需多余的细蔗糠来帮忙。

混合汁含有较多的蔗糠，糖汁固形物含量增加，自由沉降时间就会缩短，干扰沉降的时间就会加长。加上絮凝物的重度小等因素的影响，浓缩泥汁就不容易，从而造成泥汁较稀和量比较多，影响到糖汁的沉降效果。特别是在亚硫酸法澄清过程中，蔗糠的重度较小，单独的蔗糠沉降相当困难，且经常随清汁排出，从而直接影响到澄清汁的质量。同时，大量的蔗糠随着粒子的沉降而进入泥汁，造成泥汁量增加，从而增加了过滤设备的负担。严重时还会造成泥层松散，使真空吸滤机的真空度下降，泥饼从滤布上滑落，返回泥汁槽中，使泥汁的浓度增加，最终使整个过滤系统进入恶性循环，直接影响生产。因此，尽量除去混合汁中的蔗糠，对甘蔗汁的澄清过程的正常化有重大意义。

广西贵糖（集团）股份有限公司在其发明专利申请（CN1356396）中提到了蔗糠的去除方法，将混合汁预热至40~55℃，通到喷射反应器，加入适量的磷酸混合剂，用石灰乳中和，充入微细均匀的气泡，加入絮凝剂混匀后进入浮清器，蔗汁的杂质包括蔗糠、蔗蜡、淀粉以及部分胶体物质与磷酸钙澄清剂凝结团聚，再与气泡及聚凝剂作用，共同形成相对稳固的低比重粒子，迅速浮起到蔗汁的液面上，再逐渐浓缩成相当浓稠的浮渣，浮渣经刮板机排出后泵去压滤机过滤，清汁从浮清器中的清汁槽引出后泵至加灰饱充处理和过滤。

CN1268577公开了一种低温磷浮法糖汁清净新工艺及方法，谈到了蔗糠的去除方法：在糖厂现用的糖汁碳酸法或亚硫酸法处理的前段，即糖汁预加石灰乳到pH7.0并加热到40~60℃后，加入工业磷酸（对糖汁重量比为0.04%~0.1%）及少量甲醛（50~150ppm，作杀菌剂），加入石灰乳至糖汁呈中性，反应生成磷酸钙沉淀，再充入适量微细的空气泡，随后加絮凝剂（聚丙烯酰胺），进入浮清器，糖汁中的蔗渣糠、蔗蜡、淀粉及部分其他有机非糖物凝聚一起，上升成为浮渣而被撇除，得到纯度较高的清汁。

IN200503373I1涉及一种从甘蔗汁中消除细渣颗粒的方法。申请人通过使用改进的安装了分级机的果汁筛选系统消除蔗汁中的细微蔗渣颗粒。

3. 石灰预处理及配制

石灰是糖厂最普遍使用的澄清剂。在亚硫酸法澄清工艺中，将石灰乳添加至蔗汁，和SO_2、磷酸形成亚硫酸钙沉淀和磷酸钙沉淀，从而将糖汁中的胶体、色素等非糖杂质吸附而除去。亚硫酸钙沉淀和磷酸钙沉淀对胶体色素的吸附能力，直接影响到澄清的脱色效果。另外，由于石灰的加入，增加了蔗汁中的Ca^{2+}含量，在后续反应中，Ca^{2+}的反应情况直接影响到蔗汁中Ca^{2+}的残留量，最终影响产品的灰分和设备管道的积垢情况。钙盐沉淀的吸附性能受到沉淀粒子的比表面等物理性质的影响，而后者又受到石灰乳反应性能的影响。因此，石灰乳的质量及澄清工艺的稳定性直接影响到澄清效果，从而影响产品质量。

虽然石灰乳在糖厂中的使用有着悠久的历史。但是，目前大部分糖厂石灰乳的制备还是采用传统的块状石灰，通过消和器消和的方式制备的，石灰乳在制糖生产过程中的应用存在石灰乳浓度不够稳定、杂质多、与蔗汁混合速度慢且不均匀从而造成蔗汁局部过碱、与 SO_2 反应不够完全等问题。而因石灰乳化不完全，有效 CaO 含量低，灰粒多，滞后反应严重，从而造成以下危害：①后续工序蔗汁 pH 升高和波动，影响糖汁质量；②容易加灰过量而形成蔗糖二钙、蔗糖三钙，导致不能形成紧密的钙盐沉淀而使澄清过程恶化；③ $Ca(OH)_2$ 浓度低，使得沉淀反应速度慢，并且增加蒸发汽耗；④糖汁残留钙盐含量高，导致产品灰分高，设备管道积垢严重；⑤糖汁中无机物含量高，从而使造蜜率升高，糖分回收率低；⑥石灰与 SO_2 反应不完全，造成硫熏强度低，SO_2 得不到充分利用，硫磺用量大；⑦石灰消和不彻底还会造成石灰利用率低，增加生产成本，而石灰乳中杂质的存在会导致所形成 $Ca_3(PO_4)_2$、$CaSO_3$ 溶解度升高，使糖汁中残留 Ca^{2+} 增加。

在专利申请中，CN1810993 公开了一种糖用高效石灰澄清剂及制作方法，所述糖用高效石灰澄清剂是一种粉末状的石灰复合物，其复合物中各组分含量以重量百分比计算为：有效 CaO ≥ 85%，MgO ≤ 4.5%，SiO_2 ≤ 2.0%，Fe_2O_3 ≤ 0.3%，Al_2O_3 ≤ 0.5%，$CaSO_4$ ≤ 1.0%，蔗糖、$NaCl$ ≤ 1×10^{-3}%。理化指标如下：活性度 250~300mL，粒度 ≤ 125μm，上述澄清剂的制作方法，包含备料、煅烧、粉碎和过筛四步骤。该发明澄清剂在糖液澄清中的应用方法的主要特征在于：其制作石灰乳工序包括两步消和，该澄清剂具有活性高、CaO 有效含量高，沉淀反应速度快，石灰消和彻底，石灰利用率高，能有效提高澄清效果，改善糖汁质量等优点，其制作及其运用方法简单、方便。该发明已在广西凤糖生化股份有限公司投用，同时开发了与产品配套的专用添加系统，使高效石灰的添加与消和过程实现自动化。

CN1858259 公开了一种将生石灰用于澄清糖液的方法，包括消和、添加石灰乳与中和工序，其特征在于：所述消和工序是将粒度为 50~300 目的粉状生石灰与水混合搅拌制成石灰乳；所述粉状生石灰与水混合的比例以重量份数比计算为：粉状生石灰:水 = 1:2~1:10，所述与粉状生石灰混合的水的温度为：40~70℃。本发明方法具有沉淀反应速度快，石灰乳质量好、利用率高，无石灰渣排出，能有效提高糖液澄清效果、改善糖汁质量，无环境污染等优点，并且方法简单、方便，大大降低了生产成本。

CN2459324 则公开了一种制糖工业用石灰消和机，滚筒内设置有带前锥、渗水孔和内螺旋板的消和内筒，滚筒的前端设置有外锥体罩于消和内筒的前锥外部，尾端设置有内壁带排渣螺旋板的排渣尾筒，不需除渣设备即可直接生产得到洁净的石灰乳液，消和石灰充分，排渣量小，渣中氧化钙残留量低。

SU4337044A 公开了一种石灰乳制备的自动控制方法。包括一个带有澄清桶的反应器，可以感应石灰乳的温度和调控流体的注入量。这个过程通过测量混合反应的温度来执行，以改变消和设备中混合流体的进出比例。

RU2186114C1 公开了一种糖汁纯化用石灰乳的制备方法。过程包括用 NaCl 电解质溶液消和石灰。制备溶液时，盐的用量是 0.0050%~0.0098% 重量份。接着把水加入含有不溶电极的电解槽，使水在阳极池的酸度为 6.0~7.5，然后用该法制备的水来消和石灰，以此改进石灰乳的物理化学性质及含糖溶液的纯化质量。

RU2002117211A 公开了一种净化糖液用石灰的制备方法。包括：用水消和石灰并利用水力空化激活法制备石灰悬液，与此同时，用旋转空化反应器将尚未分散的石灰分解成胶体微粒。石灰乳的密度为 1.14~1.15 g/cu.cm. 悬液流入旋转空化反应器的循环速率至少是 15 m/s。此法可以增加石灰乳的净化糖液的活力。

RU2002118868A 公开了一种石灰乳药剂计量器。这种药剂计量器有两个以隔断墙分隔且相邻的室，一个室带有供应石灰乳的支管，另一个室分成两个部分以适应石灰乳在糖汁清净阶段的分配，并配备有流出支管。在上述分隔室中，带阀门的支管与隔断墙相连，石灰乳由控制电源调整从一个室流入另一个室。药剂计量器配备有石灰乳活化反应物的收集器。所述收集器配置有可为拥有叶状搅拌器的部分提供石灰乳的支管。具有上述结构特征的药剂计量器可以控制石灰乳的质量。

4. 糖厂加灰

无论是亚硫酸法制糖还是碳酸法制糖，石灰乳都是非常重要的澄清辅料，在亚硫酸法制糖中，石灰乳和 SO_2、磷酸形成亚硫酸钙沉淀和磷酸钙沉淀，从而将糖汁中的胶体、色素吸附除去。此石灰乳的加入直接影响亚硫酸钙沉淀和磷酸钙沉淀对胶体色素的吸附能力和蔗汁中 Ca^{2+} 的残留量，最终影响产品的质量和设备管道积垢情况。糖厂加灰（加石灰乳）很有讲究，但专利申请量却不多，其中：

CN201220188195.3 公开了一种混合蔗汁加磷加灰的系统，在制糖工艺中起辅助澄清的作用，其首先要将混合汁（未加磷酸未加灰）流入到缓冲箱进行暂时缓冲贮存（缓存），采用气动调节阀和电磁流量计及液位器组合测控件将从缓冲箱出来的混合汁流量调控相对均衡并精确计量其流量；随后添加的磷酸和石灰乳的流量都是根据以上已经在线测控的混合汁流量来进行同步 PID 添加到混合汁中的；之后三者混合一起共同进入一个反应器，进行高效率的混合反应，再进入压榨混合汁箱泵去制炼车间。原流程本实用新型解决了现有技术中混合蔗汁磷酸值不均匀、混合蔗汁 pH 值不稳定和达标率较差的问题，且减少了磷酸和石灰乳的用量，节约了生产成本。

GB197114448A 公开的一种用于蔗汁澄清的连续加灰和亚硫酸化装置包括一个含有两个罐的主罐，这两个罐体一个位于另一个之上，环形空间存在于所有罐体中。甘蔗混合汁通过一根导管进入第一个罐，这个导管含有一个连接石灰乳和 SO_2 注射导管。在第一个罐和第二个罐的气体鼓泡搅拌器中都有一个搅拌器。主罐含有第三根注射导管与石灰乳相连，为第二个罐体、环形空隙和主罐循环蔗汁进行后加灰。第二个罐体含有输出已处理蔗汁的导管，主罐含有一个通气管释放烟道气。

5. 自动控制

国外大型糖厂的糖汁澄清主要采用"二步法"、磷浮法和碳酸法工艺，自动化程度较高。据调查，澳大利亚糖业研究所开发了一种新型的 SRI 澄清器，该装置采用了神经网络、专家控制等多种技术，使澳大利亚糖业在甘蔗澄清技术领域达到最高智能化水平。西门子 NAHMAT 制糖专业解决方案为制糖厂全部生产线的各个部分提供完整解决方案。

我国甘蔗制糖自动化程度相对国外来说，水平不高，尤其在澄清工段，只在局部工段运用了少量自动控制技术。如 1991 年华南理工大学研制了一套中和澄清过程 pH 值控制系统；海南龙力糖厂在 1993 年研制了一套 pH 值电脑自动检测系统；2001 年国家轻工业局甘蔗糖业质量检测中心研制了 SS983 型 pH 值在线测量系统；钦州华成自控设备厂于 2000 年设计了双玻璃电极 pH 自动检测装置，之后又研发了一些 pH 自动控制装置；2009 年广西宏智科技有限公司研发了"糖厂澄清、蒸发工段自动控制（DCS）系统"，上述各研究均在糖厂投用。广西大学研发了基于USB通讯的糖厂pH值控制器，该控制器是以微处理器AT91M55800为核心，充分利用AT91M55800微处理器AD、DA资源，外扩是PHILIPS公司的USB芯片PDIUSBD12，采用USB通信方式，实现pH值数据的采集和控制。在硬件方面，设计了AT91M55800核心板和pH值信号调理扩展板，核心板电路包括AT91M55800微处理器电路、存储器电路、USB通信接口电路、RS232接口电路、AD接口电路和DA接口电路等，pH值信号调理扩展板主要实现将玻璃电极pH值的微弱信号转换成0—3V的信号。在软件方面，分析了USB通信的协议，编写了控制器核心板的USB固件程序。采用WDM驱动开发程序DriverStudio实现了PC机的USB驱动，使PC机和pH控制器能够高速高效地进行数据传输。采用PID控制算法，编写了pH值检测控制程序。应用LabVIEW开发了pH值监控软件，实现了通过USB方式来控制三容液位的控制。通过pH值检测实验和三容液位装置控制实验结果表明，该基于USB通信方式的糖厂pH值控制器，具有方便、易用、灵活等优点。运用虚拟仪器技术，实现硬件和软件资源的共享，不仅能进行信号采样和波形显示，还能够对采集的波形数据进行存储、回放和共享。该控制器不仅适用于pH值控制，而且可推广到其他测控领域中使用。

而在甘蔗糖厂硫熏强度自动控制研究方面，20世纪60年代我国在世界上率先成功研制了管道式硫熏中和器，为亚硫酸法糖厂的硫熏中和工艺提供了良好的工艺条件和操作环境。此后，国内有关硫熏自动检测和控制的相关研究不多。其中钦州华成自控设备有限公司开发出一种糖厂硫熏强度在线自动检测方法（CN102103121A）和一种硫熏强度在线自动检测装置（CN101424674），其中自动检测装置可把显示出的有关数据输送到电脑进行处理后就得出相关的硫熏强度及有关参数。由于用电脑控制，可以随时在线检测生产过程中蔗汁的硫熏强度，为企业生产的自动控制提供了可靠的技术保证，也提高了企业的产品质量和经济效益。柳州职业技术学院、柳州市海协智能科技有限公司采用基于PLC、通过控制一、二次燃烧室的风量，来控制蔗糖生产过程中用于熏化蔗汁的二氧化硫浓度的自动控制方案，具有响应速度快、控制精度高、稳定性好和抗干扰性强等优点，成品蔗糖的外观质量和食品安全问题得到充分保障，而且硫磺燃烧充分，不会造成浪费而增加生产成本。同时，由于一、二次燃烧室风机采用了变频调速，对生产过程中的节能降耗也具有现实意义。广西南宁成泰糖业技术有限公司、广西来宾永鑫小平阳糖业有限公司等公司开发了一种制糖工业喷射式燃硫炉及其自动控制系统，控制系统由PLC、变频控制、检测元件、流量计和执行机构等组成，可根据甘蔗混合汁的流量调节硫磺燃烧量来控制SO_2气体量，检测元件可以自动测定硫熏强度的大小。广州甘蔗糖业研究所和山东省蓬莱市自控设备成套厂设计的硫熏中和器，都是通过检测糖汁流量来控制硫熏中和器喷嘴状态，从而控制硫熏强度。信泰机电深圳有限公司在成昌菱甘化公司清净工段自动控制系统中，使用了以热扩散式原理测量气体质量流量的仪表，其传感器材质为钛合金，可长期准确地测量SO_2硫气的质量和流量，为硫熏过程提供了宝贵的数据。广西壮族自治区机械工业研究院、广西南宁叶茂机电自动化有限公司和广西农垦糖业集团昌菱制糖有限公司为提高糖厂生产的自动化程度和降低劳动强度，设计了第3代全自动喷雾燃硫系统，通过固态硫熔化、雾化喷出、高温燃烧和冷却等步骤，提供稳定的满足糖厂生产要求的SO_2气体。硫熏强度稳定在±1.5 cc，并已在糖厂投入使用。

  国外糖厂澄清工艺主要采用磷浮法和碳酸法，在发达国家生产工艺中已取消了硫熏工艺过程。在早期虽对SO_2的控制也有一些研究，但对现今已经失去借鉴意义。如SU1416548A在喷嘴处安装了变压器，为进入燃烧室的氧气预设了压力，极值控制器和气体分析仪监测SO_2的含量。而熔融炉和燃烧室的温度采用位置控制器、转换器、计量表和管状电加热器进行控制。升华器中SO_2冷却所需的冷水供应也由控制器调节。IN2010029131I4公开了一种糖汁澄清的控制系统，包括预热装置、加灰装置、硫熏装置和后期加热装置，所述系统包括：至少一个局部流程过程控制器通过控制一个甚至多个变量以保持糖液中的蔗糖容量，还有一个中央处理控制器提供设定点以控制目标变量。其优点是减少蔗糖损失，提高纯化汁的颜色。SU2508992A公开了一种通过向水中加入生石灰并读出溶液和释放蒸汽温度并比较信号以实现石灰乳添加自动控制的方法。JP1977156023A则公开了一种通过检测溶液在处理前后的颜色变化来实现液体处理自动控制的方法。

五、专利信息运用效果

第一，完成了《世界制糖澄清技术领域专利分析报告》，包括甘蔗制糖概述、专利数据检索与分类、世界制糖业专利申请现状概述、世界制糖业澄清技术专利申请分析、世界制糖业亚硫酸法澄清关键技术专利分析和总结及对策共6个部分。依据企业在甘蔗制糖澄清技术领域，尤其是亚硫酸法澄清技术领域的创新需求，提出了6条创新建议。

第二，在项目实施过程中，根据专利分析的结果，共申请专利13件，分别涉及快速沉降器、硫熏中和反应器、预灰反应和蔗汁中转容器等，初步形成由"核心专利、外围专利、防御专利和竞争专利"构成的多层次专利保护体系。

第三，在掌握企业专利工作发展现状的基础上，建立和完善企业知识产权工作机制，将专利制度运用于企业生产经营的全过程，不断强化专利技术的研究、申报和转化应用等工作，促进企业核心技术发明专利的规模化。通过制定和完善专利战略，提升企业核心技术专利优势，并加快专利成果在制糖产区的转化和应用。

第四，认真分析企业专利工作特点，针对企业专利工作中的不足和实际需求，开展相关专利基础知识培训，就国内外知识产权现状和有关专利政策等方面进行了宣讲，提高企业员工的专利意识，帮助企业培养兼具技术专长和专利管理经验的人才。

六、对广西甘蔗制糖产业发展的启示和建议

甘蔗制糖业是广西的支柱产业和优势产业。广西拥有全国最大的产糖基地，并已形成种植、加工、销售等配套完整的产业体系，为广西的经济发展做出了巨大贡献，在国内糖业市场中占有举足轻重的地位。但目前广西的甘蔗糖业面临着外忧内困的局面：在国际市场上，外国糖生产成本比国产糖低，导致配额内进口糖到岸价远低于国内食糖成本价，且国际糖价大幅低于国内糖价，导致食糖走私活动猖獗，外国糖强烈冲击国内市场；在国内，尤其是作为制糖大省的广西，经年积累的创新能力欠缺及视角狭窄等问题，严重制

约广西甘蔗糖业技术及产品的突破发展。为了继续发挥广西制糖业基础优势，加大结构调整力度，加快促进产业升级，提高产业综合竞争力，实现从"糖业大省"到"糖业强省"的转变，根据全球制糖业专利信息研究获得的启示，本研究进一步提出甘蔗糖业产品与技术创新及知识产权保护方面的建议：

第一，加快对制糖生产过程各工序的技术改造，降低生产成本，提高糖品质量；

第二，开发特种糖、营养糖、功能糖和风味糖等新型糖品，研发生产关键技术及配套装备，满足市场终端需求；

第三，开展甘蔗糖业副产物资源化利用技术研究，推进高效节能制糖装备及清洁生产技术的应用，降低环境污染和生产能耗；

第四，开展甘蔗渣、甘蔗秸秆等废弃物预处理方法研究，构建专用酶，研究水解工艺，为生物质燃料乙醇的产业化提供支撑；

第五，重视并加强专利信息的挖掘与利用，权衡全面创新与二次创新的难度、成本与风险，从而合理选择研发路径，启迪研发思路，提高研发起点；

第六，合理规划甘蔗糖业不同研发阶段的知识产权保护策略，立项前全面考察产品和技术的创新难度及侵权风险，研发过程中及研发完成后及时探讨产品及技术的可专利性并开展专利申请及布局；

第七，基础专利和核心专利的布局应考虑虚实结合策略，合理设计专利类型、保护点和数量分布，通过不同专利的相互牵制与协同，打破单一专利的保护局限，从而构建严密的核心技术保护网，提升企业专利的整体价值；

第八，建议各大制糖企业或科研机构基于维护国内糖业市场稳定或抢占国际成品糖市场的考虑，可通过建立专利池实现交叉许可方式实现专利技术效益的最大化；少量核心专利技术则可通过专利权转让或简单的许可实施方式，以远低于研发成本的费用获得专利权或专利使用权；

第九，专利申请还应考虑维权的难易，尤其是新型糖品的研发，除了重视生产工艺的专利保护外，还必须将产品配方纳入专利保护范围，便于遭受侵权后的取证维权；

第十，部分创新产品的核心专利可力争将其上升为行业标准、国家标准甚至国际标准，实现"技术专利化、专利标准化"，从而进一步提升并夯实广西制糖强省的地位，并力争占领国际糖业贸易的制高点。

第五章

锑系阻燃领域核心技术发明专利产业化技术攻关

一、案例简介

本案例源于 HT 公司承担的广西科学研究与技术开发计划课题。HT 公司成立于 2007 年，是一家集科研、生产及全球营销为一体的高新技术企业，旗下拥有多家企业和工程研究中心。HT 公司主要从事阻燃级、催化级氧化锑及各类含锑深加工阻燃产品的研发和生产，产品广泛应用于塑料、纺织、树脂、橡胶、电子材料、油漆等生产领域。目前，HT 公司是国际氧化锑产业协会（I2A）完全资格会员，被推举为协会中国区的代表理事单位。公司依据"珍惜有限，创造无限"的发展理念，在原有专利的基础上，通过对锑系阻燃领域专利深度挖掘和分析，确定专利提升及产业化关联技术攻关方向和目标，完成对本公司现有三氧化二锑、锑系复配阻燃剂、锑系阻燃母粒产品及技术的专利布局，并在关联技术领域加大专利保护，增强企业的核心专利保护力度。其专利信息运用特点是：

第一，结合锑系阻燃系列产品的主要生产技术问题和公司目前的专利申请情况，借助 Dialog 等国内外大型数据库进行锑系阻燃领域专利信息收集，采用中献、TDA、Innography 等多种国内外分析工具进行锑系阻燃领域专利信息分析，为公司开展技术研发提供情报支撑。

第二，在对锑系阻燃剂及其制备技术进行专利分析的基础上，结合公司技术优势，开展相关产品配方和工艺的技术攻关，衍生出一批具有强竞争力的生产工艺、产品及生产设备，并布局相关专利。

第三，结合本公司产品和技术结构，探索出一种"专利技术情报分析→专利战略分析→有效合理布局工艺及产品专利→提升企业竞争优势"的企业创新模式。该模式有利于企业开展自主知识产权研究。

二、案例背景

阻燃剂又称难燃剂、耐火剂或防火剂，是能够阻碍火焰燃烧的物质的统称。依应用方式分为添加型阻燃剂和反应型阻燃剂；按成分，阻燃剂可分为有机阻燃剂和无机阻燃剂，其中有机阻燃剂是以溴系、磷氮系、氮系和红磷及其化合物为代表的一些阻燃剂，无机阻燃剂包括氢氧化铝、氢氧化镁、三氧化二锑及硅系等阻燃体系。目前，阻燃剂主要用于合成和天然高分子材料，包括塑料、橡胶、纤维、木材、纸张和涂料等。据粗略估计，全球阻燃剂的65%~70% 用于阻燃塑料，20% 用于橡胶，5% 用于纺织品，3% 用于涂料，2% 用于纸张及木材。阻燃剂品种繁多，目前应用最广的是氯系、溴系、磷及卤化磷系和无机系阻燃剂等。

目前，阻燃剂的需求量正以每年约 7% 的速度增长，市场销售额正以每年约 10% 的速度递增，2013 年阻燃剂需求量达到 270 万吨，销售额达到 65 亿美元。我国阻燃剂需求量正以每年 12%~15% 的速度递增，2013 年的消费量达到 63 万吨。全球四大阻燃剂消费市场分别为：北美、欧洲、日本及其他亚太地区。从消费结构上看，欧洲地区消费量最大的是无机阻燃剂，约占消费总量的 1/3；美国、日本阻燃剂消费中无机阻燃剂也占到 1/4 以上，且无机阻燃剂的市场需求越来越大；而我国阻燃剂则以有机阻燃剂为主，仅有机溴系阻燃剂就占总消费量的 60% 以上。

随着人们防火安全意识不断地加强，人们对阻燃剂的环保、低烟或无烟要求也越来越高，阻燃剂无卤化的呼声也越来越高，无机阻燃剂以其低烟、低毒、来源丰富和成本价廉等优点得到广泛的关注。氢氧化铝阻燃剂是最重要的无机阻燃剂，也是无机阻燃剂中消费量最大的，约占无机阻燃剂消费量的 80%，此外，还有氢氧化镁阻燃剂、无机磷系阻燃剂和锑系阻燃剂等。锑系阻燃剂、硼酸锌阻燃剂等单独使用时阻燃效果不大，而与卤系、磷酸酯及其他有机阻燃剂配合使用时能够显著提高卤系及其他有机阻燃剂的阻燃效果，因此也称其为阻燃协效剂或阻燃助剂。

自从 20 世纪 30 年代发现锑氧化物同卤素化合物具有协同阻燃效果以来，许多国家特别是一些工业发达国家对锑氧阻燃剂进行了大量的研究、开发和应用。锑系阻燃剂是无机阻燃剂中重要的一种，是卤素不可或缺的阻燃协效剂，然而其缺点是：发烟量高、影响基材的着色、有毒以及锑资源有限等。目前，研究者正在开发可以替代锑化合物的新型协效剂，包括硼酸锌、硫化锌、锡酸锌、锆化合物和钼化合物等。综合比较各方面性能，这些替代物虽然在某些方面能达到较好的阻燃效果，但在近期还是不能完全替代锑化合物的。目前使用较多的锑系阻燃剂主要有氧化锑、卤化锑和锑酸盐等。

国外对锑系阻燃剂的研究应用较早，美国 Laurel 公司生产号牌为 Fire shield DFP 的阻燃母粒，含 99% 的无尘球状物，粒径最小可至 0.25 微米，由于该品种所含黏合剂极低，能与任何树脂相容，是一种通用添加剂；美国 Amspec 公司生产含活性组分 60%~68% 的十溴二苯醚与三氧化二锑水分散体，含活性组分 70%~80% 的溴化物与三氧化二锑乳液，邻苯二甲酸酯与三氧化二锑的分散体，商品牌号为 KRL 及 TS 含三氧化二锑 99.6% 的产品。国内，锡矿山闪星锑业公司、湖南辰州矿业股份有限公司和广西华锑科技有限公司等企业都有相关的三氧化二锑产品生产销售。

美国等工业发达国家于 20 世纪 70 年代后期开发和生产了五氧化二锑胶体阻燃剂，不过其价格远比 Sb2O3 等高。美国 Nyacol 公司于 1977 年成功开发了 AP50、ADP494、APEl540 等五氧化二锑胶体品种，随后美国 Harshow 化学公司大批生产 HFR－201、HFR．301 等牌号的产品群。日本在 20 世纪 80 年代初从美国引进技术在千叶县建成了年产 150 吨的五氧化二锑胶体生产厂。我国锡矿山矿务局于 80 年代自行开发并开始生产胶体五氧化二锑，并于 1992 年提交了专利申请。此外，国内还有深圳优越昌浩科技有限公司、济南湘蒙阻燃材料有限公司等企业进行五氧化二锑的生产销售。

三、专利信息获取

1. 检索策略

本案例的研究对象是锑系阻燃剂及其设备研发,因此,检索的目标文献是所有关于锑系阻燃剂及相关制备设备的专利文献,采用的数据检索及分析工具是北京中献智泉信息技术有限公司的 PIAS 专利信息分析系统和汤森路透的 thomson innovation 系统。本报告的检索由初步检索、全面检索和补充检索三个阶段构成,针对中文数据库和外文数据库分别单独进行检索,从而避免由于数据库自身特点造成的检索数据遗漏。

在对本课题进行相关的调研后初步确定检索关键词和 IPC 分类号进行检索,对初步检索的结果进行统计分析,并对相关专利进行阅读,提炼关键词和 IPC 分类号,最后对检索策略进行调整、修正;在全面检索阶段,选定精确关键词、扩展关键词、精确分类号和扩展分类号作为主要检索要素,合理采用检索策略及其搭配,充分利用截词符和运算符,同时利用不同数据库的优势进行适时转库检索,对该技术主题在外文和中文数据库进行全面而准确的检索。在全面检索的基础上,统计本领域主要申请人,并结合企业关注的申请人,以申请人为入口进行补充检索,保证重要申请人检索数据的全面和完整。同时还对所有相关专利进行引用追踪检索,进一步保证检索的全面性。

2. 数据筛选

在专利数据的检索中,噪声专利数据(即与主题无关或关系不大的数据)的存在是不可避免的,在锑系阻燃剂的专利检索中,存有很多关于含锑的阻燃剂或阻燃材料的非目标文献,从而使噪音文献比例比较突出,因此需要通过数据筛选把与主题相关性不大的专利数据剔除,仅保留核心的专利数据。数据筛选是保证专利信息分析数据源准确性的重要环节,也直接决定着分析报告基础的可靠性。在本报告中,数据的筛选采用人工逐条阅读进行筛选,并进行标引,得到目标文献。

分析报告的筛选及标引按技术主题分类进行,包括三氧化二锑的制备技术及制备设备、五氧化二锑的制备、锑酸钠的制备、锑系阻燃母粒及锑系复配阻燃剂的制备及设备。

四、专利信息分析

本案例专利信息分析的重点主要分为锑系阻燃剂国内外专利概况分析和锑系阻燃剂国内外专利技术分析两个部分。

1. 锑系阻燃剂中国专利分析

（1）趋势分析

我国关于阻燃剂的研究始于20世纪60年代中期，从60年代中期到21世纪初期，我国阻燃剂的发展比较缓慢，阻燃剂的种类较少，主要是有机卤素阻燃剂（其用量占阻燃剂总量的87%），而无机阻燃剂只占总量的8%，在无机阻燃剂中用量最大的是氢氧化铝阻燃剂，约占无机阻燃剂总量的80%，因而锑系阻燃剂的专利申请量很少。之后，随着高分子和塑料的广泛应用，对阻燃剂的需求也大量增加，锑系阻燃剂及锑化物的研制也相对增加。锑系阻燃剂及锑化物制备的中国专利申请趋势如图5-1所示。从图5-1可以看出，锑系阻燃剂在中国的申请总量不高，从1985年中国实施专利制度开始到2009年，每年的申请量都很少，不超过10项，有的年份申请量为零；从2009年到2013年，锑系阻燃剂相关专利申请量增加相对明显，2012年相关的专利申请量达到20项。

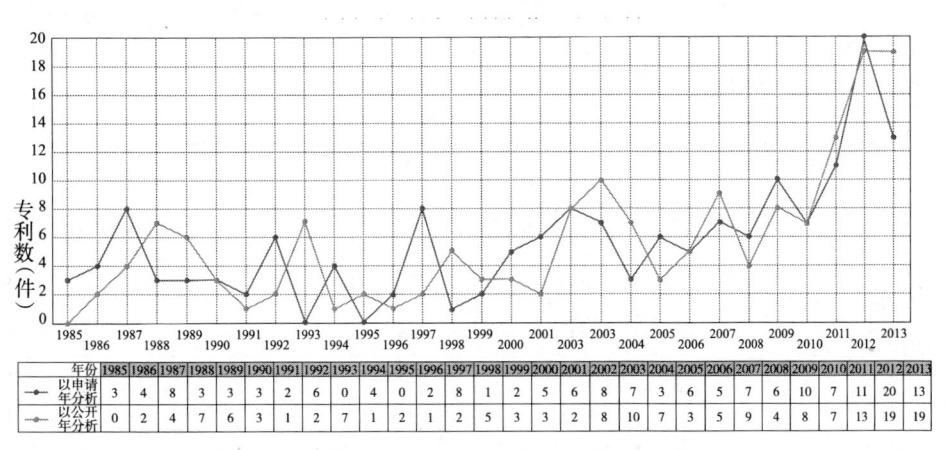

图5-1 锑系阻燃剂中国专利申请总体趋势

锑系阻燃剂相关的专利申请总量为165项，其中，授权专利仅为37项，公开专利36项，无效专利却有92项，从其法律状态类型统计来看，锑系阻燃剂相关的中国专利授权比例很低，只有22%，而无效专利所占比例达到56%，为授权专利数量的2.5倍，且无效专利绝大部分为未到专利保护期限而失效，从而可以看出锑系阻燃剂中国专利申请的质量相对欠佳。在165项中国专利申请中，发明专利占绝大部分，所占比例达85%，而实用新型专利只有25项，只占总数的15%，由此可见，锑系阻燃剂在中国还处于技术研发期。

（2）申请人构成

由于阻燃剂的实用性及市场需求，所以，在锑系阻燃及相关领域中，企业开展的研发较多，专利申请量也比科研院所及个人多。锑系阻燃剂中国专利相关申请中，排名前十的申请人及其综合分析表如5-1所示。在排名前五的申请人中，三家为企业单位，两家为高校，其中专利申请量较多的是中南大学、湖南辰州矿业股份有限公司、锡矿山闪星锑业有限责任公司、广西华锑科技有限公司和北京理工大学，专利申请量分别为11、10、10、9和5项，但从表5-1中看出，锡矿山闪星锑业有限责任公司的平均专利年龄为19，表明其专利申请新颖性较低；而中南大学平均专利年龄也较高，且在11件专利中投入21人进行研发，相对投入人力较高。

表 5-1 锑系阻燃剂相关专利申请人综合比较

申请人	专利所属国家	专利件数	占本主题专利百分比	申请人研发能力比较		
				活动年期	发明人数	平均专利年龄
中南大学	CN[11]	11	6.67%	7	21	9
湖南辰州矿业股份有限公司	CN[10]	10	6.06%	3	2	1
锡矿山闪星锑业有限责任公司	CN[10]	10	6.06%	6	19	19
广西华锑科技有限公司	CN[9]	9	5.45%	1	5	2
北京理工大学	CN[5]	5	3.08%	2	5	5
孔繁逸	CN[4]	4	2.42%	4	1	13
柳州市还东联合有色化工有限公司	CN[3]	3	1.82%	2	3	12
巨化集团	CN[3]	3	1.82%	3	7	4
株洲市化学工业研究所	CN[3]	3	1.82%	3	7	23
广西大学	CN[3]	3	1.82%	2	6	5

此外，国外来华的专利申请量很少，只有日本和美国的3家企业在中国申请了相关的专利，日本专利申请量仅有4项，其中，日产化学工业株式会

社3项，3项专利皆是五氧化锑溶胶的制备方法；此外，泰卡株式会社也申请了一项五氧化锑水溶胶制备方法的专利。日本在华申请的4项专利，除泰卡株式会社的专利无效外，其他3项专利法律状态都是授权，从而看出日本的企业对知识产权的重视和保护程度比较高。美国一家企业菲利浦石油公司在中国申请了1项专利："五氧化二锑的连续生产"。

（3）重要申请人分析

①锡矿山闪星锑业有限责任公司。

锡矿山位于湖南省冷水江市，是著名的"世界锑都"，盛产锑，锑产品生产量居全国第一，年产量占全国的1/3。锡矿山闪星锑业有限责任公司成立已有110余年，以锑采、选、炼为主，集锌冶炼、化工、科研为一体，是全球最大的锑品生产商和供应商，公司锑品市场占有率占全国的30%，占全球25%，是国家锑品主要研发和出口基地。锡矿山闪星锑业有限责任公司主要产品有锑锭、锌锭、三氧化二锑、乙二醇锑、硫化锑、锑酸钠、无尘二氧化锑、纳米级三氧化二锑、金黄锑、精铟和化工系列产品氯碱、硫酸、盐酸、氯化石蜡等。目前，公司已形成年锑采选能力55万吨，锑品4万吨的生产能力。

锡矿山闪星锑业有限责任公司共申请10件锑系阻燃剂相关的专利，这10件专利涉及三氧化二锑的制备及制备装置、锑酸钠的制备和五氧化二锑胶体的制备，10件专利如表5-2所示。

表5-2 锡矿山闪星锑业有限责任公司锑系阻燃剂专利申请

专利名称	申请时间	专利类型	法律状态	技术手段	技术效果
一种制取焦锑酸钠的湿法工艺	1985.04.01	发明	无效	三氧化锑、NaOH和过氧化氢反应，过氧化氢做氧化剂	三氧化锑直接以分子态参与反应，无害，成本低
用金属锑制备三氧化二锑（锑白）的方法	1985.04.01	发明	无效	反应室下部装有空气管，插入锑熔体中鼓风，锑氧化成Sb_2O_3进入烟道剧冷成球状	提高氧化速度、纯度和白度，降耗，成本低
锑精矿制取焦锑酸钠的湿法工艺	1986.02.20	发明	无效	硫化锑矿用硫化钠浸出，分离后在催化剂存在下用氧气或空气进行氧化	缩短流程，降低成本，由锑精矿直接制备锑酸钠
氯化水解法制取胶态五氧化二锑	1992.01.28	发明	无效	锑矿盐酸或三氯化铁、五氯化锑氯化浸出，氯气或过氧化氢氧化，水解，解胶，浓缩	利用廉价含锑物料直接制备五氧化锑，降低成本

续表

专利名称	申请时间	专利类型	法律状态	技术手段	技术效果
超细三氧化二锑火法生产法	1992.05.07	发明	无效	在炉顶安装高效风冷混合器,直接在炉顶实现高温骤冷,收尘系统配有选粉机	改进锑白炉,产量高,能耗低
立方晶型三氧化二锑生产方法及其装置	1997.01.29	发明	无效	锑白炉内反应室排出端安装混合骤冷装置;锑液表面加入无机盐覆盖剂	提高冷却结晶速度,同时保护锑液,得到单一立方晶型三氧化锑
粗颗粒三氧化二锑生产方法及其装置	1997.01.29	发明	无效	锑白炉反应室上端安装晶粒粗化器,控制三氧化锑蒸汽的冷凝速度;在收尘系统配置风力选分机得到粗颗粒三氧化二锑	设备简单,提高生产率
微粒三氧化二锑生产方法及其装置	1997.01.29	发明	无效	锑白炉反应室上端安装高温气化反应室,并在其内配置燃烧器,调节燃料供给量;控制骤冷混合器内气体比	使三氧化锑充分氧化,提高氧化速度和冷却结晶速度,得到纳米级三氧化锑
催化剂级超高纯三氧化二锑生产方法及其装置	2005.03.11	发明	授权	炉顶设有向锑液喷入压缩空气的喷嘴,反应室出口设有骤冷混合器	提高氧化速度和冷却速度,降耗
一种采用电位控制从砷碱渣浸出液中深度回收锑的方法	2012.03.09	发明	授权	砷碱渣浸出液加入过氧化氢脱锑和氧化,过滤得滤渣为锑酸钠产品	从砷碱渣回收锑

　　锡矿山闪星锑业有限责任公司在锑系阻燃剂的相关研发及专利申请都比较早,在我国刚开始实行专利制度的当年,就有两件专利申请,然而在1997年之后只有两件相关的专利申请。在其申请的10件专利中,授权专利只有两件,其他8件专利都是无效的,而且主要是未到专利保护期限之前的无效,由此看出,该公司当时对专利保护的重视程度不够。

　　锡矿山闪星锑业有限责任公司的10件专利中,关于焦锑酸钠的制备有3件,三氧化二锑的制备及装置有6件,五氧化二锑胶体的制备1件。焦锑酸钠的制备均采用湿法工艺,但是三种制备方法所用的锑原料和氧化剂有所不同,在"一种制取焦锑酸钠的湿法工艺"中,以工业三氧化锑为原料,过氧化氢为氧化剂;在"锑精矿制取焦锑酸钠的湿法工艺"中利用锑精矿直接制备焦锑酸钠,所用氧化剂为氧气或者空气;"一种采用电位控制从砷碱渣浸出液中深度回收锑的方法"属于锑的回收,该法利用过氧化氢对砷碱渣浸出液进行脱锑和氧化，经过滤得到锑酸钠产品。其三氧化二锑的制备都是采用火法工艺，对装置的改进主要包括：在锑白炉反应室或炉顶安装吹风管或喷嘴，以提高锑的氧化速度［专利"用金属锑制备三氧化二锑（锑白）的方法"和"催化剂级超高纯三氧化二锑生产方法及其装置"］；在锑白炉炉顶或反应室出口安装混合骤冷装置，以提高三氧化二锑蒸汽的冷却结晶速度（专利"超细三氧化二锑火法生产法""立方晶型三氧化二锑生产方法及其装置"和"催化剂级超高纯三氧化二锑生产方法及其装置"）。此外，还通过在锑白炉反应室上端安装晶粒粗化器，控制三氧化锑蒸汽的冷凝速度，制备粗颗粒三氧化二锑。其胶体五氧化二锑的制备采用湿法工艺，利用盐酸或三氯化铁、五氯化锑对锑矿氯化浸出，然后利用氯气或过氧化氢进行氧化，再水解、解胶、过滤、浓缩制备得到胶体五氧化二锑。

锡矿山闪星锑业有限责任公司在锑的冶炼控制及设备、炼锑渣的综合处理等方面申请的专利如表 5-2 所示。结合表 5-2 所示的锑系阻燃剂的相关专利申请可以看出，在 2000 年之前，锡矿山闪星锑业有限责任公司的研发点主要是催化剂与阻燃剂所用三氧化二锑的研制及生产设备的研发与改进和焦锑酸钠的湿法制备。2000 年之后，其研发的重点是锑的火法冶炼及含锑炼渣的综合回收处理，在锑的火法冶炼中，研发点又分为两部分，一是除铅、除砷和除硒等除杂剂和除杂方法的研究，目的是提高锑的冶炼质量，获得精锑；二是锑鼓风炉冶炼方法，目的是提高锑的冶炼效率。同时，锡矿山闪星锑业有限责任公司在含锑炼渣的综合处理方面，有 6 件专利申请，随着中国对锑资源保护力度加大，对锑矿的开采和冶炼严加限制，在未来的研究中，锡矿山闪星锑业有限责任公司可能会在锑的回收方面开展更多的研究。

② 湖南辰州矿业股份有限公司。

湖南辰州矿业股份有限公司位于湖南省沅陵县境内，具有 130 多年的矿业开采历史，其前身是冶金工业部湘西金矿。湘西金矿于 2000 年 12 月改制成为湖南省省属国有控股大型企业，在 2007 年完成首次公开发行股票后在深圳交易所挂牌上市，辰州矿业氧化锑、精锑商标"辰州 CHENZHOU 及图"获得中国驰名商标称号。

湖南辰州矿业股份有限公司是全球第二大开发锑矿的公司，集地质勘探、采、选、冶、运输、机械修造及金属深加工为一体，拥有金锑选矿和冶炼精细分离技术，拥有2万吨/年精锑冶炼生产线、2万吨/年多品种氧化锑生产线和2000吨/年的高纯氧化锑生产线等产品深加工能力，所产"辰州"牌锑锭氧化锑品质优良，享誉国内、东南亚及欧美市场。经过多年的发展，辰州矿业围绕着"金锑钨"三种金属主线，依托于自主开发的核心技术和多年积累的矿山开发经验，逐步由一家区域性公司发展成为一家全国性的矿业企业，公司在湖南省内拥有正在开采的矿山接近20座，并且已经在甘肃、新疆、陕西、江西、河北和湖北等省建立了省外的矿产资源基地，在省外的资源开发布局已经全面展开。同时公司利用在金锑分离方面的核心技术，在全国乃至全球范围内收购金锑伴生的精矿，通过贸易方式寻找和发现全球范围内的金锑伴生矿山资源，为下一步的资源占有和扩展提供基础。

湖南辰州矿业股份有限公司开发的锑类产品是精锑和三氧化二锑，精锑作为合金的硬化剂用于冶金、蓄电池及军工等工业，也是生产氧化锑的原料，精锑产品（锑锭）按化学成分分为Sb99.90、Sb99.85、Sb99.65、Sb99.50四个牌号。所产三氧化二锑是一种杂质含量极低的纯白微细粉末，其立方晶型达98%以上，该产品作为阻燃协效剂广泛用于塑料、橡胶、油漆、纺织和化纤等工业，还可用于玻璃、电子、陶瓷和荧光粉等行业。三氧化二锑按化学成分分为Sb_2O_3 99.80、Sb_2O_3 99.50、Sb_2O_3 99.00三个牌号。

湖南辰州矿业股份有限公司及其合作单位的锑系阻燃剂相关专利申请共有10件，如表5-3所示。

表5-3 湖南辰州矿业股份有限公司锑系阻燃剂专利申请

专利名称	申请时间	专利类型	法律状态	技术手段	技术效果
一种湿法生产三氧化二锑提高白度的方法	2011.02.21	发明	授权	氯化浸出硫化锑精矿，两次还原，酒石酸钾钠转型	提高白度
一种湿法生产三氧化二锑时降低砷、铅的方法	2011.02.21	发明	授权	硫化锑精矿为原料，硫代硫酸钠进行降砷，乙二胺四乙酸二钠进行除铅	降低砷铅含量，提高纯度
一种在湿法生产三氧化二锑过程中提升其粒度的方法	2012.09.19	发明	公开	硫化锑精矿为原料，硫代硫酸钠降砷、酒石酸和乙二胺四乙酸二钠除铅	降低砷铅含量，提高粒度
一种湿法生产斜方晶型的三氧化二锑方法	2012.09.19	发明	公开	硫化锑精矿为原料，硫代硫酸钠进行降砷，乙二胺四乙酸二钠进行除铅	降低铅砷含量，提高纯度

续表

专利名称	申请时间	专利类型	法律状态	技术手段	技术效果
一种硫化锑精矿富氧熔池熔炼的方法	2013.03.06	发明	公开	富氧熔炼	降耗，提高产率和产品白度
一种硫化锑精矿富氧熔池熔炼的方法及侧吹炉	2013.03.06	发明	公开	用侧吹炉富氧熔炼，实现自热熔炼	降耗，提高产率和产品白度
一种含砷铅锑及贵金属所形成的多金属合金的处理方法	2013.03.21	发明	公开	多金属加碱除砷，然后在吹炼炉内制备锑白	降低砷含量
一种由硫化锑精矿制备三氧化二锑的方法	2013.07.10	发明	公开	硫代硫酸钠降低含量	提高白度，缩短工艺流程
一种湿法处理高砷锑氧粉的方法	2013.07.10	发明	公开	浓盐酸溶解高砷锑氧粉，次亚磷酸钠除砷	除砷，提高白度
一种生产三氧化二锑的多功能上延器	2013.08.23	发明	公开	任意调节三氧化锑的粒度，控制产品质量	防止三氧化锑结块，减少中间产品产量，出口不易堵塞

从表 5-3 中看出，湖南辰州矿业股份有限公司关于锑系阻燃剂相关的专利申请始于 2011 年年初，从 2011 年到 2013 年，该公司在三氧化二锑的制备方面开展了较多的研究，在其申请的 10 件专利中，9 件涉及三氧化二锑的制备方法，2 件涉及三氧化二锑制备设备。在三氧化二锑的制备中，湖南辰州矿业股份有限公司更倾向于采用湿法工艺，其 10 件专利中有 6 件采用湿法工艺。

在三氧化二锑的湿法制备工艺中，主要以硫化锑精矿为原料，该制备工艺流程为：硫化锑矿氯化浸出→一次还原→除砷→沉淀后滤液氧化→再次沉淀后水解→二次还原→中和→除铅→再次溶解、水解、中和→烘干→成品三氧化二锑。该工艺的重点在于除砷、除铅，以提高产品的纯度和白度，除砷工艺采用硫代硫酸钠，除铅工艺采用乙二胺四乙酸二钠。在湿法工艺中，湖南辰州矿业股份有限公司还采用高砷锑氧粉为原料，利用浓盐酸水解高砷锑氧粉，过滤的滤液加入次亚磷酸钠除砷，然后水解，转型除杂、中和，洗涤、烘干制得三氧化二锑产品。

在火法制备三氧化二锑方面，湖南辰州矿业股份有限公司以硫化锑精矿为原料，在富氧气氛下熔炼，以解决现有鼓风炉挥发熔炼技术存在的高污染、高能耗及现有富氧熔池熔炼技术无法切实产业化的问题，该工艺流程为：硫化锑精矿备料处理、配料→增湿制粒→熔炼→回收；同时，还开发了一个硫化锑精矿富氧侧吹炉，在侧吹炉中熔炼的球粒分层存在，最底层为金属锑，中间层为锑锍层，最上层为炉渣层，可通过分层放出金属锑、锑锍和炉渣，该侧吹炉能够实现硫化锑精矿的自热熔炼。此外，湖南辰州矿业股份有限公司还开发了一种生产三氧化二锑的多功能上延器，该上延器可任意调节三氧化锑的粒度，控制产品质量，以解决三氧化锑结块、中间产品产量高和出口易堵塞等问题。

③中南大学。

在锑系阻燃剂的相关领域中，中南大学的专利申请量最多，在锑化物的制备及锑系阻燃剂的制备方面开展的研究也较早，1985年就有关于锑白制备的专利申请，然而其专利申请质量不高，法律状态只有无效和公开，而无效专利占一大半，且其关于锑系阻燃剂的研究出现一个断层，从2000年至2009年没有相关专利申请。中南大学的相关专利申请涉及胶体五氧化二锑的制备、锑白制备及锑系复合阻燃剂的制备，此外，还涉及锑精矿熔炼及含锑金属渣的综合处理方法，现将其列于表5-4。

表5-4　中南大学锑系阻燃剂专利申请

专利名称	申请时间	专利类型	法律状态	技术手段	技术效果
硫化锑矿"氯化—水解法"制取锑白	1985.09.29	发明	无效	硫化锑矿经浸出、还原、水解、中和及氯化剂再生等湿法制备锑白	缩短流程，降低成本
直接法制取高纯锑白	1991.11.07	发明	无效	锑矿物焙烧，挥发锑化物氧化生成三氧化锑，在超声搅拌桶中用热离子交换水提纯三氧化锑	降低成本，适用于处理不同品位的锑矿
锑基复合阻燃增效剂及其制备方法	1996.04.05	发明	无效	锑基复合阻燃增效剂，以氯氧锑为原料，包括酸溶、水解沉淀、中和脱氯、过滤、洗涤、烘干，包括两化合物和三化合物复合体系	降低成本，增加产品种类
微胶囊化锑—溴系复合阻燃剂及其制备方法	2000.09.14	发明	无效	溴系有机阻燃剂表面包覆一层微米级三氧化锑或胶体五氧化锑作为囊壁	提高溴系阻燃剂分解温度和阻燃性能
一种综合处理锑冶炼砷碱渣并制备胶体五氧化二锑的方法	2009.03.24	发明	无效	湿法制备胶体五氧化锑，水浸、酸浸、水解和制胶四个过程	处理砷碱渣同时回收锑资源，制备胶体五氧化锑
一种从锡渣中回收锡锑铅并富集铟的方法	2009.09.22	发明	公开	锡渣粉末用盐酸、氯化钠、水合肼混合液浸出，电位控制两段逆流还原锑，一段浸出液中和水解产出粗锑白	锡渣中回收锑，制备锑白

续表

专利名称	申请时间	专利类型	法律状态	技术手段	技术效果
一种用复合稳定剂制备五氧化二锑水溶胶及其干粉的方法	2010.03.25	发明	无效	三乙醇胺磷酸盐作稳定剂加入到三氧化二锑中,用过氧化氢氧化成胶	胶体颗粒细小,单分散性好,形貌规则,稳定性、透光性、热稳定性和再分散性较好
一种硫化锑精矿富氧熔池熔炼的方法	2013.03.06	发明	公开	将锑精矿、石灰石、石英砂以及铁矿石进行配料、制粒、熔炼、烟尘回收	降低污染和能耗,锑白质量好,利于产业化
一种硫化锑精矿富氧熔池熔炼方法及侧吹炉	2013.03.06	发明	公开	富氧熔炼侧吹炉,含有砌筑炉缸、铜水套、钢水套、加料口、主风口、二次风口、三次风口、放出口、排烟口	降低污染和能耗,锑白质量好,利于产业化
一种含砷铅锑及贵金属所形成的多金属合金的处理方法	2013.03.21	发明	公开	多金属合金加碱深度脱砷,在吹炼炉内低温吹炼锑白,最后鼓风强化氧化铅造渣得到贵金属合金	能耗低,提高金属回收率
一种五氧化二锑疏水性有机溶胶的制备方法	2013.05.07	发明	公开	以五氧化二锑水溶胶为原料,采用改性—萃取的方法制备五氧化二锑有机溶胶	纳米级、无团聚,稳定性好

中南大学在胶体五氧化二锑的制备方面申请了三件专利,均采用湿法制备,但三种湿法工艺及原料均不相同,其一(CN200910042941.0),在处理锑冶炼砷碱渣的同时制备胶体五氧化二锑,具体工艺:砷碱渣经水浸、酸浸、水解和制胶四个过程制备胶体五氧化二锑,该法有利于锑资源的循环利用;其二(CN201010132351.X),以三氧化二锑为原料,三乙醇胺磷酸盐做稳定剂,过氧化氢做氧化剂,将三氧化二锑氧化成胶体,该法制备的胶体五氧化二锑颗粒细小,形貌规则,单分散性、稳定性、透光性、热稳定性和再分散性较好;其三(CN201310163904.1),以五氧化二锑水溶胶为原料,采用改性—萃取的方法制备五氧化二锑有机溶胶,该法能制备纳米级胶体,胶体无团聚,稳定性好。

中南大学在锑系复合阻燃剂的研发方面申请了两件专利,一是"锑基复合阻燃增效剂及其制备方法",其以氯氧锑为原料,包括酸溶、同时加入某种金属氧化物或金属盐类进行水解沉淀、中和脱氯、过滤、洗涤、烘干,从而制得微细的且混合均匀的锑系复合阻燃增效剂。该方法增加了锑系复合阻燃剂的品种，包括三氧化二锑与一种化合物复合和三氧化二锑与两化合物复合，同时，又能够充分利用原有设备的潜能，降低生产成本。二是"微胶囊化锑—溴系复合阻燃剂及其制备方法"，该发明采用沉积法将锑化物包覆在溴系有机阻燃剂表面，形成微胶囊化锑—溴系复合阻燃剂，以锑化合物作囊材，既起包覆作用，又起阻燃协效作用，该复合阻燃剂能提高溴系有机阻燃剂的分解温度和阻燃性能，降低阻燃剂的溴含量及其生产成本。

在三氧化二锑的制备方面，中南大学所采用的制备工艺包括湿法、火法以及在锑矿熔炼和在含锑金属渣的综合处理中产生三氧化二锑。在湿法工艺方面，以硫化锑矿为原料，以 $SbCl_5$ 作氯化剂，通过浸出、还原、水解、中和及氯化剂再生等湿法过程制取 GB4062-83 零级或一级锑白，该工艺缩短了生产流程且对环境无污染，成本较低。在火法工艺方面，其采用有机黏结剂对含锑物料进行制团，锑矿团矿经韦氏炉焙烧、挥发锑化物，烟气经氧化和分离机械杂质后，直接回收粗氧化锑，粗氧化锑在装有超声波的搅拌桶中用离子交换水提纯得到高纯锑白，该发明所需设备简单，不污染环境，成本低，适用于处理不同品位的硫化锑矿粉、氧化锑矿粉、混合锑矿粉及其他含锑物料。

④北京理工大学。

北京理工大学在锑系阻燃剂相关领域共申请了6项专利，其中，5项是关于三氧化二锑母粒的制造方法，另外一项是溴系与锑系的复合阻燃剂。从研发时间上看，北京理工大学在锑系阻燃剂方面的专利申请主要集中在2006—2007年。北京理工大学的相关专利申请如表 5-5 所示。

表 5-5　北京理工大学锑系阻燃剂专利申请

专利名称	申请时间	专利类型	法律状态	技术手段	技术效果
一种溴系复合阻燃剂及其制备方法和应用	2006.11.24	发明	授权	将溴系、三氧化二锑等共混，充分混合制得溴系复合阻燃剂	减少添加剂用量
一种十溴二苯乙烷与三氧化二锑母粒的制造方法	2007.01.06	发明	无效	原料高速混合，双螺杆挤出机挤出，水环造粒设备造粒，振动筛筛选，干燥机除湿	简化工艺，减少粉尘及对设备的磨损，提高效率
一种十溴二苯醚与三氧化二锑母粒的制造方法	2007.01.06	发明	无效	原料高速混合，双螺杆挤出机挤出，水环造粒设备造粒，振动筛筛选，干燥机除湿	简化工艺，减少粉尘及对设备的磨损，提高效率

续表

专利名称	申请时间	专利类型	法律状态	技术手段	技术效果
一种无机填料与三氧化二锑母粒的制造方法	2007.01.06	发明	无效	无机粉体与三氧化锑微米颗粒改性、偶联、搅拌、挤出造粒	简化工艺，减少粉尘及对设备的磨损，提高效率
一种三氧化二锑母粒的制造方法	2007.01.06	发明	授权	三氧化锑改性、偶联、搅拌、挤出造粒	解决粉尘问题，改善相容性
纳米三氧化二锑母粒及其制备方法和在无卤协同阻燃塑料的应用	2013.06.03	发明	公开	硅烷偶联剂表面处理，原料混合经双辊混炼机混炼，破碎机粉碎制得纳米三氧化二锑母粒	分散效果良好、阻燃效率高、相容性优良

北京理工大学在锑系阻燃母粒的制备中所采用的整体工艺：三氧化二锑经钛酸酯或者硅烷偶联剂改性处理—原料经高速混合机混合—双螺杆挤出机挤出—水环设备造粒—振动筛筛分。除制备三氧化二锑阻燃母粒外，北京理工大学还制备了有机溴系阻燃剂与三氧化二锑的复合阻燃母粒，三氧化二锑与无机粉体（滑石粉、碳酸钙、纳米膨润土）的复合阻燃母粒。从其技术效果来看，北京理工大学的研发着眼于解决粉尘及粉尘对设备的磨损问题，同时简化整个工艺流程。

（4）专利专项解读

① 三氧化二锑。

关于三氧化二锑的中国专利申请共有115件，包括三氧化二锑的制备工艺、制备设备、三氧化二锑母粒和阻燃剂产品。其中关于制备工艺的专利52件；制备设备的专利29件；既有制备工艺又有制备设备的专利20件；三氧化二锑阻燃剂产品的专利7件；三氧化二锑母粒制备的专利7件。从中可以看出，在三氧化二锑的专利申请中，关于其制备工艺的申请量最大，占比45%，其次是三氧化二锑的制备设备的研发，占比25%，而直接涉及三氧化二锑阻燃剂产品及阻燃母粒的制备的相关专利申请较少，二者总共占比13%。

在三氧化二锑的制备工艺中，所涉及的制备方法有火法、湿法、气态法和等离子体法。目前，在三氧化二锑的制备方法中，用得最多的是火法工艺，占比约为66%，其次是湿法工艺，占比约为31%，而等离子体法和气态法较少，总共占比约为6%。此外，关于三氧化二锑的专利申请中，涉及制备设备的专利有47件，而这些设备除两项是等离子体法设备外，均是关于火法制备工艺的，在湿法制备三氧化二锑方面，未见有关于设备的专利申请。

三氧化二锑的火法工艺的基本流程是将锑或锑矿熔化，向锑液通入氧化性气体使锑液氧化成三氧化二锑蒸汽，然后通过冷却使三氧化二锑蒸汽结晶形成三氧化二锑。在三氧化二锑的火法制备工艺中，所要解决的技术问题或者所要达到的技术效果如图5-2所示。

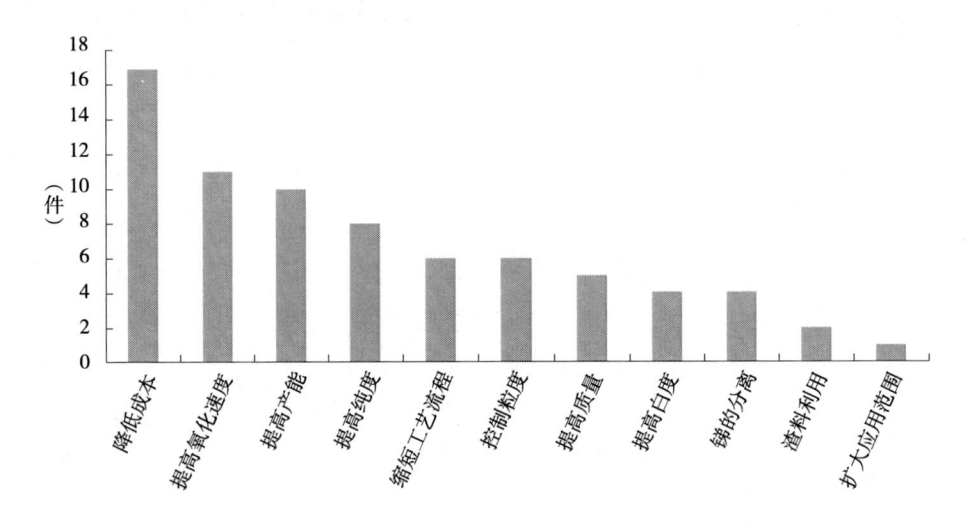

图 5-2 三氧化二锑火法工艺技术效果

2.锑系阻燃剂国外专利分析

（1）国外专利分布概况

经检索得到151项锑系阻燃剂相关的国外专利申请，分析得知，国外关于锑系阻燃剂的相关研究开展得比较早，在20世纪30年代就有7项相关的专利申请，然而其初期发展很缓慢，从1930年有相关的专利申请开始到1979年，总共只有16件专利申请。从图5-3得知，锑系阻燃剂的专利申请量在20世纪80年代达到最大，90年代开始减少，而2000年之后，相关的专利申请只有11项。由于锑系阻燃剂常用作卤素阻燃剂的协效剂，1986年研究者发现溴系阻燃剂有毒，同时，三氧化二锑、五氧化二锑也有毒性，80年代后期研究者开始寻找卤素阻燃剂的替代品，因而，卤素阻燃剂以及锑系阻燃剂的使用也受到了限制。

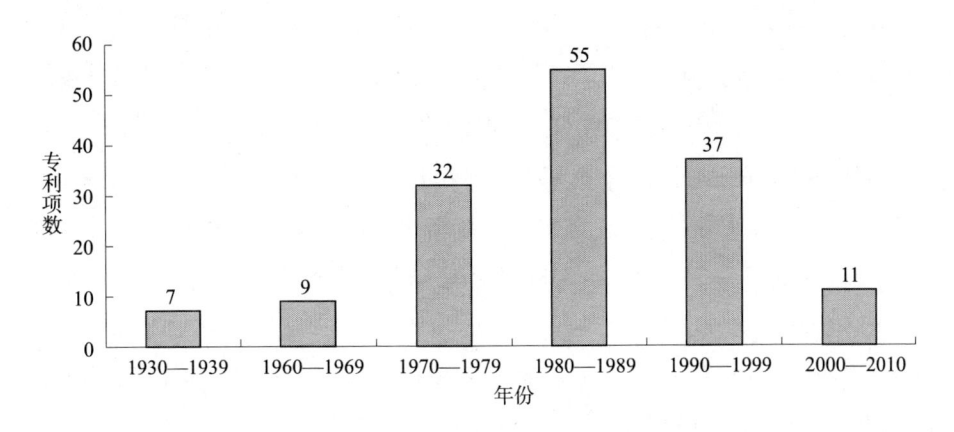

图 5-3　国外不同时期锑系阻燃剂相关专利申请量

国外锑系阻燃剂相关的专利申请中，发明专利申请占绝大部分，而实用新型专利的申请很少，不足 1%。虽然国外关于锑系阻燃剂的研究开展得较早，然而从其专利申请类型看，该领域的相关专利申请仍以发明专利为主。

国外锑系阻燃剂的原始专利申请国分布如图 5-4 所示。从图 5-4 中看出，国外锑系阻燃剂的专利申请国家中，占绝对优势的是日本，其申请量约占总量的 45.70%，其次是美国、韩国和英国，分别为申请总量的 25.83%、5.30% 和 5.30%。此外，俄罗斯（包括苏联）、欧洲专利局、加拿大及澳大利亚等国家/地区也有一些相关的专利申请。

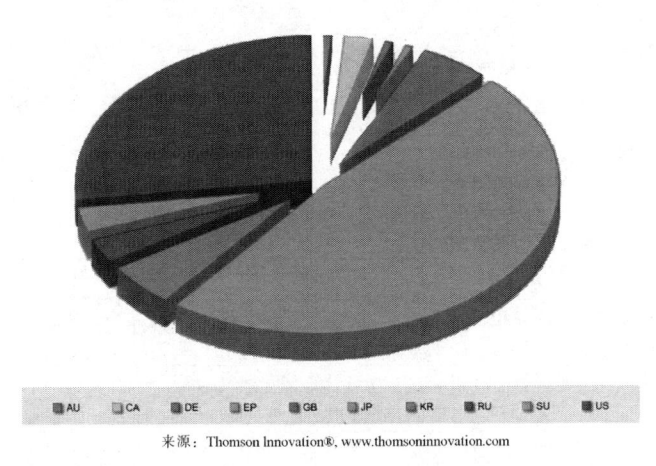

来源：Thomson Innovation® www.thomsoninnovation.com

图 5-4　国外锑系阻燃剂专利申请国家／地区

（2）重要申请人分析

国外锑系阻燃剂最主要的申请人是日本和美国的公司，申请量排名前10位中有6位是日本企业，4位是美国企业，而申请量排名前5位的都是日本的企业，分别是：SUMITOMO METAL MINING CO LTD（住友金属矿山株式会社）、NISSAN CHEMICAL IND LTD（日产化学工业株式会社）、Japan Exlan CO LTD（日本艾克斯伦有限公司）、NIPPON Seiko KK（日本精工株式会社）和MITSUBISHI MATERIALS CORP（三菱综合材料株式会社）；申请量排名在前10位的美国公司分别是美国的Nyacol产品有限公司、STANDARD OIL CO（美孚石油公司）、AMERICAN SMELTING AND REFINING COMPANY（美国熔炼和精炼公司）和菲利普斯石油公司。

①住友集团。

住友集团是日本最古老的企业之一，拥有400多年历史。住友集团研发及产品涉及机械工业、石炭工业、电线制造业和林业等方面，现已发展成为以矿工业和金融业为中心的近代财团。住友集团目前有20余家企业，其中，被称为"住友三大家"的是住友银行、住友金属工业和住友化学三家企业。在锑化物制备方面申请专利的是住友金属矿山株式会社和住友金属工业株式会社，前者主要从事非铁金属行业，后者主要从事钢铁行业。

住友集团在锑系阻燃剂方面申请的专利共有16件，如表5-6所示，其中，住友金属矿山株式会社有15件专利申请，住友金属工业株式会社有1件专利申请。从表5-6可知，住友集团在锑系阻燃剂的相关专利申请始于1983年，在此后的5年内，开展了相当多的研究，申请了10项专利，到了90年代，相关的专利申请量有所减少，只有5项，而2000年之后，相关的专利申请更少，只有1项专利申请。

表5-6 住友集团锑系阻燃剂相关专利申请

专利名称	申请时间	技术手段	技术效果	同族申请国家
三氧化二锑的制备	1983.05.25	火法，利用旋转炉融化硫化锑矿，通入空气氧化制备	提高锑的氧化速度，连续生产	无
低导电性三氧化二锑制备	1983.10.18	火法，融化锑金属，通气除硫，鼓入空气氧化	提高锑的氧化速度，降低导电性	无
制备具有低α射线强度的三氧化二锑	1984.05.21	湿法，盐酸水解，蒸馏，水洗，过滤	降低放射性物质和夹杂物	US, BE, CA, DE, FR, GB, KR

续表

专利名称	申请时间	技术手段	技术效果	同族申请国家
具有低α射线放射的三氧化二锑的制备	1984.11.01	湿法，加热锑粉，通氯气反应，蒸馏、水解得三氧化锑	降低放射性物质	无
三氧化二锑超细粉体制备设备	1984.12.12	火法，熔炼锑，向锑液中吹入空气形成三氧化锑气体，注射入冷却器冷却	制备三氧化锑极细粉体	无
三氧化二锑粉体的制备	1985.08.01	火法，融化锑，通入空气氧化，通过冷却回收三氧化锑	制备粉体三氧化锑	无
含有低α辐射三氧化二锑的制备过程	1985.10.31	湿法，蒸馏三氯化锑，水洗，水解制得三氧化锑	降低放射性物质	无
低粘性五氧化二锑的制备	1987.06.30	湿法，三氧化锑与多元醇酯反应，水解反应产物，分离沉淀物，干燥，制备五氧化锑粉体	降低粘性，减少成本	无
五氧化二锑的制备	1988.01.11	湿法，氯化锑水溶液通过旋转体形成分散液滴，将液滴注射入水中水解得五氧化锑	提高抗氧化性	无
晶须三氧化二锑的制备	1988.12.26	火法，密闭融化锑金属，通氧气氧化	稳定和方便地制备三氧化锑	无
低α射线辐射五氧化锑粉体制备	1988.06.20	湿法，在盐酸中溶解三氧化锑，氨中和，与脂族多元醇反应溶解沉淀，水解、分离	降低α射线辐射，微细颗粒	无
三氧化二锑的制备	1993.05.26	火法，同时进料和冷却	解决堵塞鼓风管和产品污染问题	无
低α辐射三氧化二锑的制备	1994.10.05	湿法，氨基—磷酸型螯合树脂形成净化的三氯化锑溶液，然后水解	除去放射性物质，降低α射线辐射	无
低α射线三氧化二锑微粒的制备	1995.02.28	湿法，盐酸水解、过滤、蒸馏	降低放射性物质含量	无
三氧化二锑的制备	1999.04.19	火法，在旋转炉内熔化锑金属，通空气氧化	提高氧化速度，提高生产效率	无
低α射线三氧化二锑微粒的制备	2005.05.24	湿法，将浓盐酸加入到三氧化锑中，搅拌溶解，分离，热水洗涤、干燥	提高效率，具有良好的色彩和颗粒均匀性	无

住友集团在锑系阻燃剂的相关专利申请包括三氧化二锑的制备工艺、三氧化二锑的制备装置及五氧化二锑的制备工艺，从其各技术主题所占比例来看，住友集团关注的重点在于三氧化二锑的制备工艺，其专利申请中关于三氧化二锑制备工艺及装置的申请量有13项，占其专利总量的81.25%。住友集团在三氧化二锑及五氧化二锑的制备中采用的工艺方法有湿法工艺和火法工艺，其中在锑化物的制备方面更倾向于采用湿法工艺，相关的专利申请有

9项，而采用火法工艺的专利申请只有7项。

住友集团在三氧化二锑的制备及制备装置的13项专利申请中，湿法制备工艺有6项专利申请，火法工艺有7项专利申请，湿法工艺的大致流程是：水解—过滤—蒸馏—洗涤—干燥。火法工艺的大致流程是：在炉内熔化锑—通入空气除硫—通入空气氧化，锑液成三氧化二锑蒸汽—冷却—回收。从解决的技术问题看，其相关申请量如图5-5所示。

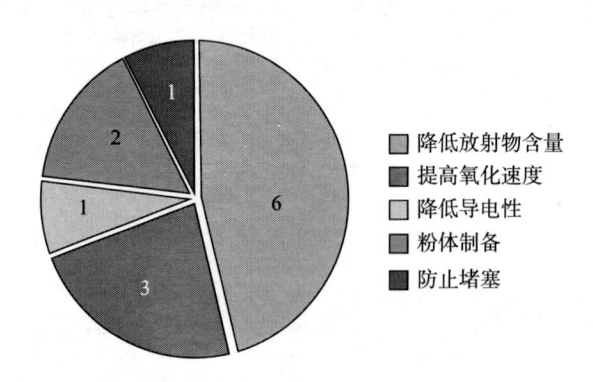

图5-5　住友集团关于三氧化二锑专利申请的技术效果

在三氧化二锑粉体的制备装置方面，住友集团有1项专利申请（申请号：JP1984260916A），该制备设备用于火法工艺，该装置包括坩埚炉、罩在炉体顶部的罩子、冷却气体输入管、气体输入管和喷嘴，罩子含有一个盖子，盖在炉体顶部，炉体外壁垂直地连着盖子，其侧壁有一个风管并且顶部封闭。其制备三氧化二锑的工艺：将锑料放入坩埚，加热熔化，通过气体输入管吹入空气，将锑液氧化形成三氧化锑蒸汽，三氧化锑蒸汽经冷却气体输出管冷却得到三氧化锑粉。该装置能够高效制备三氧化锑粉体。

住友集团关于五氧化锑制备方法的专利申请有3项，采用的工艺均为湿法工艺，三项专利要解决的技术问题分别为：降低五氧化二锑的粘性（申请号：JP1987161375A）、提高五氧化二锑的抗氧化性（申请号：JP19882629A）和降低辐射物含量（JP 1988150349），前者工艺为：五氧化锑与脂族多元醇反应溶解氧化物，水解反应产物，分离沉淀物并干燥制得五氧化锑；提高五氧化锑抗氧化性的具体工艺为：氯化锑水溶液通过旋转体形成分散液滴，将液滴注射入水中水解制备五氧化锑；后者具体工艺为：在高浓度盐酸中溶解三氧化锑，用氨中和，再与脂族多元醇反应溶解沉淀，水解、分离制得五氧化二锑。

② 日产化学工业株式会社。

日产化学工业株式会社创办于 1887 年 4 月，最初是一家化学肥料制造公司，1937 年更名为日产化学工业株式会社。目前，日产化学工业株式会社在美国、韩国、土耳其和台湾等多个国家或地区成立了分公司。日产化学工业株式会社研发、销售的产品有化学品（包括基础化学品、精细化学品）、机能性材料（包括显示屏材料、半导体材料和无机材料）、农业化学品、药品及先进材料等。其无机材料产品包括二氧化硅胶体、锑酸锌盐超细微粒、胶态氧化锆及二氧化铈胶体等。

日产化学工业株式会社在锑系阻燃剂相关领域共申请了 12 项专利，如表 5-7 所示。从表 5-7 可以看出，日产化学工业株式会社在锑系阻燃剂的专利申请时间集中在 20 世纪 80 年代，从 1983 年到 1988 年有 10 项专利申请，而之后总共只有两项相关的专利申请。日产化学工业株式会社的专利申请除在本国外，还在其他国家或地区申请，在其 12 项专利中有 6 项在其他国家（地区）申请了专利保护，从而看出日产化学工业株式会社对其知识产权比较重视，不但在本国申请保护，在其他国家地区也申请专利保护。

表 5-7　日产化学工业株式会社锑系阻燃剂相关专利申请

专利名称	申请时间	法律状态	技术手段	技术效果	同族申请国家
五氧化二锑胶体的制备	1983.08.16		锑酸钠与无机酸反应生成五氧化锑凝胶，真空过滤、水洗、絮凝得到五氧化二锑胶体	提高五氧化二锑胶体含量	DE, EP, US
五氧化二锑胶体的制备	1985.04.03	失效	碱锑酸盐与无机酸反应生成五氧化锑凝胶，分离凝胶、水洗、溶胶制备胶体五氧化锑	降低成本	无
五氧化二锑导电胶体及其制备方法	1985.04.03		在五氧化锑胶体粒子表面覆盖三价或四价金属	提高分散性、导电	DE, EP, US
五氧化二锑有机溶胶的制备方法	1985.11.28	失效	碱锑酸盐与酸反应生成五氧化锑凝胶，再溶胶得胶体五氧化锑	降低成本	US
五氧化二锑有机溶胶的制备方法	1985.11.29	失效	五氧化锑有机溶胶中加入亲水性或疏水性有机溶剂作为分散介质	提高稳定性	US
五氧化二锑溶胶的制备	1986.02.06	失效	锑酸钠与无机酸反应生成凝胶，凝胶分离、水洗、絮凝形成五氧化二锑胶体	具有好的颗粒形状、提高稳定性	无

续表

专利名称	申请时间	法律状态	技术手段	技术效果	同族申请国家
阻燃剂用三氧化二锑分散体及其制备	1987.04.28		三氧化锑粉与五氧化锑酸性水溶胶混合、反应，使三氧化锑粉体表面涂覆五氧化锑胶体粒子，五氧化锑含量大于5%。	提高耐候性和稳定性	无
三氧化二锑阻燃剂及其制备	1987.04.30		在三氧化锑颗粒表面涂覆五氧化锑胶体粒子	提高阻燃性及耐硫化性	无
疏水性有机溶剂做分散介质的五氧化二锑有机溶胶及其制备	1987.11.17		将氨基表面活性剂加入到酸性五氧化锑溶胶中，将含水滤饼分散到有机疏水溶剂，并在有机层分离溶胶	提高钝化效果	无
五氧化锑大颗粒溶胶及其制备	1988.10.13	失效	锑酸盐与无机酸反应生成五氧化锑凝胶，分离、洗涤、与五氧化锑溶胶混合、加热	提高稳定性	无
锑酸锌盐及其制备方法	1994.04.08	失效	ZnO/Sb2O5 摩尔比 0.8—1.2，混合锌化合物和氧化锑胶体，焙烧得到粒状组合物		EP, NO, FI, CA, DE, US, ES, AT
五氧化锑溶胶的制备方法	2003.04.11		向含有五氧化锑粒子的溶胶中加入过氧化氢和三氧化锑，用生成的锑化合物被覆五氧化锑粒子	提高分散性	TW, CN, US

日产化学工业株式会社的专利申请包括五氧化二锑胶体制备、三氧化二锑阻燃剂的制备以及锑酸锌的制备，其各部分所占比例来看，日产化学工业株式会社的研发重点在于胶体五氧化二锑的制备，该主题的专利申请量占其专利申请总量的75%，而三氧化二锑阻燃剂与锑酸锌分别只有2项和1项专利申请。

日产化学工业株式会社在锑酸锌的制备中采用的工艺为：将氧化锌与五氧化二锑胶体按摩尔比0.8—1.2配料、混合，然后通过焙烧制得粒状组合物，制得的粒状物能够用于塑料的阻燃、抑烟。该专利在欧洲专利组织、加拿大、美国、德国、芬兰、西班牙、奥地利和挪威等国家和地区也申请了专利保护。

日产化学工业株式会社在三氧化二锑阻燃剂方面申请的两项专利分别为："阻燃剂用三氧化二锑分散体及其制备（JP1987103043A）"和"三氧化二锑阻燃剂及其制备（JP1987107595A）"，前者采用的工艺为：三氧化锑粉体与五氧化锑酸性水溶胶混合、反应，使五氧二化锑胶体粒子涂覆在三氧化二锑粉体表面，其中，五氧化二锑含量大于5%，该工艺制备的三氧化二锑阻燃剂具有优良的阻燃性、抗硫化性和稳定性，且具有低粘度；后者采用的工艺为：三氧化二锑粉体与酸性五氧化二锑胶体反应，获得表面涂覆五氧化二锑胶体粒子额三氧化二锑分散液，该发明的目的是提高产品的阻燃性和耐硫化性。

日产化学工业株式会社关于五氧化二锑胶体制备的专利申请中，所要达到的技术效果有：提高五氧化二锑稳定性、分散性、胶体含量、钝化效果及降低成本，各部分专利申请量如图5-6所示。

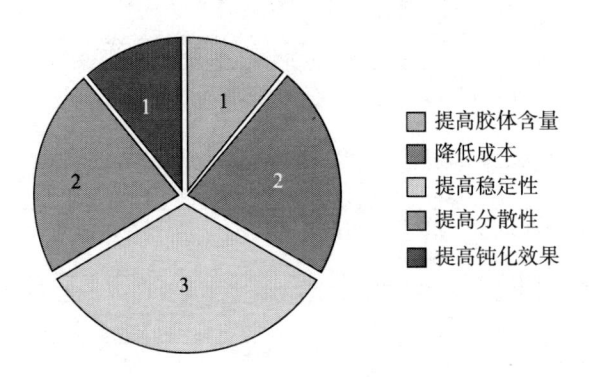

图 5-6　日产化学工业株式会社关于
五氧化二锑胶体专利申请的技术效果

在五氧化二锑胶体的制备中，日产化学工业株式会社所采用的基本工艺为：利用锑酸盐与无机酸反应生成五氧化二锑凝胶，分离凝胶，再洗涤、絮凝制得五氧化二锑胶体。在申请号为JP1983149358A的专利中，凝胶的分离采用了真空过滤的方法。在申请号为JP198570720A的专利中，制备的五氧化二锑胶体表面涂覆三价或四价的金属，从而使五氧化二锑胶体具有导电性，所用三价或四价金属包括：Al、Cr、Ga、In、Ta、Zr、Sn、Ti、Gem、Ce、Hf或Th。在申请号为JP1987289892A的专利中，其将氨基表面活性剂加入到酸性五氧化锑溶胶中，将含水滤饼分散到有机疏水溶剂，并在有机层分离溶胶，制备出有机溶剂做分散介质的五氧化二锑有机溶胶。

③ 日本精工株式会社。

NIPPON SEIKO KK在锑系阻燃剂方面共申请7项专利，该7项专利都是针对三氧化二锑的制备及其制备设备的，如表5-8所示。

表 5-8　NIPPON SEIKO KK 锑系阻燃剂相关专利申请

专利名称	申请时间	技术手段	技术效果	同族申请国家
细颗粒三氧化二锑的制备及其制备装置	1982.07.20	熔化锑原料，与氧化性气体反应生成三氧化二锑，在气体传输中加热使三氧化二锑形成液滴，冷却制得	提高效率，降低成本，颗粒可控	无
三氧化二锑与水合氧化铝复合物超细粉体的制备	1986.08.15	锑醇盐与铝醇盐混合，二者反应，水解反应产物得到粉体三氧化二锑与水合氧化铝复合物	提高阻燃性和降低发烟量	无
低导电性、低夹杂含量三氧化二锑的再生产	1987.10.23	三氯化锑水解生成三氧化二锑，氯氧化锑作为中间产物与碳酸铵反应，产物水洗、干燥得三氧化二锑	降低杂质含量，等轴晶体	无
在乙二醇中具有高溶解性三氧化二锑的制备	1988.01.25	三氧化二锑粒子干燥、湿法破碎、研磨	提高溶解性	无
三氧化二锑的生产方法和设备	1989.02.23	硫化锑矿熔炼，通入空气进行氧化，冷却收集制得三氧化二锑	提高氧化速度	无
三氧化二锑的生产方法和设备	1989.02.23	硫化锑矿熔炼，空气氧化，冷却制得	提高氧化速度	无
三氧化二锑的生产方法	1989.02.23	高硒硫化锑矿熔炼，空气氧化，冷却制得	提高氧化速度，除硒	无

从表 5-8 中可以看出，NIPPON SEIKO KK 关于锑系阻燃剂的相关专利申请都在 20 世纪 80 年代，1989 年之后未见有相关的专利申请，同时，其 7 项专利申请也仅限于日本本土，并未在其他国家或地区申请保护。

NIPPON SEIKO KK 关于三氧化二锑的专利申请，除涉及制备工艺及制备设备外，还包括三氧化二锑复配阻燃剂的制备。在三氧化二锑的制备方面，NIPPON SEIKO KK 主要采用了湿法工艺和火法工艺，在其 7 项专利中，有 4 项采用了火法工艺，2 项采用了湿法工艺。NIPPON SEIKO KK 关于三氧化二锑的制备所达到的技术效果有：提高氧化速度、提高阻燃和降低发烟、降低杂质、提高溶解性、降低成本。

NIPPON SEIKO KK 在三氧化二锑的湿法制备方面，在申请号为 JP1987266210A 的专利中，制备了等轴晶体的三氧化二锑，该三氧化二锑可用作半导体密封树脂的阻燃剂，其制备工艺是通过三氯化锑的水解来制备三氧化二锑，其中，氯氧化锑作为中间产物与碳酸铵反应，其反应产物经水洗、干燥等步骤获得三氧化二锑。在申请号为 JP1986190434A 的专利中，制备了三氧化二锑与水合氧化铝的复合物，该复合物用作阻燃剂可提高阻燃性能，降低阻燃剂的发烟量，其制备工艺：将锑醇盐与铝醇盐混合反应，将反应产物水解即能制得三氧化二锑与水合氧化铝的复合阻燃剂。

NIPPON SEIKO KK 在三氧化二锑的火法制备工艺方面所采用的基本工艺：将含锑矿物熔炼，然后向锑液内通入氧化性气体，锑液与氧化性气体生成三氧化锑气体，再通过冷却回收三氧化二锑气体制得三氧化二锑。NIPPON SEIKO KK 相关的制备设备的专利申请也是用于三氧化二锑的火法制备工艺中的，其设备基本组件：坩埚、气体输入管、输出管、氧化炉、吹炼炉、收集装置和气体冷却器。

④ Nyacol 产品有限公司。

美国阿什兰 Nyacol 产品有限公司是一家生产纳米氧化物的公司，其产品有氧化硅、碳酸钙和五氧化二锑等。其生产的五氧化二锑纳米粒子可用作 PET 或其混合物制成的无纺布的卤素基的阻燃增效剂。

美国 Nyacol 产品有限公司在锑系阻燃剂方面申请有 5 项专利，其中 3 项涉及五氧化二锑胶体的制备，两项涉及五氧化二锑与三氧化二锑复合阻燃剂，如表 5-9 所示。

表 5–9 Nyacol 产品有限公司锑系阻燃剂相关专利申请

名称	申请时间	法律状态	技术手段	技术效果	同族申请国家
胶体五氧化二锑粉体及其制备方法	1991.09.30	失效	将五氧化二锑、磷酸和乙氧基化脂肪酸烷基胺复合	提高分散性	CA，DE，EP，JP
五氧化二锑分散体及其制备方法	1996.10.25	失效	制备含磷酸盐的五氧化锑水分散液，混合该分散液与烷醇胺水溶液，然后浓缩	提高五氧化二锑的浓度	无
五氧化二锑分散体及其制备方法	1998.06.19	失效	制备含磷酸盐的五氧化锑水分散液，混合该分散液与烷醇胺水溶液，然后浓缩	提高五氧化二锑的浓度	无
三氧化二锑/五氧化二锑阻燃分散体	1991.12.16	失效	三氧化锑沉积在五氧化锑胶体颗粒表面上，三氧化锑沉积量不超过 55%	提高阻燃性	无
稳定和阻燃的 PVC 树脂	1997.09.12	失效	所用阻燃剂为涂覆三氧化锑的五氧化锑胶体粒子（15—65 纳米），三氧化锑含量占 20%—40%	提高阻燃性	无

美国 Nyacol 产品有限公司在胶体五氧化锑的制备方面：在申请号为 US1991767482A 的专利中，制备了含有磷酸、乙氧基化脂肪酸烷基胺的胶体五氧化二锑粉体，其制备步骤是先制备一个含有磷酸的五氧化二锑凝胶溶液，然后浓缩使五氧化二锑含量至少在 35% 以上，再将浓缩的五氧化二锑凝胶加到乙氧基化脂肪酸烷基胺中，最后干燥获得胶态五氧化二锑粉体，所制备的粉体尺寸小于 8 微米。该专利除在美国本土申请保护外，还在加拿大、德国、欧洲专利组织和日本申请了专利保护。

美国 Nyacol 产品有限公司在五氧化锑分散体的制备方面：在申请号为 US1998100459A 的专利中制备了五氧化锑分散液，其制备工艺为：先制备含磷酸盐的五氧化锑水分散液，然后将该分散液与烷醇胺水溶液混合，再对混合液进行浓缩，使五氧化二锑的含量在 50% 以上，即得到五氧化二锑水凝胶分散液。

美国 Nyacol 产品有限公司在锑系复合阻燃剂的制备方面：在申请号为 US1991813458A 的专利中制备了三氧化二锑与五氧化二锑的复合阻燃分散体，其工艺原理是将三氧化二锑沉积在五氧化二锑粒子表面，且三氧化二锑的沉积量不超过 55%，具体工艺为：① 制备五氧化二锑水溶胶与三氧化二锑的混合液，加热改混合液使其发生反应，并使三价锑作为涂层沉积在五氧化二锑颗粒表面；② 将上述五氧化锑凝胶与液体有机载体混合、搅拌，直到五氧化二锑表面的三价锑转变为有机相；③ 将水与凝胶分离，最后蒸发除去水分。该工艺中将五氧化二锑与三氧化二锑复合有助于提高阻燃剂的阻燃效果。在申请号为 US1997928233A 的专利中，制备了一种 PVC 阻燃树脂，该树脂中利用了五氧化二锑与三氧化二锑的复合阻燃剂，该阻燃剂为将三氧化二锑涂覆在五氧化锑胶体粒子（15~65 纳米）表面，其中，三氧化二锑的含量为 20%~40%。

五、专利信息运用效果

第一，以锑系阻燃剂为主题，检索、分析和挖掘国内外专利文献，对锑系阻燃剂领域的重要申请人及其研发重点、国内外专利技术做了分析，在此基础上结合公司现状提出了锑系阻燃剂的技术研发及保护建议，其中包括：无尘三氧化二锑及三氧化二锑阻燃母粒产品的专利申请；从原料的利用方面着手开展低品质含锑矿物及废旧电池等含锑废料直接进行锑化物的制备；进行锑系阻燃剂超细化、纳米化、无尘化研发；进行三氧化二锑专用设备研发等。

第二，在锑系阻燃剂专利分析报告的基础上，结合公司产品结构，在锑系复配阻燃剂、锑系阻燃母粒方面提出了10项发明专利申请。

第三，在锑系阻燃剂国内外专利技术分析的基础上，以市场需求为导向，结合公司技术优势，确定了产品的研发方向，开展了锑系复配阻燃剂、锑系阻燃母粒的制备技术攻关，开发出具有自主知识产权的锑系复配阻燃剂和锑系阻燃母粒产品，并开展了产品生产小试、中试，实现小批量生产。

第四，结合本公司产品和技术结构，探索出一种"专利技术情报分析→专利战略分析→有效合理布局工艺及产品专利→提升企业竞争优势"的企业创新模式。该模式有利于企业开展自主知识产权技术或产品研发，为企业明确产品研发方向，扩大企业竞争优势，对保障企业知识产权战略的顺利实施，促进企业长足发展将具有重要的现实意义。

六、广西有色金属开发利用相关企业科技创新启示

广西是有色金属资源大省，素有"有色金属之乡"的美称，然而，广西在有色金属开发利用及产品深加工方并非强省，这主要体现在以下方面：有色金属资源开发利用技术与装备落后、耗能高，与目前低碳节能的方针相悖；开发产品量虽多，但是质量不高，多是初级产品，附加值低；产品深加工能力不足，市场占有率小；企业规模普遍较小，在国内乃至全球范围内具有领先水平的企业极少，产品自主研发能力较弱，多是模仿跟风，极易造成侵权风险等。

根据对锑系阻燃领域核心技术专利信息研究获得的启示，对广西有色金属开发向高附加值产品方向发展提出如下建议：

第一，强化专利信息分析的重要性。通过专利信息分析，充分了解竞争对手和自身，以及国内外相关产品与技术现状，避免盲目和重复开发。通过深入剖析专利技术，获取行业技术热点和技术空白点，寻求技术启示，从而

挖掘专利技术点，通过技术攻关形成自主知识产权，并进行有效的专利保护。

第二，企业在研发和投资战略决策在上要放宽视野，在战略布局上要做到有的放矢。通过对国内外主要竞争对手专利信息、市场信息、技术信息等方面的跟踪分析，企业可以掌握竞争对手在有色金属相关领域的市场概况、专利布局、研发重点、研发实力及发展动态；通过分析竞争对手的专利布局情况和追踪竞争对手的技术与产品动态，可以预判竞争对手的市场意图，使广西有色金属相关企业能够结合自身需求做出正确的研发和投资决策，从而在研发与投资方面做到有的放矢，降低经济风险。

第三，重视专利布局。依托广西有色金属资源优势，放眼于产业上下游，积极开展研究，强化专利储备，从点线面分层次进行专利布局，逐步形成和完善自身专利战略布局；在提高专利授权量的同时提升专利质量，提高自主研发能力，从而提高企业自主创新能力和市场竞争力。

第四，国内外失效专利的开发与利用。日本住友金属矿山株式会社、日产化学工业株式会社、美国 Nyacol 公司等国外相关企业在有色金属产业方面开展研究较早，技术比较先进，对于国外企业未进入中国或其他国家的专利，区内企业可以在中国及其他相关国家内无偿利用和开发；对于国内失效专利同样可以无偿使用。在失效专利利用时，要充分进行检索分析，注意规避侵权风险。

第五，加强与高校、科研院所合作与交流。国内外高校及科研院所研发起点较高，且拥有相当数量的知识产权，但是其研究成果往往未能尽快转化，因而，区内企业应选择性与高校和科研院所开展技术交流与合作，共同开展产业化研究，加快成果转化，研发出相关产品，抢占市场。

第六，对国内外龙头企业进行动态跟踪。区内企业在产品开发中要有前瞻性，充分了解相关产品市场及需求，通过对龙头企业的动态追踪，了解其战略意图，进而了解相关产品与技术的发展趋势，为企业产品开发与战略规划提供借鉴和参考。

第六章

反应粘防水卷材专利分析

一、案例简介

这是 JYS 公司利用专利信息对反应粘防水卷材技术进行专利信息分析，进而开展公司发明专利技术提升攻关与产业化应用的案例。

该案例通过对建筑混凝土用防水卷材专利深度挖掘和分析，确定企业专利提升及产业化关联技术攻关方向和目标，开展核心专利及产业化关联技术攻关，完成轻型、薄型和节能型反应粘高分子湿铺防水卷材研发并实现产业化应用示范，在此基础上进行企业核心专利及产业化关联技术专利申请布局，增大企业的核心专利保护力度，提升企业竞争力。其专利信息运用的特点是：

第一，借助 Dialog 等国内外大型数据库，在整合、加工国内外专利信息的基础上，针对企业在建筑混凝土用防水卷材产品开发的技术需求，采用多种国内外分析工具进行专利信息的深度挖掘和分析，研究主要竞争对手的综合实力、核心技术要点及相应产品、发展动向等信息。

第二，找出 JYS 公司专利信息运用存在的主要问题和瓶颈，制定切实可行的专利信息运用推动方案，提出具体的实施策略、计划和方法，为公司快速获取现有技术，避免重复开发，把握研发方向，提升研发水平，构造技术壁垒，监控竞争对手，规避侵权风险和制定专利战略等提供支撑。

第三，对 CPS 防水卷材的通用共性技术进行全面分析，把握反应粘防水卷材的技术研发特点，提升企业专利信息的二次开发应用能力。

第四，对企业专利布局及技术研发提出建议，找出专利申请的嵌入点，以及专利申请的策略。

二、案例背景

建筑业是国民经济的一个重要组成部分，建筑防水材料及其制品则是建筑业重要的物质基础，建筑防水材料的性能、质量、品种和规格直接影响到建筑工程的结构形式和施工方法，建筑防水工程的质量在很大程度上取决于建筑防水材料。改革开放以来，建筑事业得到快速发展，基础设施建设、住宅建筑、城市建设、市政建设的大力开展促进和带动了新型建筑防水材料工业的发展。随着我国经济建设进入高速发展的新阶段，建筑物整体结构的变化及建筑物防水构造多样化设计，要求匹配的应该是质量好、使用年限长、施工方便、没有污染和符合环保要求的新型功能型建筑防水材料。

中国建筑 90% 以上的防水对象是混凝土构件，混凝土一般除了结构自防水外还必须构筑柔性防水层，柔性防水关键在于密封，而不是遮挡，密封的核心在于黏结，黏结的有效性和持久性在于能否与混凝土基层形成牢固的化学交联结构。目前国内广泛应用于各类建筑物的防水卷材在使用过程中最大的障碍是材料与基面的黏结问题，如：价格昂贵性能优异的三元乙丙橡胶防水卷材是通过涂胶与基面黏结，胶粘剂的使用寿命较短，造成卷材与基面黏结失效产生串水、漏水等现象；SBS、APP 改性沥青类防水卷材采用热熔施工与基层黏结，由于火焰温度不均匀，难以保证卷材与基面的黏结效果，而且热熔施工易受环境影响，基面潮湿或粉尘过多，会使黏结失效，产生串水现象；普通预铺/湿铺卷材通过水泥砂浆可以与基面进行黏结，形成满黏结构，但这种满黏结构是由物理吸附和卯榫作用形成，黏结可逆，当受到环境湿热循环、水汽溶胀和基层运动等因素影响时，满粘也会逐步失效，最终还是会产生串水漏水问题；复合织物的高分子片材采用水泥浆黏结，在黏结的过程中水泥砂浆难以浸透片材表面织物，且织物易受水泥砂浆的腐蚀，使片材脱离基层，失去防水功效。建筑防水效果不好，不仅影响工程的整体质量，给国家和住户造成不必要的损失，影响建筑的使用寿命，重复进行防水翻修工程还将造成人力、物力和财力的巨大浪费。

防水卷材发展大体经历了四代，由最初的沥青油毡发展到了当代新型的反应粘防水卷材，具体历程如下表所示。

产品代数	产品名称	性能特征	施工方法	黏结原理	防水肌理
第一代 20世纪50年代 到2004年	沥青油毡（已禁用）	高温变软、低温变脆、易丧失黏结力	锅熬沥青、趁热铺贴，要求基层平整、干净不潮湿	物理吸附，黏结可逆	表层吸附式防水、防水层易老化开裂
第二代 20世纪80年代 至今	改性沥青防水卷材，如SBS、APP等	高低温性能好，较高的弹性和韧性、耐疲劳	热熔或涂胶施工，要求基层平整不潮湿	物理吸附，难与基层满粘，黏结可逆	表层吸附式防水、防水层受损易串水
第三代 20世纪90年代 至今	自粘改性沥青防水卷材	蠕变自愈性、低温柔性、黏结性能好、弹性高耐腐蚀	干铺受环境影响较大；通过水泥湿铺，受基面环境小	物理吸附和卯榫，满粘，黏结可逆	黏结可逆，持久性不够好，易脱粘起鼓，产生串水隐患
第四代 21世纪初	反应粘防水卷材	与自粘改性沥青基本相同，但黏结力更大更持久	通过水泥凝胶湿铺，基本不受基面环境影响	物理卯榫与化学交联协同作用，满粘且黏结不可逆	完美的皮肤式防水效果，卷材表层破损也不渗漏

其中自粘性防水卷材是指在常温下可自行与基层或卷材黏结的防水卷材，简称自粘卷材。其黏结面具有自粘胶，上下表面有覆面层或防粘纸隔离。施工中只需剥掉防粘隔离纸就可以直接铺贴，使其与基层黏结或卷材与卷材黏结。自粘机理是通过在基础材料中加入功能性助剂，改变基础材料的内部结构，从而增加其黏结性能，并同时改善其其他性能。其抗基层变形和开裂能力、与混凝土的黏结效果和铺贴施工的便捷性等方面均较为突出，在抗刺穿性和刺穿自愈合性方面也有良好的表现。自粘防水卷材的这些特性，使其应用领域迅速扩大，从屋面防水扩大至地下防水，从房屋建筑工程防水扩大至基础设施工程防水。具体如：工业与民用建筑物的屋面、地下室、室内、市政工程和蓄水池、游泳池以及地铁隧道防水。还适用于木结构和金属结构屋面的防

水工程。特别适用于需要冷施工的军事设施和不宜动用明火的石油库、化工厂、纺织厂和粮库等再防水工程，对于屋顶花园也可以起到耐根系穿刺的功能。

自粘卷材的性能特点主要表现在以下几方面：①具有良好的柔韧性、耐热性、延展性，适应基层因应力产生的变形能力强；②可自行与基层或卷材黏结，施工方便、安全、环保；③具有良好的耐刺穿性、断裂伸长率和优良的自愈性能，能适应各种基层变形；④在某种温度下，具有独特的"自愈"功能，施工时砂子和钉子等硬物戳穿的孔洞能自行愈合。黏结力强，卷材间搭接后融为一体，密封性能好；⑤搭接处的剪切和剥离强度都大于卷材自身；⑥卷材与基层具有良好的黏结性能，可有效防止卷材下面出现"串水"现象，避免防水层整体失效；⑦施工简单方便，安全环保，可在潮湿基面及严禁用明火和溶剂的危险环境使用；⑧自粘橡胶沥青防水卷材施工采用满粘法，施工过程中不使用明火，常温下直接粘贴，施工现场不存在气体爆炸和可燃物燃烧的潜在危险，也不会因为沥青熔融产生的烟气污染环境；⑨具有优良的耐寒性、耐热性及抗老化性，使用寿命长。

反应型自粘防水卷材，也叫皮肤式防水卷材，简称反应粘防水卷材，属于自粘防水卷材的一类。该类卷材针对普通自粘卷材与混凝土黏结过程中因受环境湿热循环、水汽溶胀和基层运动等因素影响，产生解吸和黏结失效的问题，通过自粘胶结料与混凝土结构层发生化学反应和物理吸附，使卷材与结构层形成大于物理吸附黏结强度的永久性物理化学黏结层。即卷材中的自粘胶结料与现浇混凝土结构之间起到"化学交联固化与物理铆榫的协同效应"（Chemical Bonding and Physical Crosslinking Synergism，CPS），使基面与自粘层形成"互穿网络式"结构，从而达到结合牢固紧密且不可逆的"皮肤式"黏结效果，这就是"CPS反应粘技术"。其原理是在自粘胶膜体系中植入亲水基，使反应型自粘防水卷材压力作用下，亲水"粒子"与聚合物水泥浆反应产生"凝胶"；同时聚合物水泥浆在水泥水化过程中产生水化热增强自粘胶的蠕变功能，并形成毛细管孔与水泥浆相互作用而发生一系列物理化学反应，数小时内卷材便能与基层紧密黏结。这种机理使卷材和混凝土结构层形成一个密不可分的整体，就像人体移植的皮肤最终与身体成为一个整体，从而实现卷材防水寿命与主体层相当，解决了改性沥青卷材与基面黏结力不够大，黏结力不持久，易受环境影响等难题。

传统的防水卷材通过对结构的包裹作用来达到防水的目的，如同给结构穿上一件"雨衣"，防水的前提是防水层"绝对"无破损，否则防水材料上有一个点被碰破，水就从这一点沿着没有黏结的空隙，串到别的地方去。一旦其他位置的混凝土有裂缝，就进入结构中去，发生大面积渗漏，却看不到破爆点。而反应性自粘型防水卷材通过表面特有的活性物质，与浇注的混凝土发生化学反应，紧密结合在一起，有效防止了卷材与混凝土间发生串水现象。产品具有优质、高效和轻型等特点，其技术水平和性能指标在目前国内防水材料中极具竞争力；同时产品采用湿铺法施工，直接采用水泥砂浆黏结，无须加热，在彻底解决防水难题的同时还能加快施工进度，降低施工成本，提高防水施工对恶劣环境的适应性；且施工过程不产生有毒有害气体，节能减排，便捷环保，具有良好的环境效益。

　　广西 JYS 公司经过十几年的发展，近年来，产品销售收入增长率都保持在 50% 以上，公司已经成为国内防水行业的领军企业。公司属下有 20 多个分公司和办事处，在全国 100 多座城市建立防水体验中心。其主打产品 CPS 反应粘防水卷材、密封膏，均采用了反应粘核心专利技术，均为建筑防水密封领域新型高效、节能、环保、耐久型新技术产品。通过对反应粘防水卷材全面而严密的专利信息分析，可以明确广西企业建筑防水密封产品的研发方向、提升技术，规避侵权风险，开展专利布局，引领广西防水建筑企业建立和扩大核心竞争力，增强自主创新能力和提高市场占有率。

三、专利信息获取

　　本案例的研究对象是反应粘防水卷材，由于反应粘防水卷材属于自粘防水卷材中的一类，是自粘防水卷材胶结料黏结性能的改进，具体体现在普通自粘防水卷材是通过物理作用与基面相黏结，而反应粘防水卷材是在胶料配方中加入能与基面（主要指湿水泥或湿混凝土基面）发生化学反应而形成整体式结合，是物理和化学作用共同的结果。而自粘防水卷材与反应粘防水卷材除了黏结力的不同外，其余技术性能基本是相通的，故为了更充分分析反应粘防水卷材的各项技术性能，需要同时对自粘防水卷材的数据信息进行分析。

因此,本案例检索的目标文献是所有关于反应粘防水卷材及自粘防水卷材的专利文献,采用的数据库是中国专利数据库、德温特世界专利索引数据库和欧洲专利局专利文献数据库,以及 thomson innovation 收录的所有国家专利数据库等。报告的检索由初步检索、全面检索和补充检索三个阶段构成,针对中文数据库和外文数据库分别单独进行检索,从而避免由于数据库自身特点造成的检索数据遗漏。

1. 检索过程

全面阶段的检索过程具体是先精确检索,后外围展开检索的方式,同时,根据不同数据库的特点,进行有针对性的检索,兼顾文献的查全性和查准性,其中,中文检索数据库为:CPRS(中国专利检索系统)、CNABS〔中国专利文摘数据库(支持中英文联合检索)〕、CNTXT(中国专利全文数据库)、CNIPR(中国知识产权网)和中献专利信息分析系统,英文检索数据库为:WPI(德文特世界专利数据库)和 EPODOC(欧洲专利局数据库),以及 thomson innovation 收录的所有国家专利数据库等。而后,对检索结果进行筛选,同时对筛选后的文献进行申请人和引用文献追踪补充检索。

2. 数据筛选

检索结果中必然存在相当数量的数据是噪音文献,尤其防水材料涉及的领域和用途较多,如建筑外墙、屋面、屋顶、地下、隧道和桥梁防水,以及水利工程防水、防水用高分子材料和防水织物等,并且名称不统一,交叉使用,如:防水卷材、防水材料、防水带材、防水片材、防水膜、防水板、柔性防水、止水带、止水条、防湿材料、止漏材料、密封材料和防水组合物等。又如:化学反应、活性物质或功能助剂检索词,检索到的文献有大量并不是防水卷材与基面反应,而是防水卷材本身制作过程的化学反应。因而为了检索结果的全面性,必然将所有可能出现的词都检索到位,从而导致出现非目标文献较多,噪音比例突出。因此,需要通过数据筛选把涉及反应粘或外扩到自粘防水卷材的文献从检索文献中遴选出来。数据筛选是保证专利信息分析数据源准确性的重要环节,也直接决定着分析报告基础的可靠性。

本案例的筛选工作分三个步骤进行：第一步从技术主题及各技术分支出发筛选中文数据库中相关目标文献；第二步从外文数据库中扣除含有中文数据库中已经检索到的中文数据的专利族数据，从技术主题及各技术分支出发筛选外文数据库中相关目标文献；第三步在主要申请人补充检索结果中扣除上述中外数据库中所述检索结果之后筛选相关目标文献。

四、专利信息分析

1. 国内反应粘防水卷材专利分析

（1）申请趋势及法律状态

图 6-1 给出了国内反应粘防水卷材专利数量总体分析趋势，其中蓝色线条表示以专利申请时间为统计基础，每年的专利申请量变化趋势；红色线条则表示以专利公开时间为统计基础，每年的专利公开量变化趋势。由图 6-1 可知，国内反应粘防水卷材从 2001 年才开始第一次申请，并且以后 4 年都无专利申请，直到 2006 年才有 3 件专利申请，之后出现一个平稳探索时期，每年 2~3 件的专利申请，直到 2010 年开始爆发出 13 件专利，达到一个峰值，此后，都保持一个相对较多量的状态。2013 年的数据为不完全数据，因为专利申请到公开有一个长短不等的过程，发明专利一般 18 个月才公开，实用新型专利一般也要一段时间，所以 2013 年的申请量数据有很大部分是暂时无法在公开数据库中检索到并统计出来。从公开趋势来看，由于公开一般要比申请晚几个月到 18 个月的时间，由此可知，公开趋势与申请趋势是吻合的，尤其是 2013 年的数据达到一个飙高的顶点，这正是 2009 年到 2012 年专利申请的未同步公开的累积，以及 2013 年当年的专利（申请）公开。由此可以发现，反应粘防水卷材在我国起步较晚，并且经历一个不稳定的探索时期之后，目前达到一个相对较为积极的态势，说明该类卷材正处于发展期中，未来应该有一段稳步向上的走势。

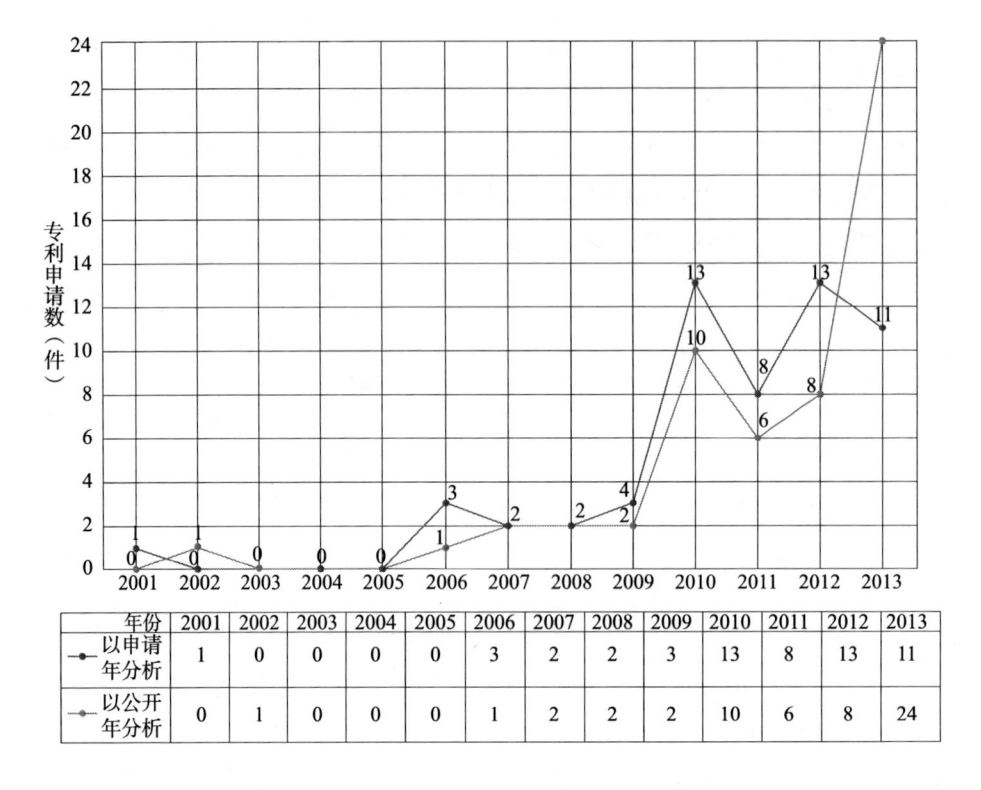

年份	2001	2002	2003	2004	2005	2006	2007	2008	2009	2010	2011	2012	2013
以申请年分析	1	0	0	0	0	3	2	2	3	13	8	13	11
以公开年分析	0	1	0	0	0	1	2	2	2	10	6	8	24

图 6-1　国内反应粘防水卷材专利（申请）趋势

从法律状态信息来看，国内反应粘防水卷材专利中授权 36 件，占总量的 63%；实审 16 件，占 28%；无效，4 件，占 7%；公开仅一件。其中授权的大部分为实用新型专利，发明专利大多还处于实审阶段，加上实用新型的专利权稳定性待定，可以推断大部分专利（申请）的专利权都处于一个未知情况，目前即使有侵权情况，也有可能通过无效程序使其不成立。故为了避免侵权风险，需要对目标技术进行巧妙设计，或者通过无效他人专利，来规避侵权，减少风险。

以上情况还说明反应粘防水卷材技术在方法技术和结构形状技术的双向发展，暂时还未及顾暇到产品的外观，此种情况正好反映该技术正处于一个积极发展时期，还未到达成熟时期，其还有较大的发展空间等待开发。此时正是企业积极申请专利，占领技术市场的较佳时期。

（2）专利申请人分析

表 6-1 给出了国内反应粘防水卷材全部专利申请人的专利数量、活动年期、发明人数量和平均专利年龄信息。

表 6-1　国内反应粘防水卷材全部专利申请人综合比较表

申请人	专利所属国家	专利件数	占本主题专利百分比	活动年期	发明人数	平均专利年龄
广西金雨伞防水装饰有限公司	CN[20]	20	35.09%	4	5	2
常熟市三恒建材有限责任公司	CN[5]	5	8.77%	1	4	1
卢桂才	CN[3]	3	5.26%	1	4	4
广东科科顺化工实业有限公司	CN[3]	3	5.26%	3	2	4
黄玉环	CN[3]	3	5.26%	2	1	7
于天功	CN[2]	2	3.51%	1	1	1
云南海燕建设有限公司	CN[2]	2	3.51%	1	1	1
天津市水昨科学研究院	CN[2]	2	3.51%	1	4	5
沈阳蓝光科技发展有限公司	CN[2]	2	3.51%	1	2	4
熟波	CN[2]	2	3.51%	1	1	3
衡水中铁建工程橡胶有限责任公司	CN[2]	2	3.51%	2	16	2
解忠深	CN[2]	2	3.51%	1	2	2
周玉铭	CN[1]	1	1.75%	1	3	6
广东鼎新高新拉技股份有限公司	CN[1]	1	1.75%	1	4	1
朱光皓	CN[1]	1	1.75%	1	1	8
湖北茎盾之星科技有限公司	CN[1]	1	1.75%	1	2	2
潍坊市鑫宝防水材料有限公司	CN[1]	1	1.75%	1	3	2
王慧蓉	CN[1]	1	1.75%	1	1	13
王涛	CN[1]	1	1.75%	1	1	3
衡水宝力工程橡胶有限公司	CN[1]	1	1.75%	1	5	3
魏安生	CN[1]	1	1.75%	1	7	6

表6-1给出了国内反应粘防水卷材全部专利申请人的专利数量、活动年期、发明人数量和平均专利年龄信息。活动年期指的是申请人申请专利的年份数，专利年龄是指从专利申请日起至现在的时间（以年为单位）。由表6-1可知，国内广西金雨伞防水装饰有限公司专利申请的件数最多，并且研发能力最强，拥有5个发明人，结合数据样本，知其2009~2013年4个年份里每年都申请了相应专利，也因为其研究都为最近几年才开始申请专利的，所以专利平均年龄就显得较短。另外常熟市三恒建材有限责任公司和广东科顺化工实业有限公司的实力相对较强。值得一提的是，黄玉环、朱光皓和王慧蓉的专利年龄较长，分别达到7年、8年和13年，说明其专利的价值比较大，一直处于有效保护状态，专利权人暂时无意放弃。

（3）主要竞争对手专利技术功效对比分析

表6-2给出了国内主要竞争对手重要专利的关键技术功效信息。

表6-2 国内主要竞争对手专利技术功效对比表

申请(专利权)人	申请号	功能性助剂/偶联剂/活性物质	覆面层	胶结料基料	名称	其他重要成分或结构	效果
广西金雨伞防水装饰有限公司	CN201120365116.7		网格布：纤维布		单面加强型改性沥青防水卷材	单面，纤维层体，复合五层结构	黏结力强，抗拉、抗老化、持久、适应性广等
	CN201120365106.3		隔离层/保护层		双面粘改性沥青防水卷材	双面，胎体：纤维层，或纤维层与聚乙烯聚合层；复合五层结构：有两层改性沥青胶结料层	黏结力强，两层双重的抗老化、柔性好、不渗水、隔热、保温、耐酸碱性强、耐植物根刺、微生物、抗裂、黏结力大等性能
	CN201110122795.X	具有羟基、氨基或羧基的偶联剂，特别是有羟基、氨基或羧基反应性官能团的聚硅氧烷偶联剂，聚萘甲醛磺酸钠盐或者它们的混合物		星型SBS改性沥青	星型SBS改性沥青的制备及防水卷材生产方法	单或双面，有胎，抗氧化剂亚磷酸三(2,4—二叔丁基苯基)酯	黏结强，与沥青相容性能更优异，耐高低温性能更稳定，更稳定，加工易，成本低
	CN201210546730.2		金属箔片	SBS改性沥青	带金箔面的反应型改性沥青防水卷材	单面，无胎，常规结构	黏结力强，箔片美观
	CN201020112041.7		不定		反应型改性沥青防水卷材	双面，无胎，常规结构	黏结力强等
	CN201020112010.1		高分子		三合一反应型高分子复合防水卷材	单层，无胎，结构：常规+上纤维层	黏结力强等，卷材表面排水
	CN201020112020.5		高分子	SBS改性沥青	二合一反应型高分子复合防水卷材	单面，无胎，常规结构	黏结力强等，卷材表面排水
	CN200910114456.X		不定		与混凝土进行化学交联和物理锚栓协同黏结的防水卷材	常规结构	黏结力强，卷材表面排水

续表

申请（专利权）人	申请号	功能性助剂/偶联剂/活性物质	覆面层	胶结料基料	名称	其他重要成分或结构	效果
广西金雨伞防水装饰有限公司	CN201220697207.5		聚烯烃热塑性弹性体材料层（TPO）	SBS改性沥青	聚烯烃复合改性沥青湿铺防水卷材	无胎，单面，常规结构	黏结力强等，卷材层材料弹性好，耐油，耐候
	CN201020111993.7		铝箔		带铝箔面的反应型改性沥青防水卷材	单面，常规	黏结力强等，箔片反射阴光，抗老化，柔性好，隔热保温，耐酸碱，不渗水，耐植物根刺，耐微生物，性强，适应外露防水工程，抗裂
	CN201220697381.X	具有羟基、氨基或羧基的偶联剂，特别是有羟基、氨基或羧基的官能团的聚硅氧烷偶联剂，聚萘甲醛磺酸钠盐或者它们的混合物	金属箔片		带金箔面的反应型改性沥青防水卷材	常规	黏结力强等，箔片反射阴光，抗老化，柔性好，隔热保温，耐酸碱，不渗水，耐植物根刺，耐微生物，性强，适应外露防水工程，抗裂
	CN201020112004.6	反应性官能团	橡胶片材	改性沥青	反应型橡胶复合防水卷材	单面，无胎，常规结构	黏结力强，橡胶片材层弹性好，拉伸强度大，断裂伸长率高
	CN201210546765.6		聚烯烃热塑性弹性体材料层		聚烯烃复合改性沥青湿铺防水卷材及其生产方法	单面，常规结构	黏结力强等，卷材层材料弹性好，耐油，耐候
	CN201020112001.2		高分子		带有结绳的反应型高分子复合防水卷材	单面，无胎，结构：常规层+上覆面纤维层+结绳	黏结力强等，结绳便于施工
	CN201210547403.9		隔离层/保护层	SBS改性沥青、SBS、APP、SBR改性沥青、或高分子压敏胶层	阻燃型废胶粉沥青湿铺防水卷材及其生产方法	双面；胎体：具有阻燃效果的纤维布，结构：配方中加了阻燃剂+废橡胶粉	黏结力强等，阻燃，防火
	CN201220502380.5		镀金高分子膜		带金属镀层的高分子复合防水卷材	单面，常规结构	黏结力强等，镀金美观

续表

申请（专利权）人	申请号	功能性助剂/偶联剂/活性物质	覆面层	胶结料基料	名称	其他重要成分或结构	效果
广西金雨伞防水装饰有限公司	CN201220502428.2		隔离层/保护层		双面粘叠压膜防水卷材	双面，胎体：叠压膜，常规结构	黏结力强，高强高韧，尺寸稳定性好不皱缩，抗冲击性抗刺穿性强
	CN201220502398.5	具有羟基、氨基或羧基的偶联剂，特别是有羟基、氨基或羧基官能团反应性的聚硅氧烷偶联剂、聚萘甲醛磺酸钠盐或者它们的混合物	叠压膜层		叠压膜复合防水卷材	单面，常规	黏结力强等，高强高韧，抗冲击性抗刺穿性强
	CN201220502427.8		隔离层/保护层		双面粘高分子膜复合防水卷材	双面，胎体：高分子膜，常规结构	黏结力强等，高强高韧，抗冲击性抗刺穿性好不皱缩，中间膜层抗穿刺能力，抗撕裂和抗穿刺层的牢固程度进一步防水，能够加强防水层的牢固程度
	CN201220502451.1		热塑性弹性体膜层		TPO类热塑性弹性体复合防水卷材	单面，无胎，常规结构	黏结力强，优异的机械强度，耐磨性，耐油性和耐屈挠性，防紫外线，无毒，抗撕裂，抗穿刺，耐磨损，耐油
卢桂才	CN201020553977.3	具有羟基、氨基或羧基的偶联剂，特别是有羟基、氨基或羧基官能团反应性的聚硅氧烷偶联剂、聚萘甲醛磺酸钠盐或者它们的混合物	交叉叠压高密度聚乙烯（HDPE）膜		交叉叠压高强力复合防水卷材	单面，无胎，常规结构	黏结力强，抗化学腐蚀，超强的抗撕拉性能和抗刺穿刺性
	CN201020554003.7		PET高分子膜，复合网格布增强层		网格布增强型复合防水卷材	单面，无胎，常规结构	拉伸强度大，尺寸稳定性好，强度、延伸率、耐撕裂、抗路破、高低温性能好，适应铁路石渣的反复碾压
	CN201020553992.8			改性沥青	隧道预铺用的反应黏结型密封防水卷材		适合的隧道的顶面或侧壁上铺设

续表

申请（专利权）人	申请号	功能性助剂/偶联剂/活性物质	覆面层	胶结料基料	名称	其他重要成分或结构	效果
广东科顺化工实业有限公司	CN201110461080.7	硅酸盐复合矿粉：硅酸二钙、铝酸三钙、铁铝酸四钙		SBS改性沥青	一种反应型高强层压膜防水卷材	胶结料配方为：90#重交沥青45%—60%；SIS型热熔胶10%—20%；丁基增粘橡胶3%—5%；SBS改性剂8%—10%；环烷基油NL-458 10%—15%；纳米碳酸钙3%—5%；复合硅酸盐矿粉3%—5%	黏结性能强，HDPE强力交叉层压膜的应用使该自粘防水卷材具有较好的拉伸强度、断裂延伸率及抗穿刺力和抗老化性能
	CN201010191736.3	复合矿粉由硅酸二钙、铝酸四钙混和铁铝酸四钙混合而成；气相二氧化硅；滑石粉；纳米碳酸钙；硅烷偶联剂为氨丙基三乙氧基硅烷		SIS热熔胶：苯乙烯-异戊二烯嵌段聚合物	一种反应型高分子防水卷材	胶结料配方：SIS型热熔胶85.0%—92.0%，滑石粉3.0%—5.0%，复合矿粉2.0%—3.5%，气相二氧化硅1.0%—2.5%，硅烷偶联剂0.5%—2.0%，纳米碳酸钙0.5%—2.0%	黏结性能强，高强度、高韧性、耐老化和使用寿命长
	CN200720047709.2	活性助剂		特殊超粘改性或活性助剂改性沥青	复合自粘防水卷材	胎体：玻纤加强胎层，聚酯膜层或高分子片材层	黏结力强，结构简单合理，作成本低，可有效避免施工中出现数料厚薄不均且粘接性能好，不含有毒物质，使用寿命长

151

续表

申请（专利权）人	申请号	功能性助剂/偶联剂/活性物质	覆面层	胶结料基料	名称	其他重要成分或结构	效果
常熟市三恒建材有限责任公司	CN201310042489.4		高分子：三元乙丙橡胶		反应性三元乙丙丁基橡胶自粘防水卷材		
	CN201310042518.7		高分子：塑料类：乙烯醋酸乙烯共聚物，乙烯乙烯改性沥青共混物，聚乙烯		隧道地铁用塑料类反应性丁基橡胶自粘防水卷材		
	CN201310042498.3	活性二氧化硅/γ—氨丙基三乙氧基硅烷	热塑性弹性体（人造橡胶或合成橡胶），包括：热塑性聚烯烃弹性体；热塑性聚氯乙烯弹性体	丁基橡胶	热塑性弹性体反应性丁基橡胶自粘防水卷材	常规无胎结构，反应性胶结料配方：丁基橡胶、乙烯醋酸乙烯共聚物、增粘树脂、炭黑、轻质碳酸钙、增粘剂份、功能助剂、硫化剂、防老剂、偶联剂	结构简单，满粘，自愈性，压敏性好，适应地下防水
	CN201310042490.7		橡胶型		橡胶类反应性丁基橡胶自粘防水卷材		
	CN201310042517.2				用于防水卷材的反应性丁基橡胶自粘层及其加工工艺		

续表

申请（专利权）人	申请号	功能性助剂/偶联剂/活性物质	覆面层	胶结料基料	名称	其他重要成分或结构	效果
衡水中铁建工程橡胶有限责任公司	CN201310297231.9	活性二氧化硅颗粒组成的隔离层	塑性基材	树脂	一种免揭型自粘防水卷材及其制备方法	隔离层由辊压在胶结料表面的活性二氧化硅颗粒组成，能够与新拌水泥基材料（主要指其中的氢氧化钙）产生水化反应，卷材两侧设搭接区	黏结性能可靠，免揭，搭接效果好，连接界面牢固，施工简便，减少资源浪费
	CN201020519869.4	活性二氧化硅、羧酸单体	高分子片材：乙烯醋酸乙烯酯、高密度聚乙烯、低密度聚乙烯或氯化聚乙烯构成	不详	一种自粘防水卷材		
王涛	CN201120274188.0	活性二氧化硅层	高分子EVA片材层和氯化聚乙烯片材层复合材料而成	橡胶沥青自粘层	高分子自粘防水卷材	覆面层上有活性二氧化硅层起到界面强化剂的作用	矿物颗粒有强化黏结力，抗老化，延长寿命，吸收热量作用
	CN201220394597.9	活性二氧化硅	高分子涤纶复合防水材料	橡胶沥青	一种高分子自粘防水卷材	有矿物颗粒层	黏结力强，自愈，蠕变性好，耐酸，耐碱，耐化学腐蚀；施工方便且施工速度极快
潍坊市鑫宝防水材料有限公司	CN201320335984.X	烷基脂肪醇聚氧乙烯醚缩合物	HDPE膜，两清层以上，其外覆有交清层压金属铝箔层和聚酯膜层	APP\SBS改性沥青	反应型交叉层压高分子自粘防水卷材	复合覆面层	抗热老化性，同时覆面层具有撕裂强度大和尺寸稳定性
于天功	CN201310231825.X				反应交叉层压高分子自粘防水卷材及其制造方法		

153

续表

申请（专利权）人	申请号	功能性助剂/偶联剂/活性物质	覆面层	胶料基料	名称	其他重要成分或结构	效果
魏安生	CN200810080073.0	活性二氧化硅、硅酸钙		SBS改性沥青	一种自凝结止水带及其制备方法		黏结力强、抗剥落、抗撕裂
湖北蓝盾之星科技股份有限公司	CN201210534013.8	富电子体系、软化油		非沥青基	一种自粘防水材料及其制备方法	非沥青基胶料配方：软化油、苯乙烯-丁二烯体、苯乙烯嵌段共聚物、增粘橡胶、废弃橡胶弹性体、防紫外剂、高温树脂、增粘树脂、界面剂、颜填料	黏结力强、良好的耐候、耐老化性能
广东鼎新高新科技材料有限公司	CN201320366175.5	活性基团	交叉叠压高密度聚乙烯薄膜	改性沥青	一种CCB反应双层高分子薄膜复合防水卷材	CCB反应粘强力胶	柔韧性好、性能非常稳定、受温度的影响小、不分层、使用寿命更长久、不空鼓、不窜水
黄玉环	CN200610025504.4	不详		化学共混改性沥青，以及SBS/APP改性沥青	化学共混改性沥青方法制备双面自粘法双面自粘防水卷材	双面；有胎；胶结料配方：石油沥青、引发剂、无机盐添加剂、未硫化丁苯橡胶、聚异丁烯、丁基橡胶、增塑剂、稳定剂、硫化剂、古马隆树脂	黏结、渗透力强、耐久性及耐高低温性能好等特点，而且其制备工艺简单，成本较低
	CN200620040853.9	不详			湿铺法双面自防水卷材	双面；有胎	黏结力强、稳定性好、施工方便等
	CN200720068239.8	不详			多胎基防护式湿铺法双面自粘防水卷材	双面；有胎；复合10层结构；两种改性沥青胶结料复合	黏结牢固、抗穿刺、抗冲击能力强，在采用预铺反粘法施工时，能够在其表面上直接绑扎钢筋

154

续表

申请（专利权）人	申请号	功能性助剂/偶联剂/活性物质	覆面层	胶结料基料	名称	其他重要成分或结构	效果
解忠深	CN201220753362.4	高活性离子物质	三元乙丙橡胶	丁基橡胶	一种反应性橡胶复合防水卷材	胶结料的配方为：丁基橡胶100份为基准，其它组份为：高耐磨炭黑10—50份，超细滑石粉5—30份，硫铝酸盐水泥20—80份，氯化锂0.1—5份，氯化钙1—10份，硬脂酸钙0.08—1.2份，聚乙二醇0.5—5份	黏结力强，三元乙丙胶覆面层具有耐候性及高弹、高强性能
	CN201210595931.1				一种反应性橡胶复合防水卷材及其生产方法		
沈阳蓝光科技发展有限公司	CN201020588622.8	不详		改性沥青自粘层	一种可预铺/湿铺的高分子自粘防水卷材	单双面可可；配方：石油沥青；改性剂；软化剂；增粘剂；填料	使用寿命长，耐候、耐老化、防水、防腐性能优越，防潮、防霉、光滑耐磨、抗腐蚀、阻燃、绝缘等特点
	CN201010529390.3	不详		SBS\聚丙烯改性沥青自粘层	一种可预铺/湿铺的高分子自粘防水卷材及其制备方法		
王慧蓉	CN01122536.0	不详	高密度聚乙烯膜（HDPE）	复合树脂黏着层	反铺式防水卷材		黏结力强，质地坚硬，防牙刺
云南海燕建设有限公司	CN201310217281.1	不详		高分子树脂:TPO(聚烯烃热塑性弹性体)或PPO(聚苯醚)	非沥青反应粘高分子防水卷材及其制备方法	胶结料配方：高分子树脂，环烷油，EVA，SBS，油树脂和滑石粉	黏结效果好，防水性能好，环保，无毒，耐老化，耐高低温
	CN201310282743.8	不详		HDPE(高密度聚乙烯)	一种反应粘强力膜防水卷材及其制备方法	胶结料配方：HDPE，环烷油，EVA，SBS，石油树脂和滑石粉	

续表

申请(专利权)人	申请号	功能性助剂/偶联剂/活性物质	覆面层	胶结料基料	名称	其他重要成分或结构	效果
朱光皓	CN200610062576.6	丙烯酰胺（丙烯酸单体改性）		丙烯酰胺	自粘防水卷材及其加工方法	无纺布胎体；胶结料配方：水；丙烯酰胺；双丙烯酰胺；三乙醇胺；0.1%～1.0%过硫酸铵水溶液	粘结力强，蠕变性好，自愈
周玉铭	CN200820134668.5	丙烯酸吸水树脂		橡胶类	新型橡胶止水带		粘接强度高，与混凝土反应效果较好，密封性强，施工方便
熊波	CN201120155599.8	活性基因子		橡胶改性沥青	一种反应型止水带		黏结性能好、自修复
熊波	CN201110125989.5	活性基因子		橡胶改性沥青	一种反应型止水带		
天津市水利科学研究院	CN200920098543.6	非硫化丁基橡胶		非硫化丁基橡胶	复合型自粘止水带		防水效果好
	CN200910070295.9	非硫化丁基橡胶		非硫化丁基橡胶	复合型自粘止水带及制作方法和施工方法		
衡水宝力工程橡胶有限公司	CN201120296269.0	不详			防刺穿预铺反粘式止水带		防水效果好，防刺穿，自愈，蠕变性好

由表6-2可知：反应粘防水卷材或具有类似功能的止水带结构中能与水泥/混凝土发生反应的胶结料主要为改性沥青，其中改性剂涉及SBS、APP、橡胶、聚丙烯、SBR、其他聚合物及特殊超粘改性等，另外还有其他树脂类和橡胶类高分子胶结料。

2. 国内自粘防水卷材专利分析

（1）总体趋势及专利类型分析

国内自粘防水卷材专利申请及公开最早年份为1991年，经过一段摸索历程，从2002年后开始呈现一个申请量和公开量均总体快速上升的趋势，至2013年，专利公开量达到127件，2012年达到104件。由申请量和公开量的总体趋势可知，自粘防水卷材专利技术经历了一个平稳摸索阶段，到快速发展阶段，到目前进入了一个持续发展的良好势头，同时也反映出该技术越来越受到人们的青睐。

在366条专利（申请）中，362条为国内申请人所申请，3条为韩国来华申请，1条为巴巴多斯来华申请。说明外国在中国自粘防水卷材领域开展专利保护的力度较小，涉嫌相关侵权风险也较小。国内自粘防水卷材专利技术研究最积极的省份排名前五位为山东、河北、北京、广东和江苏，广西排第七位。

通过对国内自粘防水卷材进行的专利类型统计可知，主要类型为实用新型专利，共265件，占总数的72%；发明专利为101件，占总数的28%。外观专利未曾涉及。实用新型与发明比例较反应粘防水卷材要大，说明其发展比反应粘技术成熟，但是还未涉及外观，同时也说明其还未达到完全成熟期，还有一定的发展空间，结合阅读专利文献内容得知，自粘防水卷材胶结料配方和工艺变化较稳定，明显重大创新的内容不多，技术的改进和差别主要体现在卷材结构的设计、排布及各层材料的选择上。此时，需要在技术上有新的突破来促进技术的进步和市场的开拓。如果积极开展新技术研究，尤其从配方工艺等方面入手，会有较大突破。

（2）IPC构成分析

IPC分类是国际通用的专利文献分类，图6-2给出了国内自粘防水卷材的IPC构成情况。从图6-2中可见，国内自粘防水卷材涉及了B、C、D、E四个部，并且存在交叉多个分类号，说明其可能同时涉及应用领域、材料、结构排布、工艺设备和成分配方等多个学科。

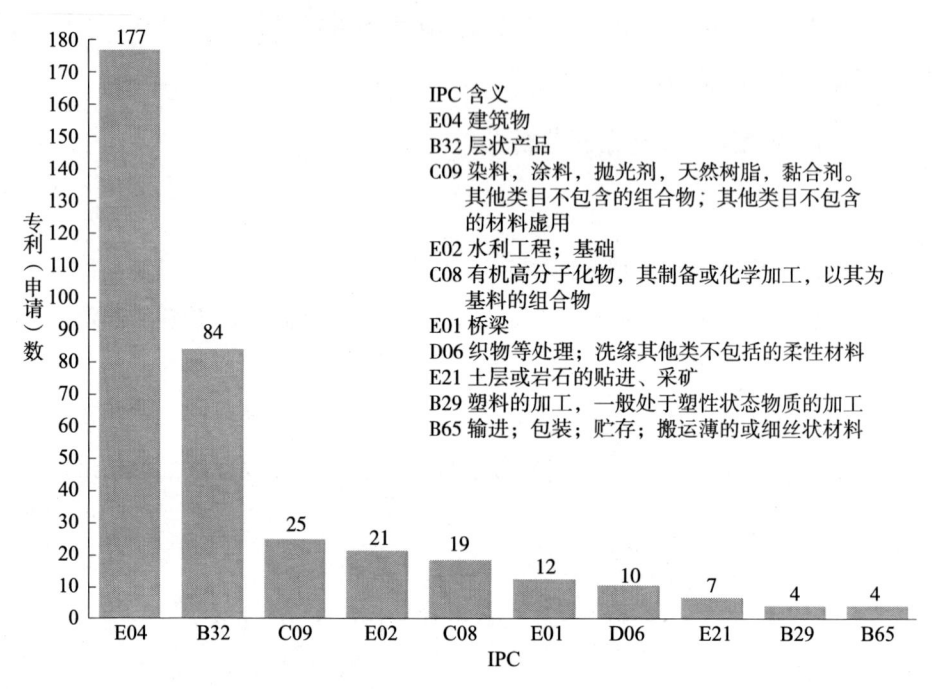

图 6-2 国内自粘防水卷材专利（申请）IPC 构成

IPC 含义
E04 建筑物
B32 层状产品
C09 染料，涂料，抛光剂，天然树脂，黏合剂。其他类目不包含的组合物；其他类目不包含的材料虚用
E02 水利工程；基础
C08 有机高分子化物，其制备或化学加工，以其为基料的组合物
E01 桥梁
D06 织物等处理；洗练其他类不包括的柔性材料
E21 土层或岩石的贴进、采矿
B29 塑料的加工，一般处于塑性状态物质的加工
B65 输进；包装；贮存；搬运薄的或细丝状材料

数据：E04: 177, B32: 84, C09: 25, E02: 21, C08: 19, E01: 12, D06: 10, E21: 7, B29: 4, B65: 4

由图 6-2 可知，国内自粘防水卷材专利（申请）IPC 分类主要集中在 E04（建筑物）与 B32（层状产品）领域，这是从防水卷材的应用和形状进行分类，跟防水卷材的定义一致。同时我们看到 IPC 分类还有从 C09、C08 和 B29 这些材料成分组成领域，说明国内自粘防水卷材也较关注卷材材料种类及配方成分的使用。此外，还涉及了 D06 织物等处理，及其它类不包含的柔性材料，说明了该部分专利可能在卷材中应用了织物成分，同时也印证了防水卷材为柔性防水材料。至于 E01、E02 和 E21，说明防水卷材的应用不仅是可以用于一般的建筑物，还可以通用到其他建筑领域，如桥梁、水利、矿井等。而 B65 可能涉及卷材的加工、储运工艺及设备。

由图 6-3 可以看出，国内自粘防水卷材在 IPC 分类技术上相互关联，错综复杂，说明自粘防水卷材是一个复杂的系统，其可在各个领域的防水问题上得到应用，并具有相通的关键技术。同时，防水卷材的各部分材料组成也可能涉及各个领域，如胶结料有沥青、橡胶、树脂、压敏胶或其他高分子材料。

卷材覆面层、胎体和其他功能组件也有各种材料。此外，其结构形状也可各异，如普通结构三层无胎结构、四层或五层有胎结构、复合加强层结构、多种胶料层复合、覆面层材料复合和功能材料层复合等。

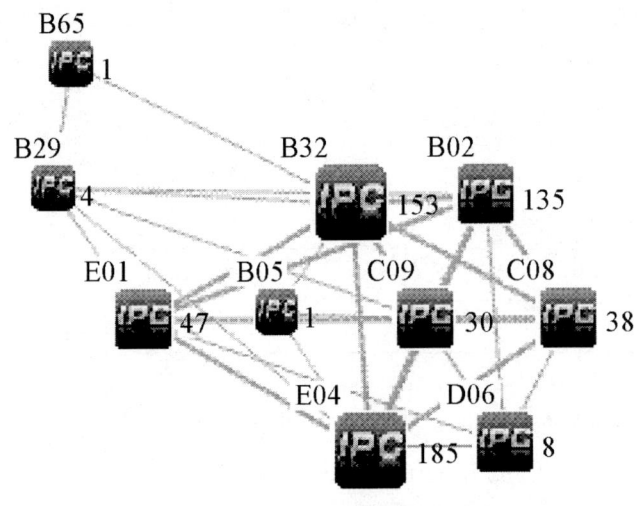

图 6-3　IPC 技术关联度分析

（3）专利申请人综合比较

表 6-3 给出了国内自粘防水卷材排名前 15 的申请人综合实力对比情况．

表 6-3　国内排名前 15 位自粘防水卷材专利申请人综合比较表

排名	申请人	专利件数	占本主题专利百分比	活动年期	发明人数	平均专利年龄
1	唐山德生	34	9.29%	6	25	3
2	广西金雨伞＋卢桂才	23	6.28%	4	5	3
3	北京立高	14	3.83%	5	10	3
4	盘锦禹王防水建材集团有限公司	13	3.55%	3	4	11
5	深圳市卓宝	12	3.28%	6	13	8
6	山东汇源建材集团有限公司	10	2.73%	3	6	2
7	奇才集团	9	2.46%	4	8	3
8	东方雨虹	9	2.46%	4	12	4

续表

排名	申请人	专利件数	占本主题专利百分比	活动年期	发明人数	平均专利年龄
9	胜利油田大明新型建筑防水材料有限责任公司	8	2.19%	3	9	4
10	常熟市三恒建材有限责任公司	8	2.19%	2	5	2
11	潍坊市正泰防水材料有限公司	7	1.91%	1	2	2
12	江苏凯伦建材股份有限公司	7	1.91%	2	8	1
13	广东科顺＋陈伟忠	7	1.91%	4	4	3
14	孟祥旗	6	1.64%	3	1	4
15	沈阳市奥佳新型防水材料有限公司	6	1.64%	2	5	6

其中，活动年期是指申请人申请专利的年份数，专利年龄是指从专利申请日起至现在的时间（以年为单位）。

由表6-3可知，唐山德生公司在自粘防水卷材领域综合实力最强，其专利申请量最多，为34件，占总量的9.29%，发明人达到25人，在6个年份中都进行了专利申请活动，专利的平均年龄不长；结合图6-3和表6-3，可知这是因为其专利申请都比较晚，公开都在近4年内，故加上相应的申请到公开的时间差，结合申请人活动年期为6年，可推算出其最早专利申请年份为2006年。由此也可以得出，唐山德生公司在自粘防水卷材领域的研究起步较晚，但是势头较猛，专利申请量大而集中，集中了大量人力进行持续研发。其今后的发展势头不可小觑。

综合实力第二的是广西金雨伞防水装饰有限公司及其董事长卢桂才全部的23件自粘防水卷材专利即反应粘防水卷材专利。

综合实力第三的属北京立高（包括北京立高防水工程有限公司、北京立高科技股份有限公司和北京立高科技有限公司），该公司在5年内，集合了10个发明人进行研究，申请了14件相关专利，其专利申请均为近几年的活动。

值得注意的是，排名第四的盘锦禹王防水建材集团有限公司，其平均专利年龄达到11年，说明该公司对自己申请的专利非常重视，保护力度较大，同时反映出其专利的价值比较大。要注意规避侵犯其专利权的风险。

排名第五的深圳市卓宝（包括深圳市卓宝科技股份有限公司和深圳市卓宝科技有限公司）在 6 年内投入了 13 名发明人申请了 12 件专利，并且平均专利年龄也较长，达到 8 年，说明其对自粘防水卷材也相当重视，对投入和产出的重视及保护也颇为到位。该公司也是一个不可掉以轻心的竞争对手，值得关注其研发动态的变化。

在此需要指出的是，该排名表只是一个大概的数字反应，如果要了解其是否构成技术障碍或具有合作潜力，还得关注其具体的关键技术研发重点和动态。

3. 国外反应粘防水卷材专利分析

由于国外数据防水材料中大量混杂了防水涂料、防水结构、防水层、防水板、防水涂层、防水织物、防水膏、密封材料、防水透气膜、金属防水防锈层、器械防漏设施和防潮材料等，为了避免杂乱数据过多，更加准备检索到目标数据，国外数据中增加了检索词"橡胶或沥青"和"水泥或混凝土"，将目标数据限定在含沥青或橡胶成分，并与水泥或混凝土发生反应的范围内。经过人工阅读清洗，去除噪音，最终保留 13 条专利数据样本进行分析。

表 6-4 给出了国外全部与混凝土或水泥发生化学反应而结合并含有橡胶或沥青成分的反应粘防水卷材专利数据信息。

表6-4 国外反应粘防水卷材专利数据一览表

序号	申请号	申请日期/申请国家	公开日期	专利权人/申请人	发明人	活性物质/功能性助剂	关键内容
1	JP19657874OA	1965—12—20/日本	1975—04—28	不详	不详	氯化丁基橡胶	片材为氯化丁基橡胶，反应黏结机理：与基层交联反应黏结
2	JP19695248A	1969—07—22/日本	1975—11—18	不详	不详	分子量为1000—10000含有2—8个终端—OH基的氨基甲酸酯基化合物或者为环氧乙烷环氧丙烷有机化合物	在纤维或多孔胎体上涂覆或浸涂胶体，胶体为通过环氧乙烷反应制备的具有端异氰酸酯基化合物，含有2—8个终端—OH基及分子量为10000000，或者为环氧乙烷环氧丙烷有机化合物，胶体与混凝土中水反应形成弹性层
3	JP1984273358A	1984—12—26/日本	1986—07—10	OHBAYASHIGUMI LTD | ATOM KAGAKU TORYO KK	AOYAMA MIKI | HAYASHI YOSHIMASA | HORI OSAO | OGAWA HARUHATA | NISHIO AKIO | MIYATA MORIHIKO | MURAYAMA MASATOSHI	不详	涉及丁配方；胶料为环氧树脂，改性沥青与水泥混合物，反应黏结机理：胶料与水泥反应
4	JP1990110251A	1990—04—27/日本	1999—01—13	SHIMIZU KENSETSU KK | NITSUSHIN KOGYO KK	ONO TADASHI | SUGAWARA MASANAO | KONDO TERUO | SEKIHARA KATSUAKI | MIFUNE JUZO	橡胶沥青	防水卷材胶料：橡胶沥青；反应黏结机理：跟混凝土发生钙离子反应

续表

序号	申请号	申请日期/申请国家	公开日期	专利权人/申请人	发明人	活性物质/功能性助剂	关键内容
5	JP2002519185A	2001—08—06/日本	2009—12—24	GRACE W R, JP	不详	二氧化硅或氧化铝颗粒	覆面层为高分子或无机、金属材料。反应胶料为橡胶改性沥青或合成高分子胶黏剂；活性物质为胶料上嵌入的二氧化硅或氧化铝颗粒；反应黏结机理：与水泥中氢氧化物，水发生反应
6	JP2003160937A	2003—06—05/日本	2004—12—24	MITSUBISHI KAGAKU SANSHI CORP	OKUDA KAZUO | YAMAGUCHI SHIGERU	反应型聚氨酯	涉及一种防水层：反应型聚氨酯热熔胶防水层与基面上沥青层反应结合
7	US19812495 54A	1981—03—31/美国	1982—07—06	Hayakawa Rubber Co. Ltd., JP	Fujii, Toshihiro | Yokota, Sekiji	再生丁基橡胶	主体为再生丁基橡胶（活性物质），与湿混凝土或水泥砂浆反应结合为一整体
8	US2002219107A	2002—08—15/美国	2005—05—31	W. R. Grace & Co. Conn., Columbia, MD, US	Durning, Timothy A. | Roberts, Lawrence R. | Berke, Neal S.	不详	片材为：交叉层压聚乙烯；胶粘剂包括：丁橡胶胶粘剂、聚异丁烯基胶粘剂、丙烯酸基黏合剂、苯乙烯基醚胶粘剂、苯乙烯—异戊二烯—苯乙烯基胶粘剂、苯乙烯—丁烯—苯乙烯基胶粘剂、和苯乙烯—丁二烯—苯乙烯基胶粘剂。反应黏结机理：胶粘剂与水泥砂浆中水进行水化反应

续表

序号	申请号	申请日期/申请国家	公开日期	专利权人/申请人	发明人	活性物质/功能性助剂	关键内容
9	US2007806346A	2007—05—31/美国	2010—07—20	Kaneka Corporation, Osaka, JP | Kaneka Texas Corporation, Pasadena, TX, US	Kawakami, Atsushi | Nakamura, Seigo	硅基	涉及一种防水胶结料的配方：含有反应性硅基的聚氧化烯聚合物，热塑性聚烯烃，增粘树脂；活性成分：硅基。反应黏结机理：硅基与基面反应
10	WO2013US24314A	2013—02—01/美国	2013—08—08	DICKENS Carroll Benford, US	DICKENS, Carroll, Benford	硅烷封端的聚合物材料	涉及一种防水胶结料：配方，制备工艺，活性成分：硅烷封端的聚合物材料。反应黏结机理：与基面反应
11	KR2008116734A	2008—11—24/韩国	2010—01—13	KIM EUI YEON	KIM, EUI YEON | KIM, DU YEON | KIM, SUNG HO	二氧化硅	涉及一种反应性防水卷材，主要内容包括卷材结构，胶结料配方，胶结料基材为环氧树脂，活性物质为二氧化硅
12	KR201224249A	2012—03—09/韩国	2012—10—17	JUNG DONG ENGINEERING & CONSTRUCTION CO. LTD. | HALLA CHEMICAL CO. LTD.	BAEK, SU HYUN | KIM, JEONG YUN	甲基丙烯酸甲酯	涉及一种甲基丙烯酸甲酯的反应性树脂组合物防水剂和防水膜；可以与基面反应黏合
13	CA2487188A	2004—11—05/加拿大	2010—04—06	CHEM LINK INC., KALAMAZOO, MI, US	GEORGEAU, PHILIP C. | BALLEMA, JONATHAN H.	反应性甲硅烷基的聚合物	涉及一种反应型防水卷材，胶料为聚合物改性沥青，活性成分为反应性甲硅烷基的聚合物

由表 6-4 可知，在国外专利中，防水卷材应用到反应粘技术的较少，主要申请国为：日本、美国、韩国和加拿大。其中，日本申请数量最多，从 1965 年到 2003 年一共申请了 6 件相关专利，申请人有 OHBAYASHIGUMI 有限公司、ATOM KAGAKU TORYO 株式会社、SHIMIZU KENSETSU KK（清水建设株式会社）、NITSUSHIN KOGYO 株式会社、GRACE W R，JP（格蕾斯日本分公司）和 MITSUBISHI KAGAKU SANSHI CORP。

在这 4 个国家中，日本的相关专利技术最早涉及了反应型防水卷材，为 1965 年申请的氯化丁基橡胶防水卷材（申请号：JP196578740A，公开日期：1975—04—28），其反应黏结机理为：氯化丁基橡胶片材与基层交联反应黏结。1969 年日本又申请了一项专利（申请号：JP196958248A；公开日期：1975—11—18），涉及了一种有胎防水卷材，胶结料为高分子化合物，是通过环氧乙烷反应制备的具有端异氰酸酯基化合物，分子量为 1 000~10 000，含有 2~8 个终端—OH 基，或者为环氧乙烷环氧丙烷有机化合物，反应黏结机理为胶结料与混凝土中水反应形成弹性层。1984 年日本申请的相关专利涉及了一种含改性沥青的防水卷材（申请号：JP1984273358A；公开日期：1986—07—10），内容涉及了胶结料的配方，其中胶结料主要为环氧树脂、改性沥青与水泥的混合物，也是通过胶结料与水泥发生反应而黏结。1990 日本申请了一件主体为橡胶沥青的防水卷材胶结料专利（申请号：JP1990110251A；公开日期：1999—01—13），其可以跟混凝土发生钙离子反应而黏结为一体。21 世纪初，日本申请了一件反应型防水卷材专利（申请号：JP2002519185A；公开日期：2009—12—24），其覆面层为高分子或无机、金属材料。胶结料为橡胶改性沥青或合成高分子胶黏剂，活性物质为胶料上嵌入的二氧化硅或氧化铝颗粒，可与水泥中氢氧化物和水发生反应而黏结为一体。2003 年日本还申请了一件反应型聚氨酯防水层的专利（申请号：JP2003160937A；公开日期：2004—12—24），该防水层通过与基面上的沥青层反应而结合在一起。

美国从 1981 年到 2013 年申请了 4 件相关专利，其中 1981 年日本 Hayakawa 橡胶有限公司（Hayakawa Rubber Co. Ltd.，JP）在美国申请的专利涉及了一种再生丁基橡胶防水卷材（申请号：US1981249554A；公开日期：1982—07—06），该丁基橡胶本身就可以与混凝土或水泥砂浆发生反应黏结为一体。2002 年美国的格蕾斯公司（W. R. Grace & Co. Conn.，Columbia,

MD，US）申请了一件反应型防水卷材（申请号：US2002219107A；公开日期：2005—05—31），其片材（覆面层）为交叉层压聚乙烯材料，胶结料为各种高分子基胶黏剂，包括：丁橡胶胶粘剂、聚异丁烯基胶粘剂、聚异丁烯基胶粘剂、丙烯酸基黏合剂、乙烯基醚基胶粘剂、苯乙烯—异戊二烯—苯乙烯基胶粘剂、苯乙烯—乙烯—丁烯—苯乙烯基胶粘剂和苯乙烯—丁二烯—苯乙烯基胶粘剂。其反应黏结机理为：胶粘剂与水泥砂浆中水进行水合反应而黏结为一体。2007年日本大阪的钟渊化学公司（Kaneka Corporation，Osaka）与美国帕萨迪纳市的得州钟渊化学公司（Kaneka Texas Corporation，Pasadena，TX，US）共同申请了一项专利（申请号：US2007806346A；公开日期：2010—07—20），涉及了一种防水卷材胶结料，该胶结料为含有反应性硅基的聚氧化烯聚合物、热塑性聚烯烃和增粘树脂，其中硅基为活性物质，可与混凝土基面发生化学反应而黏结为一体。美国最近的一件专利为2013年申请，涉及了一种防水卷材胶结料（申请号：WO2013US24314A；公开日期：2013—08—08），内容包括配方和制备工艺。其中活性成分为硅烷封端的聚合物材料，其可与基面发生反应而黏结为一体。

韩国的专利申请时间比较近，2008年和2012年各申请了一件，2008年的专利涉及了一种反应型防水卷材（申请号：KR2008116734A；公开日期：2010—01—13），主要内容包括了卷材结构和胶结料配方，胶结料基料为环氧树脂，活性物质为二氧化硅。2012年的专利（申请号：KR201224249A；公开日期：2012—10—17）涉及了一种甲基丙烯酸甲酯的反应性树脂组合物防水剂和由其组成的防水膜/防水材料，其可与基面反应黏合。

美国的CHEM LINK INC.，KALAMAZOO，MI公司于2004年在加拿大申请了一件专利（申请号：CA2487188A；公开日期：2010—04—06），涉及一种反应型防水卷材，胶料为聚合物改性沥青，活性成分为反应性甲硅烷基的聚合物。

由以上分析可知，国外发展反应粘防水卷材技术的国家较少，类型也不统一，其中涉及丁基橡胶、环氧树脂、甲基丙烯酸甲酯类和其他聚合物材料高分子防水卷材、橡胶改性沥青类防水卷材及聚氨酯类防水材料。涉及的能与基面起化学反应的活性物质主要有硅基（包括二氧化硅、硅烷类）、丁基橡胶/氯化丁基橡胶、橡胶改性沥青/橡胶沥青胶粘剂（可能含有其他活性物质）、聚氨酯、甲基丙烯酸甲酯和含有—OH 基的环氧树脂。

由此也看出，除了日本和美国的早期探索外，其他专利均在 21 世纪后才开始陆续申请，这说明反应粘防水卷材是一项新兴技术，国外也还在探索当中，目前还没有一个明确发展方向。

4. 国外自粘防水卷材专利分析

检索及分析数据范围为：自粘防水卷材或相近自粘防水片材专利文献数据，包括反应粘防水卷材专利文献，检索分析国外与水泥或与混凝土等建筑基面黏结的自粘防水卷材共 320 条专利数据。

（1）申请趋势及地域分布

国外自粘防水卷材领域从 1951 年开始出现第一件专利申请，然后经历了一个逐步稳健的发展过程，到 21 世纪开始蓬勃发展，日益成熟和热门，说明该技术在应用和市场上都有了较大的空间，日后的发展前景不可小觑。

从地域分布来看，国外一共 20 个国家或组织申请了自粘防水卷材相关专利，表 6-5 列出全部国家或组织的专利申请情况，表 6-4 列出了申请量前 9 名（申请量 ≥ 3）的国家或组织申请情况。我们看出韩国、日本两个国家申请最为积极，分别共申请了 98 和 89 件，分别占全部国外申请总量的 30.63% 和 27.81%，占据第一、第二名；紧随其后的第三名为美国，申请了 36 件，占总量的 11.25%；第四名为欧洲专利局，申请量为 22 件，占总量 6.88%；加拿大的申请量只比欧洲专利局少一件，占到总量的 6.56%；其后较多的还有英国、德国，分别申请了 16 和 15 件，占总量的 5% 和 4.69%。再之后的国家或组织申请量都相对较少，多数为 1~2 件。

表 6-5　国外自粘防水卷材申请国家分布情况表

序号	申请国家 / 地区	专利件数	占总数百分比
1	韩国 /KR	98	30.63%
2	日本 /JP	89	27.81%
3	美国 /US	36	11.25%
4	欧洲专利局 /EP	22	6.88%
5	加拿大 /CA	21	6.56%
6	英国 /GB	16	5.00%

续表

序号	申请国家/地区	专利件数	占总数百分比
7	德国 /DE	15	4.69%
8	世界知识产权组织 /WO	4	1.25%
9	西班牙 /ES	3	0.94%
10	澳大利亚 /AU	2	0.63%
11	捷克 /CS	2	0.63%
12	法国 /FR	2	0.63%
13	意大利 /IT	2	0.63%
14	台湾 /TW	2	0.63%
15	巴西 /BR	1	0.31%
16	丹麦 /DK	1	0.31%
17	墨西哥 /MX	1	0.31%
18	瑞典 /SE	1	0.31%
19	苏联（俄罗斯）/SU	1	0.31%
20	南非 /ZA	1	0.31%

由表 6-5 我们可以看出，国外的自粘防水卷材技术研究，集中度比较高，亚洲的韩国和日本的专利申请之和占了总数的 58.44%，共 187 件，超过了一半的量。再回想下中国的自粘防水卷材专利申请量达到了 366 件，这样整个亚洲的申请量就占据了全球的相当大比例。说明了亚洲对自粘防水卷材的研究热情非常高。

北美洲的研究热度也不小，共 58 件，其中美国与加拿大两个国家的总量达到 57 件，占总量的 17.8%。值得一提的是，欧洲的总量虽然达到 65 件，但是分布相对较分散，除了欧专局、英国和德国为 15 件以上外，其余国家都申请量很少，仅为 1~3 件不等。

（2）发明人分析

表 6-6 表达了国外自粘防水卷材主要发明人名单及其所属机构和国家情况，我们看到，专利数≤3 的发明人共 25 人，其中，11 人属于日本，共 47 件专利；11 人属于韩国，共 47 件专利；1 人英国，1 人加拿大，1 人美国，各参与 3 件专利的发明创造。

表 6-6　国外自粘防水卷材排名前 25 名（专利数 ≥ 3）发明人信息表

序号	发明人名称	专利数	所属机构	所属国家 / 发明人数量
1	IMAI TAKAYOSHI	10	TAJIMA ROOFING CO	日本 / 11 人
2	KOJIMA TORU	9	TAJIMA ROOFING CO LTD	
3	TAJIMA EIICHI	5	TAJIMA ROOFING CO LTD	
4	TAJIMA TSUNEO	4	TAJIMA ROOFING CO LTD	
5	KAMIYA SHINGO	6	MITSUBOSHI KOGYO KK；TOYOBO SPECIALTIES TRADING CO LTD	
6	HIGASHIDA YOSHITAKA	4	MITSUBOSHI BELTING LTD	
7	WAMOTO KENZO	3	MITSUBOSHI BELTING LTD	
8	KANO HIKARI	3	MITSUBOSHI BELTING LTD	
9	KUBO TSUNEO	3	MITSUBOSHI BELTING LTD；HIRONO KAGAKU KOGYO KK	
10	MATSUNO NAOKI	3	UBE IND LTD	
11	HARUBE YUKIO	3	SEKAICHO RUBBER CO LTD	
12	KIM KI CHEL	10	KIM WON JUN；OP INC. kim ki CHEL；	韩国 / 11 人
13	SIM, MAN SEOB	4	KIM WON JUN；OP INC.	
14	KIM, WON JUN	4	KIM WON JUN；OP INC.	
15	KIM, WHA SUN	3	KIM WON JUN；OP INC.	
16	KIM, Du Byung	3	HWA SHIN CO LTD；HWASHIN CO LTD；ROAD SEAL；ROADTEC	
17	MOON, YOUNG KYU	3	HWA SHIN CO LTD；ROAD SEAL；ROADTEC	
18	KIM, DONG WOO	3	BUMMI CONTRUCTION CHEMICAL CO. LTD.；KIM DONG WOO	
19	KIM, DONG SOO	3	KIM DONG SOO；DAECHANG ENG. CO. LTD.	
20	KO, WON JUN	6	WOOAM CONSTRUCTION CO. LTD.；KOREA LAND& HOUSING CORPORATION；DREAM ENC CO LTD；KOSAN ENG CO LTD；SEONGU ENG CO LTD	
21	KWON, YOUNG HWA	5	SAMSUNG CONSTRUCTION CO LTD；KWON YOUNG HWA；SAMSUNG HEAVY IND. CO. LTD.；HEERIM ARCHITECTS & ENGINEERS	
22	LEE, CHOON BAE	3	HANPOL CO LTD；PETRO INDUSTRY CO LTD LEE KYOUNG AH	

续表

序号	发明人名称	专利数	所属机构	所属国家/发明人数量
23	Cooper, Gregory Richard	3	COAL IND PATENTS LTD	英国/1人
24	GEISEN, PIERRE	3	SOCIETE SOPREMA S.A.（SOPREMA SA）；SOPREMA S.A.	加拿大/1人
25	Wiercinski, Robert A.	3	W.R GRACE & CO	美国/1人

从表 6-6 可以看到，日本的 TAJIMA ROOFING CO（日本田岛绿福株式会社）发明人的实力最强，4 个发明人共参与发明 28 件专利，其中，发明人 IMAI TAKAYOSHI 最多，达到 10 件；KOJIMA TORU 也不示弱，紧随其后，达到 9 件；另外还有 TAJIMA EIICHI、TAJIMA TSUNEO 分别参与发明创造 5 件和 4 件专利。其次日本的 MITSUBOSHI BELTING LTD（三星机带株式会社）发明人实力也较强，其中，4 个发明人的自粘防水卷材专利都大于 3 件，分别是 HIGASHIDA YOSHITAKA、WAMOTO KENZO、KANO HIKARI 和 KUBO TSUNEO。日本还有 KAMIYA SHINGO 参与 6 件专利发明，他同时以 MITSUBOSHI KOGYO KK 和 TOYOBO SPECIALTIES TRADING CO LTD 两个公司的名字为申请人都申请了专利。UBE IND LTD 公司的 MATSUNO NAOKI 及 SEKAICHO RUBBER CO LTD 公司的 HARUBE YUKIO 也申请了 3 件专利。

韩国发明人实力最强的公司是 KIM WON JUN 与 OP INC，4 个发明人的发明量为 21 件，其中，发明人 KIM KI CHEL 与日本的 IMAI TAKAYOSHI 发明量持平，均为最多量 10 件。韩国的 HWA SHIN CO LTD、HWASHIN CO LTD、ROAD SEAL 与 ROADTEC 之间有合作关系，其共同的发明人 KIM, Du Byung 与 MOON, YOUNG KYU 各有 3 件发明。另外，KO, WON JUN 独自一人有 6 件发明量，但其所属机构较复杂，先后以 5 个不同申请人申请了专利。

值得一提的是美国的 W.R GRACE & CO（格蕾斯公司），由之前的申请人分析知道，其拥有的专利数量为国外首位（16 件），但是发明人的实力并不突出，发明量达到 3 件的只有 Wiercinski, Robert A.1 人，这可能是因为 W.R

GRACE & CO（格蕾斯公司）在全球分公司分布较多，技术研究人员较多，但是各自发明量较少，总数还是较多的缘故。

综上，我们可以知道，国外自粘防水卷材发明人研发实力较强的国家有韩国和日本，研发实力较强的机构有日本的 TAJIMA ROOFING CO（日本田岛绿福株式会社）、MITSUBOSHI BELTING LTD（三星机带株式会社），及韩国的 KIM WON JUN 与 OP INC。结合国外自粘防水卷材申请人分析，研发实力较强的还有美国格蕾斯公司（W.R GRACE & CO）和（GRACE W R & CO）。发明人方面，日本 TAJIMA ROOFING CO 的 IMAI TAKAYOSHI 与 KOJIMA TORU，以及韩国 KIM WON JUN、OP INC 或 kim ki CHEL 公司的 KIM KI CHEL 技术研发最为积极，可以考虑从这两人的研发动态去关注其所属公司的研发方向，如有需要也可以考虑通过一些途径引进人才或寻求合作。

五、专利信息运用效果

第一，针对课题的研发需求，进行建筑混凝土用防水卷材专利信息收集和分析，据此提出了系列专利申请点、布局和研发建议。

第二，根据专利分析报告的分析结果，组织公司研发人员开展技术攻关，积极向广西生产力促进中心及专利代理机构咨询，并结合企业现状及现有技术、产品结构申请相关专利。在项目实施期间新申请发明专利 8 件，实用新型专利 3 件。

第三，以检索到的专利文献为数据基础，结合企业需要及研发人员操作特点，建立了一个涵盖中国、美国、日本、英国、法国、德国、加拿大、瑞士、俄罗斯、欧洲专利局及世界知识产权组织等多个国家和地区的建筑混凝土用防水卷材专利数据库，并已导入国家知识产权局在线专利分析信息系统中。企业可通过该数据库了解到目前国内外在反应粘防水卷材及自粘防水卷材方面相关专利的申请情况和发展趋势，以及技术方案，充分了解当今反应粘和自粘防水卷材的制备工艺、结构、胶结料配方和功效等技术热点，进而有效指导企业技术研发方向和产品结构优化及新产品开发。

第四，将核心技术 CPS 反应进行粘技术多层面多角度关联化应用，利用

CPS技术开发新产品，建立配套施工工艺，以及辅助技术的形成。成功开发出CPS节点防水密封膏防水产品及相应的施工方法；在施工工艺上开发出道桥防水施工方法和反应粘防水卷材铺贴防水施工方法；在产品宣传及推广中，开发出防水施工展示架和展示台。并且都已进行相关专利申请。

六、对广西新型绿色建材产品科技创新的建议和启示

反应粘防水卷材是广西新型绿色建材产品中的典型代表，由反应粘防水卷材的专利分析方法、过程与结果，同样可以给广西其它新型绿色建材产品，如：新型混凝土、节能墙体材料、建筑涂料等在知识产品保护方面的建议和启示：

第一，注重核心技术的保护，对可能涉及的核心技术的关键内容，抢先申请专利保护起来。

第二，在专利布局保护策略上采取"点+面"的形式，形成专利围墙，防止被侵权，圈占技术领地。在核心技术方案基础上，对具有共性的领域研发新的技术方案，对可能出现的情况，尽量考虑周全，形成一个核心技术包围圈。

第三，合理利用失效专利，在挖掘失效专利的基础上，分析其利用价值和利用策略，同时注意避免侵犯其他知识产权。

第四，对于共性技术，可以借鉴他人先进技术，可考虑从竞争对手及发明人中，通过引进人才或交叉许可或共建研发团队等方式寻求合作，实现共赢。

第五，在专利申请技巧方面，可以采取实用新型和发明专利同时申请的策略，抢占申请时机，先行保护技术，再权衡择一取舍。

第七章

电动汽车整车控制器专利技术分析

一、案例简介

ST 公司是广西汽车及零部件生产研发龙头企业，是中国汽车工程学会振动噪声分会副主任委员单位、广西汽车零部件产业技术创新联盟理事长单位，ST 公司拥有国家认定的企业技术中心、经国家人事部批准成立的"企业博士后科研工作站"，是千亿元产业广西乘用汽车研发中心、广西微小型汽车工程技术研究中心，也是第二批广西企事业知识产权示范创建单位。在本案例中，ST 公司结合公司在汽车产业中的优势产品及企业战略定位，系统开展专利信息运用与专利风险预警预控工作，为企业专利战略提供全方位的信息保障，同时提升专利产品的核心竞争力，提高企业经济效益。其专利信息运用特点在于：

第一，在对企业专利信息运用现状及存在问题开展深入调查研究的基础上，明确企业专利信息运用的目标，制定切实可行的企业专利信息运用推动方案，提出了具体的实施策略、计划和方法。

第二，找出了 ST 公司专利风险源的分布，并探索其风险传导机理，绘制了电动汽车整车控制器的专利风险源地图。

第三，建立企业专利信息应用长效工作机制，进一步创新专利体制和机制，建设了重点产品专利运用基础服务平台，建立服务链条完整的一体化专利运用服务体系。

第四，将研究内容应用到企业新技术和新产品研发流程当中，并完成一份电动汽车整车控制器专利分析报告，为企业顺利开展专利信息运用，开发新能源汽车产品打好基础。

二、案例背景

电动汽车是指全部或部分以车载电源为动力源，依靠电机驱动车辆行驶，符合道路交通法规等要求的车辆。可以以多种形式给电动汽车提供电能，如公共电网、专用电网和储电装置（包括蓄电池、燃料电池和太阳能电池等）。电动汽车主要包括混合动力汽车（HEV）、纯电动汽车（PEV）和燃料电池汽车（FCEV）等类型。

目前，电动汽车上电子设备日趋增多，控制系统越来越复杂，先进的整车控制结构对于确保车辆安全可靠行驶及提高各控制系统之间数据传递效率具有重要意义。整车控制器如同电动汽车的大脑，指挥各个系统协调工作，在整车动力性、驾驶舒适性及续驶里程之间取得最佳的平衡。整车控制器最主要的功能是进行整车动力系统的控制，整车驱动控制策略负责整车动力输出控制，是纯电动车的核心内容。

电动汽车整车控制系统主要由整车控制器、加速踏板、制动踏板、整车通信网络及液晶显示单元等组成；控制策略通过分析整车控制需求，根据驾驶员操纵意图，决定车辆的运行模式，依据电机的输出特性，分为恒转矩控制和恒功率控制，在加速踏板开度变化时，以车辆驾驶舒适性为性能指标，设计整车驱动控制策略，实现车速平滑变化并且满足驾驶员的驾驶感受。

电动汽车整车控制器及控制策略的主要关键技术有：

第一，车辆的行驶控制技术。协调电动汽车各个分系统正常工作，这是整车控制器最基本的功能。整车控制器根据司机的驾驶意图和车辆实时状态按照设定的控制程序向相关电控单元发送控制信号。例如，当驾驶员踩下加速踏板时，整车控制器向电机控制单元发送电机输出转矩信号，电机控制系统控制电机按照驾驶员的意图输出扭矩。

第二，车辆运行状态管理。实时监测车辆的状态可以使驾驶员准确了解车辆行驶状态。整车控制器直接或者通过CAN总线通信获得车速、电池剩余电量、电机转速、电流等车辆运行数据，将这些数据通过液晶显示单元进行显示，便于驾驶员准确掌握车辆整体运行状况，完成相应操作。

第三，整车通信网络管理技术。纯电动汽车整车通信网络是基于CAN总线技术的通信网络，具有多个主节点，整车控制器作为车载网络的主节点，负责对网络状态的监管和对信息优先权的动态分配，对车载网络的正常运行具有重要意义。

第四，制动能量回馈控制。纯电动汽车的电机可以工作在再生制动状态，对制动能量进行回收利用是纯电动汽车和传统能源汽车的重要区别。整车控制器根据行驶速度、驾驶员制动意图和电池组状态进行综合判断后，对制动能量回馈进行控制。如果达到回收制动能量的条件，整车控制器向电机控制单元发送控制指令，使电机工作在发电状态，将部分制动能量储存在动力电池组中，提高车辆能量利用效率。

第五，故障检测与诊断。整车控制器对整车运行状态进行实时监控，发生故障时及时报警、采取安全措施并发送错误代码，确保车辆安全行驶。

第六，整车能量优化管理。纯电动汽车有很多用电设备，包括电机和空调设备等。整车控制器可以对能量进行合理优化来提高纯电动汽车的续驶里程。例如当动力电池组电量较低时，整车控制器发送控制指令关闭部分起辅助作用的电气设备，将电能优先保证车辆的安全行驶。

第七，汽车应急保护技术。按照出现故障的类别对整车进行保护，紧急情况下可以采取必要措施进行安全保护，以防止极端情况的发生。为了保证整车控制器实现整车控制系统定义的各项功能，确保电动汽车在各种恶劣行驶条件下能够正常工作，整车控制器必须具备能够快速准确采集信息并进行分析计算能力。在整车控制器研发过程中必须满足一定的技术指标，主要包括：能够按照整车控制策略，向控制单元发送指令，确保车辆安全行驶；能够准确迅速处理相关数据，存储能力强，易于扩展；电磁兼容性好，抗干扰能力强，能够适应恶劣的行驶环境等。

国外电动汽车整车控制器技术趋于成熟，各大汽车电子零部件企业及设计公司在电动汽车领域经验充足，都在积极开展整车控制器研发和生产制造，控制策略成熟度高，整车节油效果良好，控制器产品都通过了可靠性测试。

国内随着电动汽车的迅速发展，涌现了很多电动汽车研究机构和企业，高校以清华大学、北京理工大学、吉林大学、合肥工业大学等，企业以一汽、上汽、奇瑞、江淮、吉利等为代表对整车控制系统进行了研发，目前已初步掌握了整车控制器的软、硬件开发技术；产品功能较为完备，基本可以满足电动汽车需求，已经应用到样车及小批量产品上。

纯电动汽车具有良好的发展前景，从我国电动汽车整车控制器研发制造企业所处环境来看，通过加快人才集聚、培养和加大科技研发投入，在再生制动、电池充放电控制、起停控制、电源技术、电机/发电机控制和高压安全管理等技术上奋起直追，突破国外技术设置的知识产权屏障，在专利、标准化及高新技术等方面缩小与国际巨头的差距，对于提高我国纯电动汽车产业的核心竞争力具有重要意义。

三、专利信息获取

通过前期调研，制作了检索要素表，内环检索要素表如表 7-1 所示，外环检索要素表如表 7-2 所示，并根据分析需要分别制定了内环和外环检索策略，检索从 1985 年 1 月至 2013 年 10 月的数据，其中内环数据 2604 条，外环数据 9785 条。

表 7-1　电动汽车整车控制器内环检索要素

	检索要素 1	检索要素 2	
中文	整车控制、VCU、HCU、VMS、整车 * 控制、中央控制、集成控制、动力 * 控制	纯电动汽车、电动汽车	混合动力汽车
英文	vehicle control、entire car controller、entire automobile controller、main controller、Vehicle Controller、vehicle management Syetem、powertrain controller、Hybrid Control Unit（HCU）、Vehicle Control Unit（VCU）、Entire automobile controller、Whole vehicle control system、Entire vehicle control method、integrated controller	electric vehicle（EV）electrical vehicle electric automobile electrical automobile electric car Electrical car	mixed power vehicle hybrid vehicle hybrid car Hybrid eclectic vehicle（HEV）hybrid motor vehicle Combined power car mixed power vehicle

续表

	检索要素 1	检索要素 2	
IPC 分类	B60R16%+G05B19%+G05B23%	B60L11%+ B60L15%+ B60L3%+ B60L7%	B60K41%+ B60K6%+ B60W%

表 7-2　电动汽车整车控制器外环检索要素

	检索要素 1	检索要素 2	
中文	控制器、控制系统、控制方法、控制策略、控制装置、控制设备、控制单元	纯电动汽车、电动汽车	混合动力汽车
英文	controller、Control Unit、controlling、control method、control apparatus、Control device、Control System、control strategy	electric vehicle（EV） electrical vehicle electric automobile electrical automobile electric car Electrical car	mixed power vehicle hybrid vehicle hybrid car Hybrid eclectic vehicle（HEV） hybrid motor vehicle Combined power car mixed power vehicle
IPC 分类	B60R16%+G05B19%+G05B23%	B60L11%+ B60L15%+ B60L3%+ B60L7%	B60K41%+ B60K6%+ B60W%

四、专利信息分析

本案例主要对国内外电动汽车整车控制器专利申请、国内外电动汽车整车控制器专利主要申请人、电动汽车整车控制器专项、电动汽车整车控制器专利技术发展脉络与重点专利技术进行了分析。

（一）国内外电动汽车整车控制器专利申请分析

1. 国内电动汽车整车控制器专利申请分析

为了详细了解国内电动汽车整车控制器专利历年申请状况、产出及发展趋势、技术构成、研发实力、研发热点和重点，对检索到的专利数据进行统计分析，主要通过以下几个方面：整车控制器专利申请趋势、主要申请人、申请类型及主要 IPC 技术构成。

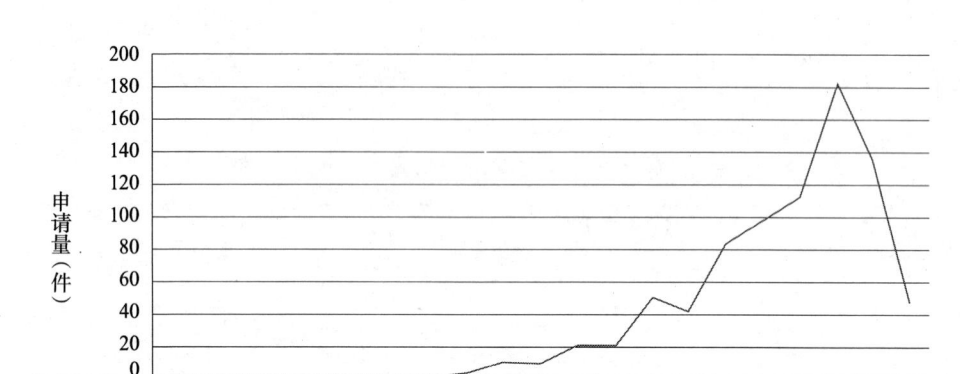

(1)申请趋势(见图7-1)

年份	1992	1993	1994	1995	1996	1997	1998	1999	2000	2002	2003	2004	2005	2006	2007	2008	2009	2010	2011	2012	2013
国内申请量	1	0	0	0	0	0	0	1	2	2	11	10	21	21	50	42	84	99	112	182	134	47

图7-1 国内整车控制器专利申请趋势

从申请趋势来看，1992年到1998年，我国在电动汽车整车控制器技术上还处于探索阶段，参与电动汽车整车控制器研发的技术人员较少，国家也未出台有关电动汽车整车控制器方面的激励政策，因此，电动汽车整车控制器专利的年申请数量较少；1999—2005年，国家加大对新能源汽车产业的扶持力度，旨在研制具有自主知识产权和核心技术的新能源汽车，与其配套的电动汽车整车控制器技术的研究开始投入，参与研发人员逐步增加，电动汽车整车控制器技术得到了初步发展，专利申请量稳步增长；从2006年到2012年，国家相继出台了汽车工业"十一五"发展规划和汽车工业"十二五"规划，提出了"三纵三横"的发展战略，以燃料电池汽车和混合动力电动汽车、纯电动汽车三种车型为"三纵"，整车控制系统、驱动电机及其控制系统、动力蓄电池及其管理系统三种共性技术为"三横"，促使我国有关电动汽车整车控制器的研究进入快速发展期，研发人员大量介入，2011年电动汽车整车控制器专利申请量已突破182件。

(2)主要申请人

通过主要专利申请人分析，了解我国电动汽车整车控制器领域的主要专利申请人及其技术研发实力，通过主要专利申请人统计分析，可以得知当前竞争申请人状况和意图进入电动汽车整车控制器领域的潜在竞争申请人，如图7-2所示。

申请人	申请量（件）
丰田自动车株式会社	134
奇瑞汽车股份有限公司	75
重庆长安汽车股份有限公司	40
浙江吉利控股集团有限公司	34
本田技研工业株式会社	33
日产自动车株式会社	21
天津市松正电动科技有限公司	18
清华大学	17
爱信艾达株式会社	14
株式会社电装	11
北京智行鸿远汽车技术有限公司	11
上海汽车集团股份有限公司	10
湖南南车时代电动汽车股份有限公司	10
比亚迪股份有限公司	9
北汽福田汽车股份有限公司	9

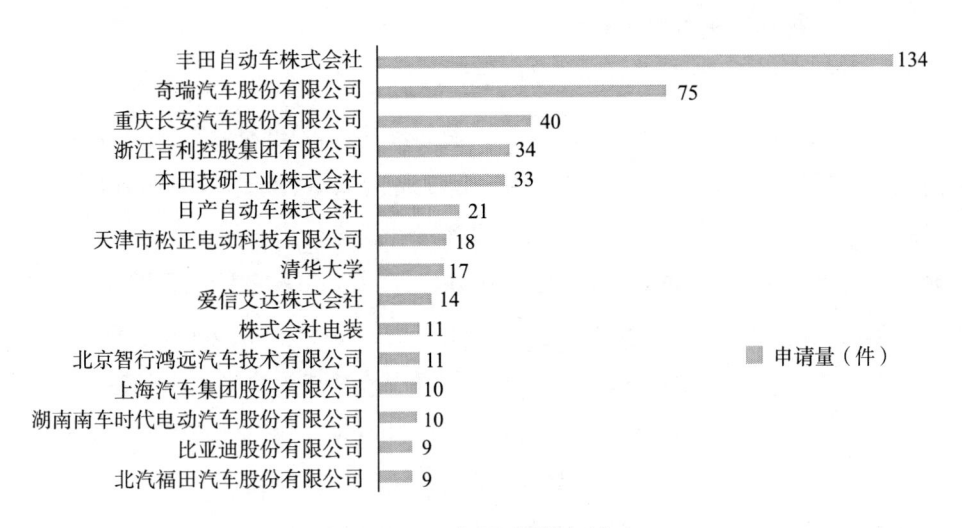

图 7-2 主要专利申请人

由图 7-2 可以得知，丰田自动车株式会社递交有 134 项专利申请，申请量排名第一位，说明丰田在电动汽车整车控制器相关技术领域的研发投入较大，研发人员实力较强，且丰田有意图在我国实施电动汽车整车控制器领域的专利布局；奇瑞汽车股份有限公司递交有 75 项专利申请，申请量排名第二位，说明奇瑞在我国汽车研发制造企业中对电动汽车整车控制器相关技术领域已有一定的研发投入，专利成果产出较多，其涉足电动汽车整车控制器领域的专利布局意图明显（2009 年 1 月，奇瑞混合动力车 A5 上市，2009 年 2 月，奇瑞纯电动汽车 S18、瑞麒 M1-EV 下线）；重庆长安汽车股份有限公司递交有 40 项专利申请，申请量排名第三位，说明长安涉足新能源汽车领域的步伐也比较快，长安利用自身平台优势，自主研发的混合动力车杰勋 HEV 于 2009 年 6 月上市，奔奔 Love 纯电动车于 2009 年 12 月上市，奔奔 Mini 纯电动车于 2010 年 2 月上市，长安 CX30 纯电动车于 2010 年 5 月上市；浙江吉利控股集团有限公司递交有 34 项专利申请，申请量排名第四位，吉利汽车涉足新能源领域也比较早，在电动汽车整车控制器领域已具有一定的研发实力，日前吉利宣布收购英国电动车制造商 Emerald Automotive（绿宝石汽车）公司，彰显吉利投入新能源汽车领域的决心；本田技研工业递交有 33 项专利申请，排名第五位，本田利用自身优势正加紧实施在我国的专利布局战略，从申请量上可以看出，本田对电动汽车整车控制器领域也比较重视。

(3) 主要 IPC 技术构成分析

为了进一步了解国内电动汽车整车控制器专利申请的技术领域分布和研发集中区域，对国内电动汽车整车控制器专利申请的 IPC 构成进行分析。国内电动汽车整车控制器专利申请主要分布在 B、F、H、G 部，其中 B 部为技术的集中分布区，数量为 2000 件。对 B 部按小类进行进一步划分，主要集中在以下几类：B60W、B60L、B60K 和 B60R，其中 B60W（专门适用于混合动力车辆的控制系统）专利申请占总量的 58%；B60L（电动车辆动力装置）专利申请占总量的 19%；B60K（车辆动力装置或传动装置的布置或安装）专利申请占总量的 15%；B60R（不包含在其他类目中的车辆、车辆配件或车辆部件）专利申请占总量的 8%，为主要技术研发的集中区。

为了分析国内电动汽车整车控制器专利申请的重点研究领域，对 IPC 进行进一步划分，选取专利申请中小组排名前 10 的分类号进行统计，如图 7-3 所示，从图中可以看出，国内电动汽车整车控制器专利申请主要集中在 B60W20/00 小组（221 件专利申请）、B60W10/08 小组（155 件专利申请）和 B60W10/06 小组（144 件申请），即"专门适用于混合动力车辆的控制系统""电动力单元的控制"和"包括内燃机的控制"技术领域。

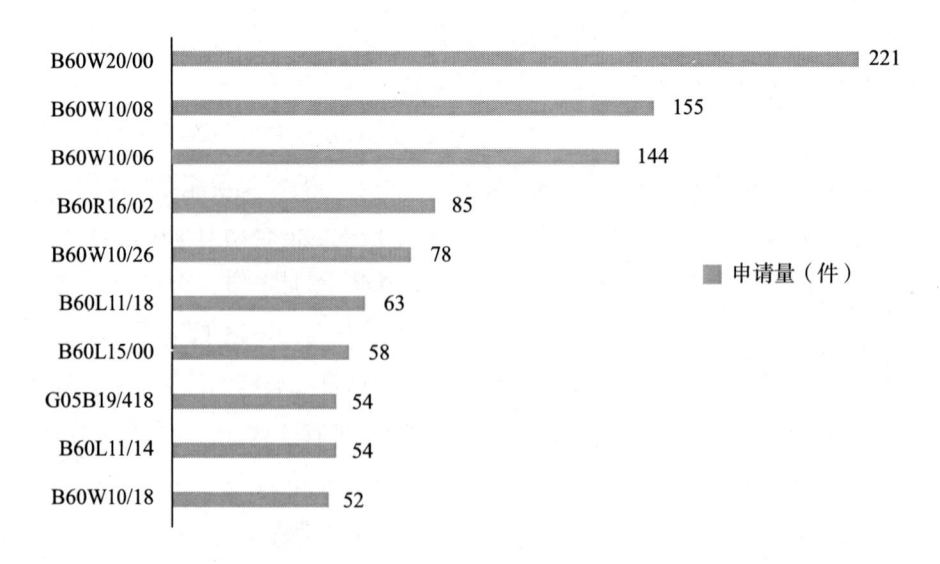

IPC 小组	申请量（件）
B60W20/00	221
B60W10/08	155
B60W10/06	144
B60R16/02	85
B60W10/26	78
B60L11/18	63
B60L15/00	58
G05B19/418	54
B60L11/14	54
B60W10/18	52

图 7-3　电动汽车整车控制器专利申请的 IPC 小组构成

2. 国外电动汽车整车控制器专利申请分析

（1）申请趋势

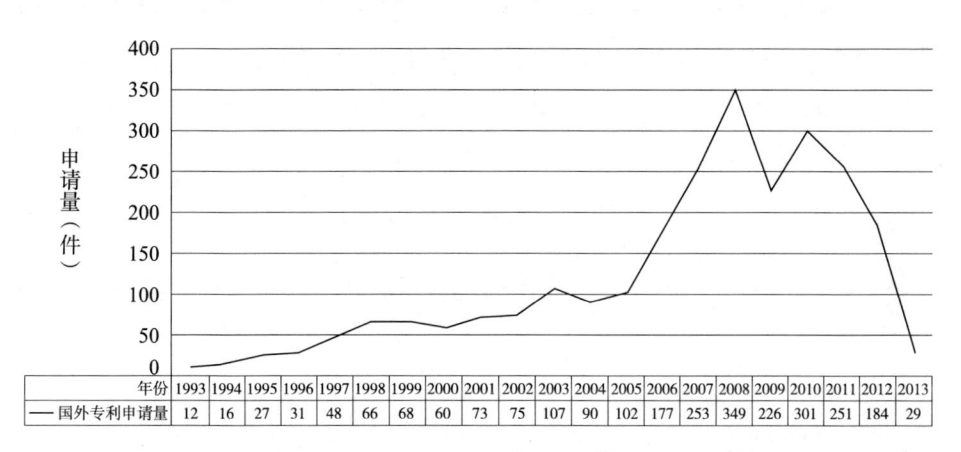

年份	1993	1994	1995	1996	1997	1998	1999	2000	2001	2002	2003	2004	2005	2006	2007	2008	2009	2010	2011	2012	2013
国外专利申请量	12	16	27	31	48	66	68	60	73	75	107	90	102	177	253	349	226	301	251	184	29

图 7-4　国外电动汽车整车控制器专利申请趋势

由图 7-4 可知，从 1993 年到 2000 年，国外在电动汽车整车控制器技术上的研究还处于萌芽阶段，相关专利申请稳步增长，从 1993 年的 12 件年申请量增长至 2000 年的 60 件年申请量；从 2001 年到 2008 年，国外相继出台新能源汽车相关扶持政策，电动汽车整车控制器技术的研发力度增强，参与研发人员逐步增加，专利年申请量迅速增长，至 2008 年专利年申请量已达 349 件；从 2009 年到 2012 年，国外电动汽车整车控制器相关技术已经趋于成熟，专利年申请量小幅波动，2012 年的年申请量达 184 件。

（2）专利申请的区域分布状况

由图 7-5 可知，日本产出有关电动汽车整车控制器方面的专利申请量最多（1930 件申请），说明日本在电动汽车整车控制器技术的研发上投入较多，整体实力强于其他国家；中国产出有关电动汽车整车控制器方面的专利申请量居第二位（821 件申请），其中日本企业来华申请 246 件占 30%，说明日本企业对中国市场比较重视，正加快对中国市场的专利战略布局与技术壁垒封锁，中国汽车企业中起步较快的有奇瑞、长安、吉利和上汽等公司；美国产出有关电动汽车整车控制器方面的专利申请量居第三位（242 件申请）；世界知识产权组织产出有关电动汽车整车控制器方面的专利申请量居第四位（161 件申请）；欧洲产出有关电动汽车整车控制器方面的专利申请量居第五位（76 件申请）；韩国产出有关电动汽车整车控制器方面的专利申请量居第六位（74件申请）；德国产出有关电动汽车整车控制器方面的专利申请量居第七位（51件申请）；法国产出有关电动汽车整车控制器方面的专利申请量居第八位（17件申请）；英国产出有关电动汽车整车控制器方面的专利申请量居第九位（14件申请）；其他国家共计产出36件专利申请。上述申请量同时也反映对某一个国家市场的重视程度。

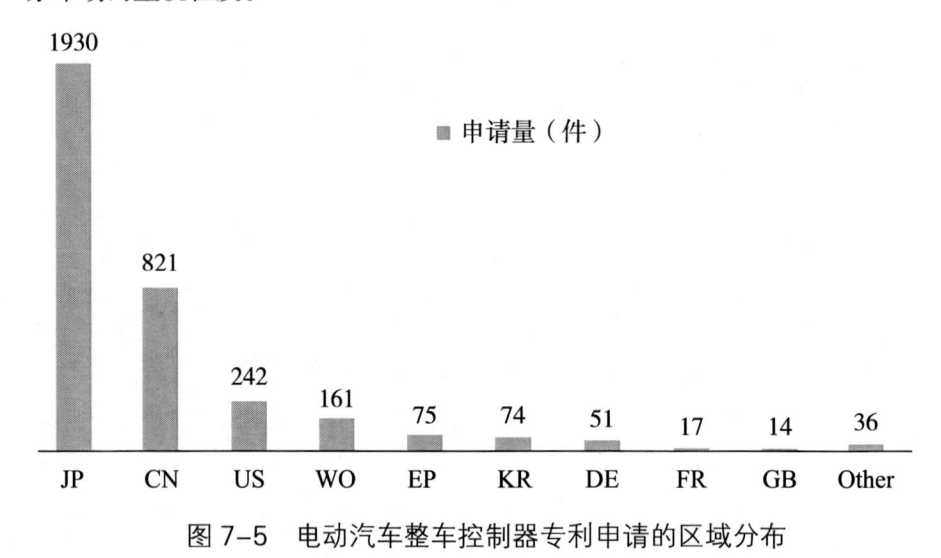

国家/地区	申请量（件）
JP	1930
CN	821
US	242
WO	161
EP	75
KR	74
DE	51
FR	17
GB	14
Other	36

图 7-5 电动汽车整车控制器专利申请的区域分布

（3）主要专利申请人

从图 7-6 可以看出，丰田递交有1122项相关专利申请，排名第一位，申请量大幅领先于其他申请人，说明丰田在电动汽车整车控制器领域有相当强的技术研发实力，我国汽车研发制造企业可以对丰田的相关专利申请进行技术跟踪，掌握其研发新动向及认清热点饱和领域，有利于避免重复研究、规避雷同方案和打破技术封锁；日产（NISSAN MOTOR）递交有269项相关专利申请，排名第二位，日产在电动汽车整车控制器领域也有着自己的"领地"，说明日产在该领域对研发自身核心技术比较重视，研发投入较多，日产在中国已有技术布局意图，其动向值得我国汽车企业的关注；本田（HONDA MOTOR COLTD）递交有151项专利申请，排名第三位，本田在我国正在实施相关专利技术布局，意图分享我国新能源盛宴；东芝（TOSHIBA CORP）递交有125项专利申请，排名第四位，东芝汽车配件公司为从日益增加的绿色汽车需求中获益，正加快相关领域的技术研发及布局，我国汽车企业应对其意图引起重视；三菱（MITSUBISHI MOTORS CORP）递交有114项专利申请，排名第五位，三菱在我国已有多款新能源汽车上市，其主要意图在我国实行产品输出，还未实施技术布局与技术输出；日立（HITACHI LTD）递交有105项专利申请，排名第六位；株式会社电装（DENSO CORP）递交有77项专利申请，排名第七位；富士（FUJI ELECTRIC CO LTD）递交有77项专利申请，排名第八位；爱信艾达（AISIN AW CO LTD）递交有49项专利申请，排名第九位；现代（HYUNDAI MOTOR COMPANY）递交有43项专利申请，排名第十位；福特（FORD MOTOR CO）递交有42项专利申请，排名第十一位；马自达（MAZDA MOTOR CO）递交有37项专利申请，排名第十二位；标志（PEUGEOT CITROEN AUTOMOBILES）递交有24项专利申请，排名第十三位；铃木（SUZUKI MOTOR CORP）递交有24项专利申请，排名第十四位；罗伯特博世（ROBERT BOSCH GMBH）递交有17项专利申请，排名第十五位。整体上看，日本企业对新能源汽车较其他国家重视，其研发实力也较强，我国汽车企业需要对日本车企的研究热点、饱和领域和新动向进行关注，间接提升自身实力。

申请人	申请量（件）
TOYOTA MOTOR CORP	1122
NISSAN MOTOR	269
HONDA MOTOR CO LTD	151
TOSHIBA CORP	125
MITSUBISHI MOTORS CORP	114
HITACHI LTD	105
DENSO CORP	77
FUJI ELECTRIC COLTD	77
AISINAW CO LTD	49
HYUNDAI MOTOR COMPANY	43
FORDMOTOR CO	42
MAZDA MOTOR CORP	37
PEUGEOT CITROEN AUTOMOBILES	24
SUZUKI MOTOR CORP	24
ROBERTBOSCH GMBH	17

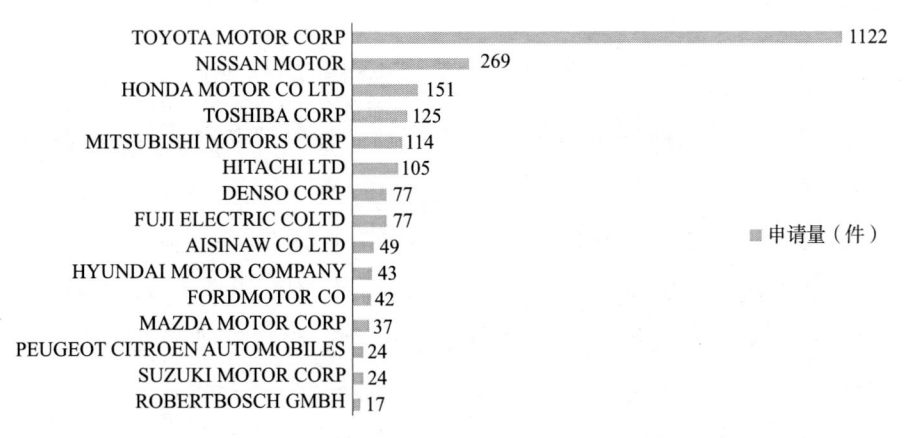

图 7-6　国外电动汽车整车控制器主要专利申请人

（4）主要IPC技术构成分析

国外电动汽车整车控制器专利申请主要分布在B部（作业；运输）、F部（机械工程；照明；加热；武器；爆破）和H部（电学），少量分布在G部（物理）；其中 B 部为技术的集中分布区，数量为 11 672 件次。申请量按 IPC 小类进行划分，主要分布在以下几类：B60W、B60K 和 B60L，其中 B60W（专门适用于混合动力车辆的控制系统）专利申请量占总量的 35%；B60K（车辆动力装置或传动装置的布置或安装）专利申请量占总量的 24%；B60L（电动车辆动力装置）专利申请量占总量的 23%，为主要技术研发的集中区。

为了分析国外电动汽车整车控制器专利申请的重点研究领域，对 IPC 进行进一步划分，选取专利申请中小组排名前十的分类号进行统计，如图 7-7 所示。

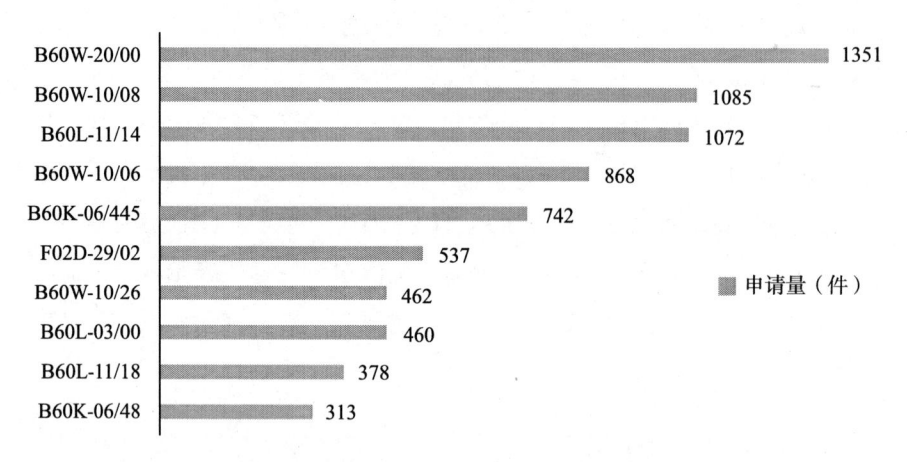

分类号	申请量（件）
B60W-20/00	1351
B60W-10/08	1085
B60L-11/14	1072
B60W-10/06	868
B60K-06/445	742
F02D-29/02	537
B60W-10/26	462
B60L-03/00	460
B60L-11/18	378
B60K-06/48	313

图 7-7　国外电动汽车整车控制器专利申请 IPC 小组前十位

从图 7-7 中可以看出，国外电动汽车整车控制器专利申请主要集中在 B60W-20/00 小组（1351 件次专利申请）、B60W-10/08 小组（1085 件次专利申请）、B60L-11/14 小组（1072 件次专利申请）、B60W-10/06 小组（868 件次专利申请）和 B60K-06/445 小组（742 件次专利申请），即"专门适用于混合动力车辆的控制系统""电动力单元的控制""有机械直接驱动装置的""包括内燃机的控制的"和"差动齿轮装置分配型"技术领域。

（二）国内外电动汽车整车控制器专利主要申请人分析

1. 主要竞争申请人 IPC 技术差异分析

为了了解主要申请人在电动汽车整车控制器领域的研发侧重点，选取国外 5 家、国内 3 家主要申请人进行分析，对申请人的主要 IPC 小组进行统计，如图7-8所示。可以看出丰田公司的专利申请主要集中在B60K6/445小组，即"差动齿轮装置分配型"技术领域，该领域主要涉及混合动力轿车用行星齿轮动力分配装置；日产公司的专利申请主要集中在B60L11/14小组，即"有机械直接驱动装置的"技术领域，该领域主要涉及电动汽车电力牵引驱动；本田公司的专利申请主要集中在B60K6/485小组，即"电动机辅助型"技术领域，该领域主要涉及混合动力汽车电机辅助控制；东芝公司的专利申请主要集中在B60L9/18，即"由直流电源线路供电的"技术领域；三菱公司的专利申请主要集中在B60L3/00，即"电动车辆上安全用电装置"技术领域；奇瑞公司、长安公司和吉利公司的专利申请主要集中在B60W20/00，即"专门适用于混合动力车辆"技术领域。从图中可以看出，日本汽车企业在优势集中领域要大幅领先于我国汽车企业，且日本汽车企业的优势领域并不扎堆，而是各具特色、各有所长，而我国汽车企业的优势集中区目前仅体现在某单一技术领域。

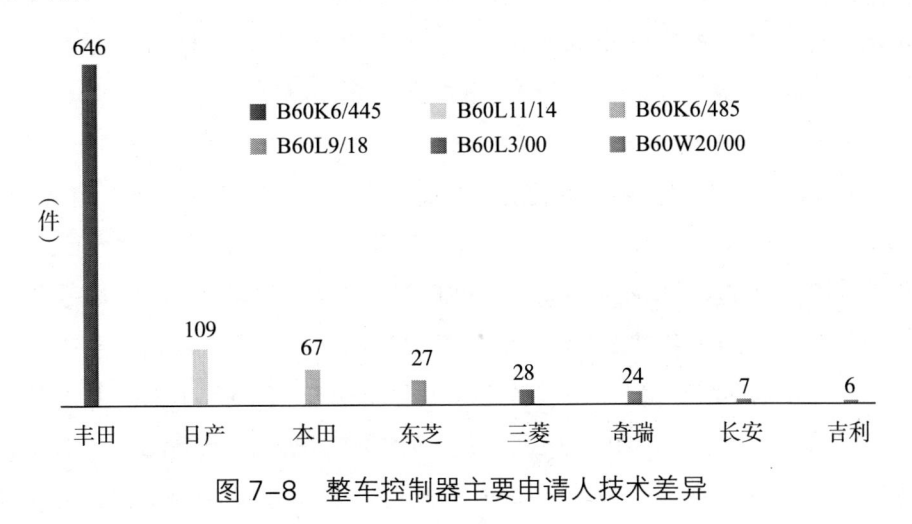

图7-8 整车控制器主要申请人技术差异

2. 丰田自动车株式会社（TOYOTA MOTOR）

丰田汽车公司（日文：豊田自動車株式会社，英文：Toyota Motor Corporation）简称丰田，是一家总部设在日本爱知县丰田市和东京都文京区的汽车工业制造公司，属于三井财阀。丰田是世界十大汽车工业公司之一，日本最大的汽车公司，创立于1933年。通过50年的精心布局，以北美为核心，辐射4个新兴市场的丰田全球发展模式终于让丰田登上了汽车业第一的宝座。

目前丰田已经在全球26个国家建立了52个生产基地,并且依靠以北美为核心,中国、印度、巴西和俄罗斯为重点的全球战略布局。

中国是全球增长最快的汽车市场,自然成为丰田整个全球计划的重中之重。丰田计划到2010年,在中国的市场份额从3%左右上升到10%,以赶上其跨国竞争对手德国大众和美国通用,由此拉开了中国战略调整的序幕。2002年进入中国市场的丰田,目前已是这个全球第二大汽车市场中发展最快的汽车厂商之一了。为了争取更大的市场份额,2007年,丰田将全球最畅销的车型之一卡罗拉投放中国。今年,其合资公司广州丰田将投产畅销欧洲的小型轿车Yaris。丰田在中国上市的混合动力车辆包括普锐斯混合动力汽车和丰田凯美瑞混合动力汽车。

(1)专利申请状况

1993年至2001年期间,丰田公司有关电动汽车整车控制器的专利申请开始起步,但在我国的专利申请量还是零。自2002年起,丰田公司开始在我国申请专利,2002年至2008年期间,丰田公司在我国的专利年申请量快速增长,从2002年的1件年申请量增长到2008年的19件年申请量。丰田公司在国外的年申请量也增长至196件,全球年申请量的总体态势呈快速增长趋势,从2002年的20件增长到2008年的215件年申请量。2009年至2012年期间,丰田公司在我国的专利申请量总体平稳,截至2012年,年专利申请量已达26件。丰田公司在国外的年申请量有小幅波动,2012年保持在90件。在全球的年申请总量从2009年的147件回落至2012年的93件。

丰田在电动汽车整车控制器专利主要分布在B、F、G、H部,其中B部为技术的集中分布区,数量为1086件。申请量按IPC小类进行划分,主要分布在以下几类:B60K、B60W、B60L和B60T,其中B60K(车辆动力装置或传动装置的布置或安装)专利申请量占B部总量的44%;B60W(专门适用于混合动力车辆的控制系统)专利申请量占B部总量的28%;B60L(电动车辆动力装置)专利申请量占B部总量的27%,为主要技术研发的集中区;此外,B60T(车辆制动控制系统或其部件)专利申请量占B部总量的1%。

为了分析丰田的重点研究领域,对IPC进行进一步划分,选取专利申请中小组排名前十的分类号进行统计,可以看出,丰田公司的专利主要集中在

B60K-06/445小组（646件专利申请）、B60L-11/14小组（375件专利申请）、B60W-10/06小组（276件专利申请）和B60W-10/08小组（267件专利申请），即"差动齿轮装置分配型""有机械直接驱动装置的""包括内燃机的控制的"和"包括电动力单元的控制"技术领域。

（2）专利族群布局及市场分析

为了研究丰田在电动汽车整车控制器市场上的专利布局，对丰田电动汽车整车控制器专利的族群布局进行统计分析，同族专利个数越多说明对该专利的保护力度越大，是评价市场核心专利的主要指标。

拥有1—10个同族专利（轻度布局）的情况：丰田的电动汽车整车控制器专利申请中601件具有1个同族专利、249件具有2个同族专利、31件具有3个同族专利、44件具有4个同族专利、27件具有5个同族专利、35件具有6个同族专利、31件具有7个同族专利、45件具有8个同族专利、19件具有9个同族专利及13件具有10个同族专利。

拥有11—16个同族专利（中度布局）的情况：9件具有11个同族专利、5件具有12个同族专利、3件具有13个同族专利、2件具有14个同族专利及3件具有15个同族专利。

拥有16个以上同族专利（重度布局）的情况：1件具有17个同族专利和1件具有20个同族专利（如表7-3所示）。

表7-3　丰田电动汽车整车控制器同族专利排名前十位透视

公开号	专利名称	同族专利数（件）
US20090030568A1	Hybrid Vehicle Controller（混合动力控制器）	20
EP1153783B1	Vehicle control system including accelerator pedal sensor failure diagnosis（纯电动/混合动力故障检测系统）	17
US8561915B2	Vehicle and method for controlling same（纯电动/混合动力控制方法）	15
KR1021251B1	The control method and the program for executing the car control method in the computer（纯电动/混合动力控制方法）	15
KR2008106512A	The control system for vehicle and control method（纯电动/混合动力控制系统及方法）	14
JP05152295B2	Vehicle control apparatus（纯电动/混合动力控制装置）	14
US20090024262A1	Hybrid Vehicle and Control Method Thereof（混合动力控制方法）	13

续表

公开号	专利名称	同族专利数（件）
US20080154472A1	Motor Vehicle and Control Method of Motor Vehicle（纯电动/混合动力控制方法）	13
KR710522B1	Hybrid vehicle and method of controlling the same（混合动力控制方法）	13
KR973760B1	Motor drive embodying and vehicles including the same（纯电动/混合动力驱动控制）	12

3. 日产自动车株式会社（NISSAN MOTOR）

日产汽车公司（日文：日产自动车株式会社，英文：NISSAN MOTOR Co.LTD.）是日本的一家汽车制造商，于1933年在神奈川县横滨市成立，目前在二十个国家和地区（包括日本）设有汽车制造基地，并在全球160多个国家和地区提供产品和服务。

2010年12月，日产汽车公司开发了聆风LEAF电动轿车，该车型采用了电动汽车整车控制器，其电动汽车整车控制器接收来自组合仪表的车速传感器和加速踏板位置传感器的电子信号，通过子控制器控制直流电压变换器DC/DC、电动汽车整车控制器、除霜系统、空调、电机、发电机、动力电池、太阳能电池和再生制动系统。

如今，聆风即将正式登陆在中国的道路上。在完全充电的情况下，聆风可实现160公里以上的巡航里程。充电方式有两种，快速充电30分钟即可充至80%电量。在家充电时，使用220伏交流电，约需8小时可充满。由于全程使用电力驱动，实现100%零排放。对于一款量产电动车而言，这些都是非常关键的数据。按照计划，日产将在2011年3月前生产1万辆聆风。2010年，设在日本的两家工厂将率先投产。而在全球市场，日产的电动车布局也相当庞大。从2010年12月开始，日产聆风将在日本、美国、葡萄牙和荷兰率先上市。据称，目前超过2万辆的订单全部来自日本和美国市场。中国计划在2011年由东风日产以整车进口的方式导入该车，并首先在新能源车试点城市示范运行。

（1）专利申请状况

1995年至2000年期间，日产公司开始研究电动汽车整车控制器相关技术，期间有少量专利申请，其在我国的专利申请量还是零；2001年至2006年期间，日产公司在国外的专利年申请量小幅增长，从2001年的15件年申请量增长到2006年的19件年申请量，日产公司自2007年起开始在我国申请电动汽车整车控制器相关专利，但申请量较少，尚未形专利布局及集群保护态势，2007年至2012年，日产公司在国外的专利申请迅速增长，至2010年已达39件年申请量，2011年至2012年期间申请量有所回落，全球年申请量的总体态势呈稳定增长趋势，2012年全球申请量达19件。

日产在电动汽车整车控制器的专利申请主要分布在B、F、G和H部，其中B部为技术的集中分布区，数量为254件。申请量按IPC小类进行划分，主要分布在以下几类：B60K、B60W、B60L和B60T，其中B60K（车辆动力装置或传动装置的布置或安装）专利申请量占B部总量的43%；B60W（专门适用于混合动力车辆的控制系统）专利申请量占B部总量的28%；B60L（电动车辆动力装置）专利申请量占B部总量的26%，为主要技术研发的集中区；此外，B60T（车辆制动控制系统或其部件）专利申请量占B部总量的3%。

为了分析日产的重点研究领域，对IPC进行进一步划分，选取专利申请中小组排名前十位的分类号进行统计，如表7-4所示。从表7-4中可以看出，日产公司的专利主要集中在B60L-11/14小组（109件专利申请）、B60K-06/48小组（106件专利申请）、B60W-10/06小组（66件专利申请）和B60W-10/08小组（60件专利申请），即"有机械直接驱动装置的电动车动力系统""并联型车辆动力装置""包括内燃机的控制的"和"包括电动力单元的控制"技术领域。

表7-4 日产电动汽车整车控制器同族专利排名前十位透视

公开号	专利名称	同族专利数
JP2001268708A	The control apparatus of a hybrid vehicle（混合动力控制装置）	14
KR491492B1	Vehicle contorl system and control method（纯电动/混合动力控制系统及方法）	12
JP2012025228A	Hybrid vehicle control apparatus（混合动力控制装置）	11
US20040040760A1	Vehicle control apparatus（纯电动/混合动力控制装置）	10
US7409276B2	Electricity storage controller for vehicles（纯电动/混合动力能量存储控制器）	9
EP2065243B1	Control apparatus of a hybrid vehicle and method for controlling the same（混合动力控制方法及装置）	9

续表

公开号	专利名称	同族专利数
US20130158766A1	Hybrid – vehicle control device（混合动力控制装置）	8
US20010034571A1	Vehicle controller（纯电动/混合动力控制装置）	8
MX2013004809A	Hybrid vehicle control device（混合动力控制装置）	8
JP2012086674A	The braking force control apparatus for vehicles（纯电动/混合动力制动力控制装置）	8

（2）专利族群布局及市场分析

为了研究日产在电动汽车整车控制器市场上的专利布局，对日产电动汽车整车控制器专利的族群布局进行统计分析。结果显示：

拥有 1—10 个同族专利（轻度布局）的情况：日产的电动汽车整车控制器专利申请中 127 件具有 1 个同族专利、98 件具有 2 个同族专利、2 件具有 3 个同族专利、10 件具有 4 个同族专利、7 件具有 5 个同族专利、6 件具有 6 个同族专利、2 件具有 7 个同族专利、8 件具有 8 个同族专利、13 件具有 9 个同族专利和 1 件具有 10 个同族专利。

拥有 11—16 个同族专利（中度布局）的情况：2 件具有 11 个同族专利、1 件具有 12 个同族专利、1 件具有 14 个同族。

4. 本田株式会社（HONDA MOTOR）

本田株式会社（本田技研工业株式会社）是世界上最大的摩托车生产厂家，汽车产量和规模也名列世界十大汽车厂家之列。公司总部在东京，雇员总数达 18 万人左右。现在，本田公司已是一个跨国汽车、摩托车生产销售集团。其产品除汽车摩托车外，还有发电机、农机等动力机械产品。

本田是混合动力技术开发和应用较早的公司之一，2005 年上市的新一代 CIVIC IMA 混合动力轿车进一步提升了混合动力技术，主动力源采用了小排量的 1.3L 发动机，配有 3 段式 i – VTEC 可变进气系统，依据车速可分为低速、高速和停顿模式。低速扭矩可与 1.8L 汽油版 CIVIC 轿车相比。发动机输出最大功率 70kW，电动机可输出 15kW，发动机最大扭矩 123Nm，电动机扭矩 103Nm，变速器采用了 CVT 无级变速箱。此外，本田的 IMA 混合动力系统还应用在 CR – Z Hybrid、Fit 和 Insight Hybrid 汽车上。

（1）专利申请状况

1995年至2001年期间,本田公司开始研究电动汽车整车控制器相关技术,期间仅有少量专利申请,该公司自1998年开始在我国申请专利;2001年至2008年期间,本田公司在国外的专利年申请量小幅增长,从2001年的4件年申请量增长到2008年的23件年申请量,本田公司在我国的申请量仍然较少,尚未形专利布局及集群保护态势。2009—2012年,本田公司在国外的专利申请有所回落,至2012年回落至12件年申请量,全球年申请量的总体态势呈小幅波动趋势,2012年全球申请量为13件。

从本田在电动汽车整车控制器领域专利申请IPC部和IPC-B小类的构成来看,本田在电动汽车整车控制器专利主要分布在B、F、G和H部,其中B部为技术的集中分布区,数量为143件。申请量按IPC小类进行划分,主要分布在以下几类:B60K、B60L、B60W和B60T,其中B60K(车辆动力装置或传动装置的布置或安装)专利申请量占B部总量的51%;B60L(电动车辆动力装置)专利申请量占B部总量的29%;B60W(专门适用于混合动力车辆的控制系统)专利申请量占B部总量的17%,为主要技术研发的集中区;此外,B60T(车辆制动控制系统或其部件)专利申请量占B部总量的3%。

为了分析本田的重点研究领域,对IPC进行进一步划分,如图选取专利申请中小组排名前10的分类号进行统计,结果显示,本田公司的专利主要集中在B60K-06/485小组(67件专利申请)、B60L-11/14小组(109件专利申请)、B60K-06/54小组(42件专利申请)和B60K-06/20小组(39件专利申请),即"电动机辅助型""有机械直接驱动装置的电动车动力系统""变换传动比的"和"包括电动机和内燃机的原动机HEVs"技术领域。

(2)专利族群布局及市场分析

为了研究本田在电动汽车整车控制器市场上的专利布局,对本田电动汽车整车控制器专利的族群布局进行统计分析,结果显示:

拥有1—10个同族专利(轻度布局)的情况:从表7-5中可以看出,本田的电动汽车整车控制器专利申请中37件具有1个同族专利、48件具有2个同族专利、10件具有3个同族专利、11件具有4个同族专利、11件具有5个同族专利、5件具有6个同族专利、8件具有7个同族专利、3件具有8个同族专利、3件具有9个同族专利及2件具有10个同族专利。

表7–5　本田电动汽车整车控制器同族专利排名前十位透视

公开号	专利名称	同族专利数（件）
US8027775B2	Vehicle control device（纯电动/混合动力控制装置）	20
TH59216A	Hybrid Vehicle and Control Method Thereof（混合动力汽车控制方法）	19
DE60037166T2	Hybrid vehicle control apparatus（混合动力汽车控制装置）	19
DE60023403T2	Control system for hybrid vehicle（混合动力汽车控制装置）	16
DE60007605D1	Control apparatus for a hybrid vehicle（混合动力汽车控制装置）	15
JP03568941B2	Hybrid vehicle control apparatus（混合动力汽车控制装置）	14
JP2003169405A	Hybrid vehicle controller（混合动力汽车控制器）	13
CA2260715C	Control system for hybrid vehicle（混合动力汽车控制系统）	13
JP03542938B2	Hybrid vehicle control apparatus（混合动力汽车控制系统）	12
JP11148387A	The control apparatus for hybrid vehicles（混合动力汽车控制系统）	11

拥有11—16个同族专利（中度布局）的情况：1件具有11个同族专利、2件具有12个同族专利、2件具有13个同族专利、1件具有14个同族、1件具有15个同族专利及1件具有16个同族专利。

拥有16个以上同族专利（重度布局）的情况：1件具有16个同族专利、2件具有19个同族专利及1件具有20个同族专利。

为了进一步了解本田的市场意图，对同族专利数中排名前十位的专利申请进行剖析，如表7–5所示，可以看出，排名前十位的同族专利申请中有1件（同族专利数：20个）涉及纯电动/混合动力控制装置；有1件（同族专利数：13个）涉及混合动力汽车控制器；有1件（同族专利数：19个）涉及混合动力汽车控制方法；其余7件均涉及混合动力汽车控制装置。

5. 东芝公司（TOSHIBA CORP）

东芝公司（Toshiba Corporation）是日本最大的半导体制造商，亦是第二大综合电机制造商，隶属于三井集团旗下。公司创立于1875年7月，业务领域包括数码产品、电子元器件、社会基础设备和家电等。

在电动汽车领域，东芝与大众携手合作开发了小型汽车的混合动力车型及电动汽车所搭载的驱动系统。东芝提出了新的快速充电系统思路：同时提供带锂离子充电电池与双向AC–DC（交流—直流）转换器的快速充电座，以平衡电网负荷，并且满足电力公司与地方政府推广电动车的需求。这里的锂离子充电电池选用东芝 SciB 锂离子电池，该电池用钛酸锂 LTO 取代常见石墨作为阴极材料，降低了电池劣化速率。

（1）专利申请状况

1992 年至 2000 年期间，东芝公司开始研究电动汽车整车控制器相关技术，期间仅有少量专利申请，但东芝公司还未在我国申请专利；2001 年至 2006 年期间，东芝公司在国外的专利年申请量小幅增长，从 2001 年的 4 件年申请量增长到 2006 年的 17 件年申请量；2007—2012 年，东芝公司在国外的专利申请有所回落，至 2012 年回落至 3 件年申请量，在我国也仅有零星的专利申请；全球年申请量的总体态势呈波动回落趋势，2012 年全球申请量仅为 3 件。

东芝电动汽车整车控制器专利主要分布在 B、F、G 和 H 部，其中 B 部为技术的集中分布区，数量为 178 件。申请量按 IPC 小类进行划分，主要分布在以下几类：B60L、B60W 和 B60K，其中 B60L（电动车辆动力装置）专利申请量占 B 部总量的 96%；B60W（专门适用于混合动力车辆的控制系统）专利申请量占 B 部总量的 2%；B60K（车辆动力装置或传动装置的布置或安装）专利申请量占 B 部总量的 2%，为主要技术研发的集中区。

为了分析东芝的重点研究领域，选取专利申请中小组排名前 10 的分类号进行统计，从中可以看出，东芝公司的专利主要集中在 B60L - 09/18 小组（47 件专利申请）、B60L - 03/00 小组（38 件专利申请）和 H02M - 07/48 小组（15 件专利申请），即"由直流电源线路供电的""电动车辆上安全用电装置"和"应用有控制极的放电管或有控制极的半导体器件的"技术领域。

（2）专利族群布局及市场分析

对东芝电动汽车整车控制器专利的族群布局进行统计分析，结果如下：

拥有 1~10 个同族专利（轻度布局）的情况：东芝的电动汽车整车控制器专利申请中 67 件具有 1 个同族专利、35 件具有 2 个同族专利、2 件具有 5 个同族专利、1 件具有 6 个同族专利、2 件具有 7 个同族专利、2 件具有 8 个同族专利、1 件具有 9 个同族专利及 1 件具有 10 个同族专利（如表 7-6 所示）。

表 7-6 东芝电动汽车整车控制器同族专利排名前 10 透视

公开号	专利名称	同族专利数（件）
JP05268765B2	Electric vehicle control apparatus（纯电动汽车控制装置）	10
JP04818463B2	Electric vehicle control apparatus（纯电动汽车控制装置）	9
JP05010645B2	Electric vehicle control apparatus（纯电动汽车控制装置）	8
JP03056898B2	Electric vehicle control apparatus（纯电动汽车控制装置）	8
KR151429B1	Electric vehicle control device（纯电动汽车控制装置）	7
JP2006314182A	Electric vehicle control unit（纯电动汽车控制装置）	7
JP2008017609A	Electric‐vehicle control apparatus（纯电动汽车控制装置）	6
JP2006280132A	Electric‐vehicle control apparatus（纯电动汽车控制装置）	5
JP04634942B2	Electric vehicle control apparatus（纯电动汽车控制装置）	5
JP2011217537A	Electric vehicle control apparatus（纯电动汽车控制装置）	2

6. 株式会社日立制作所（HITACHI LTD）

株式会社日立制作所（日文：株式会社日立制作所），简称日立，总部位于日本东京，致力于家用电器、电脑产品、半导体和产业机械等产品，是日本最大的综合电机生产商。在日本制造业中是仅次于丰田自动车公司的第二大制造业公司，在日本全行业中也仅排在丰田、日本邮政、日本电信之后为日本第四大公司。

近日，日立集团将把旗下日立车辆能源公司（Hitachi Vehicle Energy）的设计与研发业务并入日立汽车系统公司（Hitachi Automotive Systems），以便在优化业务结构的同时，促进其电动动力系统业务的进一步增长和扩张。日立车辆能源公司将于 4 月 1 日将其设计与研发业务转移至日立汽车系统公司，相关业务领域包括用于混动及电动车辆的锂离子电池相关的业务规划、设计与研发。

（1）专利申请状况

1992 年至 1998 年期间，日立公司开始研究电动汽车整车控制器相关技术，期间仅有少量专利申请，但未在我国申请专利；1999 年至 2004 年期间，日立公司在国外的专利年申请量小幅波动，从 1999 年的 10 件年申请量浮动至 2004 年的 3 件年申请量；2005 年起，东芝开始在我国申请相关专利，至

2012年，日立公司在国外的专利申请一直保持较低水平，在我国也仅有零星的专利申请，尚不具备技术领域优势及专利布局条件；全球年申请量的总体态势呈波动回落趋势，2012年全球申请量仅为3件。

从IPC构成来看，日立在电动汽车整车控制器专利主要分布在B、H、F和G部，其中B部为技术的集中分布区，数量为306件。申请量按IPC小类进行划分，主要分布在以下几类：B60L、B60W和B60K，其中B60L（电动车辆动力装置）专利申请量占B部总量的46%；B60W（专门适用于混合动力车辆的控制系统）专利申请量占B部总量的28%；B60K（车辆动力装置或传动装置的布置或安装）专利申请量占B部总量的22%，为主要技术研发的集中区。

为了分析日立的重点研究领域，选取专利申请中小组排名前10的分类号进行统计，可以看出，日立公司的专利主要集中在B60L－03/00小组（25件专利申请）、B60L－09/18小组（21件专利申请）和B60L－11/14小组（15件专利申请），即"电动车辆上安全用电装置""由直流电源线路供电的"和"有机械直接驱动装置的"技术领域。

（2）专利族群布局及市场分析

对日立电动汽车整车控制器专利的族群布局进行统计分析，结果显示：

拥有1—11个同族专利（轻度布局）的情况：日立的电动汽车整车控制器专利申请中44件具有1个同族专利、27件具有2个同族专利、3件具有3个同族专利、9件具有4个同族专利、3件具有5个同族专利、3件具有7个同族专利、2件具有8个同族专利、1件具有9个同族专利及2件具有11个同族专利。

为了进一步了解日立的市场意图，对同族专利数中排名前10的专利申请进行剖析，如表7-7所示，可以看出，排名前10的同族专利申请中5件均涉及纯电动汽车控制装置，3件涉及纯电动/混合动力车控制装置，1件涉及混合动力汽车发动机控制方法，1件涉及纯电动/混合动力车发电机控制装置，表明日立正对纯电动汽车控制装置技术领域实施市场布局。

表 7-7　日立电动汽车整车控制器同族专利排名前十位透视

公开号	专利名称	同族专利数（件）
RU2192974C2	Device to control vehicle with electric drive（纯电动车控制装置）	11
JP04648054B2	The control apparatus for electric drive apparatuses（纯电动车控制装置）	11
EP588628B1	Electric vehicle control system（纯电动车控制装置）	9
US20080077283A1	Vehicle Control System（纯电动/混合动力车控制装置）	8
EP1219493B1	Dynamotor of hybrid vehicle, and method of control thereof（混合动力汽车发动机控制方法）	8
WO2010113557A1	In-vehicle control device（纯电动/混合动力车控制装置）	7
JP03175895B2	The drive system of an electric vehicle（纯电动车控制装置）	7
EP1344675A2	Control apparatus for vehicle-use electric power generator（纯电动/混合动力车发电机控制装置）	7
US7976427B2	Vehicle control apparatus（纯电动/混合动力车控制装置）	5
US5309073A	Electric vehicle control device（纯电动车控制装置）	5

7. 三菱集团（MITSUBISHI GROUP）

MITSUBISHI 公司于 1970 年从三菱重工业公司独立出来，是日本汽车行业中最年轻的汽车制造公司。MITSUBISHI 公司继承三菱集团的优良业绩和传统，不断研制出各种优质且富有个性的轿车和商用汽车。2013 年，三菱发布欧蓝德的插电式混合动力版本车型，动力配置方面，插电式混合动力版本欧蓝德将搭载一台汽油发动机和两台电动机。两台电动机分别位于前后轴继而使得插电式混合动力版本欧蓝德拥有了全时四驱的驱动方式。而动力的输出上也拥有了三种不同的模式，这三种不同的模式包括纯电动、混动及平行驱动。纯电动模式下由电动机单独为车辆提供动力；混动模式下由电动机工作，但是此时汽油发动机为电动机充电；平行模式则是汽油机和电动机同时为车辆提供动力。在混合动力的帮助下，混合动力版本的欧蓝德将有 1.7L 每百公里的油耗表现及 50 克每公里的二氧化碳排放量。

（1）专利申请状况

1993 年至 2000 年期间，三菱公司开始研究电动汽车整车控制器相关技术，期间有仅少量专利申请，2000 年为 3 件年申请量；2001 年至 2010 年期间，三菱公司在国外的专利年申请量小幅增长，从 2001 年的 5 件年申请量增长至

2010年的15件年申请量；2011—2013年，东芝的专利申请量开始回落，三菱公司在国外的专利申请一直保持较低水平，在我国也还未有电动汽车整车控制器相关专利申请，尚不具备技术领域优势及专利布局条件，2013年申请量仅为1件。

三菱在电动汽车整车控制器专利主要分布在B、H和F部，其中B部为技术的集中分布区，数量为103件。申请量按IPC小类进行划分，主要分布在以下几类：B60L、B60K和B60W，其中B60L（电动车辆动力装置）专利申请量占B部总量的48%；B60K（车辆动力装置或传动装置的布置或安装）专利申请量占B部总量的32%；B60W（专门适用于混合动力车辆的控制系统）专利申请量占B部总量的20%，为主要技术研发的集中区。

对IPC进行进一步划分，选取专利申请中小组排名前10的分类号进行统计，可以看出，三菱公司的专利主要集中在B60L-03/00小组（28件专利申请）、B60L-09/18小组（18件专利申请）和B60W-10/08小组（14件专利申请），即"电动车辆上安全用电装置""由直流电源线路供电的"和"包括电动力单元的控制"技术领域。

（2）专利族群布局及市场分析

对三菱电动汽车整车控制器专利的族群布局进行统计分析，可以看出：

拥有1~10个同族专利（轻度布局）的情况：三菱的电动汽车整车控制器专利申请中45件具有1个同族专利、34件具有2个同族专利、4件具有3个同族专利、4件具有4个同族专利、6件具有5个同族专利、3件具有7个同族专利、3件具有8个同族专利及1件具有10个同族专利。

拥有11~20个同族专利（中度布局）的情况：1件具有11个同族专利、4件具有12个同族专利、1件具有13个同族专利、3件具有14个同族专利、1件具有15个同族专利、1件具有16个同族专利及1件具有17个同族专利（如表7-8所示）。

表7-8 三菱电动汽车整车控制器同族专利排名前十位透视

公开号	专利名称	同族专利数
AU2009343024B2	AC electric vehicle control device（纯电动车控制器）	17
EP2191998A1	Controller for electric vehicle（纯电动车控制器）	16

续表

公开号	专利名称	同族专利数
CA2660380A1	Permanent magnet synchronization motor vector control device（纯电动/混合动力车电机控制装置）	15
HK1119835A1	Power storage apparatus（纯电动/混合动力车电力存储装置）	14
HK1096916A1	Electric vehicle controller（纯电动车控制器）	14
CA2653165C	Electric－vehicle controller（纯电动车控制器）	14
JP2006136128A	Electric－vehicle control apparatus（纯电动车控制器）	13
KR213460B1	Electric vehicle controller（纯电动车控制器）	12
ES2394967T3	Electric vehicle controller（纯电动车控制器）	12
ES2361553T3	Control device for electric vehicle（纯电动车控制器）	12

8. 奇瑞汽车股份有限公司

奇瑞汽车股份有限公司于 1997 年成立，目前已具备年产 90 万辆整车、发动机和 40 万套变速箱的生产能力。建立了 A00、A0、A、B 和 SUV 五大乘用车产品平台，上市产品覆盖十一大系列共 21 款车型。公司以"安全、节能、环保"为产品发展目标，先后通过 ISO9001 和德国莱茵公司 ISO/TS16949 等国际质量体系认证。

由奇瑞汽车有限公司与上海交通大学合作承担的国家"863"计划——电动汽车重大专项"QR（奇瑞）纯电动轿车"项目通过了科技部组织的验收。"QR（奇瑞）纯电动轿车"项目涉及整车系统集成技术、整车控制系统技术、高压电安全管理技术、CAN 总线系统技术及电机系统技术等多个相关学科和领域，形成了具有自主知识产权的奇瑞纯电动轿车整车技术。

专利申请状况

自 2006 年起，奇瑞公司开始研究电动汽车整车控制器相关技术并开始申请专利，2006 年至 2009 年期间，专利年申请量由 2006 年的 6 件增长至 2009 年的 23 件；2010 年至 2013 年，奇瑞的专利申请量开始回落，专利年申请量由 2010 年的 13 件回落至 2013 年的 4 件。在我国的汽车企业中，奇瑞公司申请电动汽车整车控制器相关专利数量最多，专利布局意图明显（2009 年 1 月，奇瑞混合动力车 A5 上市，2009 年 2 月，奇瑞纯电动汽车 S18 和瑞麒 M1－EV 下线）。

对奇瑞公司电动汽车整车控制器专利申请涉及的类目、专利类型和法律状态进行分析，了解奇瑞公司的主攻方向与专利有效性，如图7-9所示。

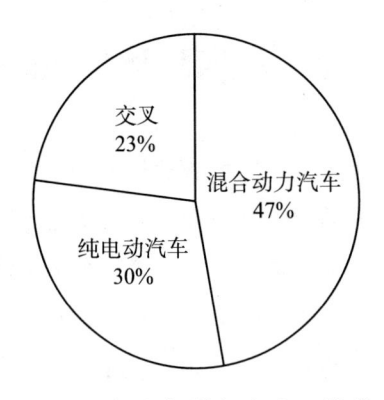

图 7-9 奇瑞专利申请涉及的类目

从图7-9可以看出，奇瑞公司的专利申请中，涉及混合动力汽车的占47%，涉及纯电动汽车的占30%，混合动力汽车与纯电动汽车通用交叉申请占23%，由此可见，奇瑞公司以适用混合动力汽车的控制器开发为主。奇瑞公司的专利申请中，授权的有效专利占55%，未决待定的专利占36%，无效专利占9%；发明专利申请占92%，实用新型占7%，外观设计占1%，奇瑞公司的发明专利占比例高，其中92%的发明专利中有36%的法律状态未决，其他均已授权或无效，发明专利授权率保持较高水平。

从专利申请IPC构成统计结果来看，奇瑞在电动汽车整车控制器专利主要分布在B、H和F部，其中B部为技术的集中分布区，数量为147件。申请量按IPC小类进行划分，主要分布在以下几类：B60W、B60L和B60R，其中B60W（专门适用于混合动力车辆的控制系统）专利申请量占B部总量的65%；B60L（电动车辆动力装置）专利申请量占B部总量的18%；B60R（不包含在其他类目中的车辆、车辆配件或车辆部件）专利申请量占B部总量的12%，为主要技术研发的集中区。

为了分析奇瑞的重点研究领域，对IPC进行进一步划分，选取专利申请中小组排名前10的分类号进行统计，可以看出，奇瑞公司的专利主要集中在B60W20/00小组（24件专利申请）、B60W10/08小组（17件专利申请）和B60W10/06小组（14件专利申请），即"专门适用于混合动力车辆""包括电动力单元的控制""包括内燃机的控制的"技术领域。

五、专利信息运用效果

第一，在对企业专利信息运用现状及存在问题开展深入调查研究的基础上，制定切实可行的专利信息运用推动方案，在全公司（特别针对工程师）推广"输送式"专利信息运用模式，即在企业专利管理人员或企业聘请专业人员对各种专利数据和信息进行收集、整理、分析和数据挖掘等二次开发后，通过运用企业内部网络、编制专利内部资料及提供培训和宣传等方式输送给企业内部各类专利信息运用者，甚至为企业工程师配备专利信息运用辅助人员，从而推动专利信息在企业内部的广泛应用。

第二，在对专利风险源进行全面分析后，制定专利风险源分析方法，并研究专利风险传导机理，绘制了电动汽车整车控制器的专利风险源地图。使企业可以从容应对跨国公司和发达国家企业在专利技术领域里的挑战，避免专利纠纷的发生，规避侵权行为，保护好自主专利技术。

第三，针对目前企业的产业形势及产品结构，以电动汽车的整车控制器为主题，对电动汽车整车控制器技术概况、国内外电动汽车整车控制器专利申请、国内外电动汽车整车控制器专利主要申请人、电动汽车整车控制器专项、电动汽车整车控制器专利技术发展脉络与重点专利技术进行了分析。并将研究内容应用到企业新技术和新产品研发流程当中，为企业顺利开展专利信息运用，开发新能源汽车产品打好基础。

第四，在原有企业原汽车产业专利专题数据库的基础上进行了完善，添加9785条电动汽车整车控制器的相关专利。目前已建成了一个涵盖中国、美国、日本、英国、法国、德国、加拿大、瑞士、俄罗斯、欧洲专利局及世界知识产权组织等多个国家和地区的汽车产业专利专题数据库，包括专利文献580万条，并进行两年定期维护更新。

六、广西新能源汽车产业创新发展的启示和建议

第一，新能源汽车的研发和投资决策要具有方向性和针对性，要客观分析当前形势并制定出符合自身发展的正确策略，在投资布局及研发决策上要做到有的放矢。通过对丰田汽车、本田汽车、福特汽车、通用汽车、大众汽车、三菱汽车、起亚汽车等全球竞争对手排名靠前的国际巨头进行专利跟踪分析，企业可以掌握竞争对手在关键技术领域设置的技术壁垒、技术分布状况、研发侧重点、研发实力；通过分析竞争对手的专利布局情况可以预判竞争对手的市场意图，使广西新能源汽车企业能够结合自身研发实力及方向做出正确的研发决策，在研发、投资上做到有的放矢，在技术及产品布局上得心应手。

第二，专利信息分析分析是新能源汽车企业打破国际巨头技术垄断的制胜法宝。目前广西新能源汽车企业在整车控制器、驱动电机、混合动力电机、充电设备等产品研发过程中往往出现开盲目研究、重复研究等现象，在研发时难以获取技术热点、技术空白点、技术启示，同时还要面对国内外行业巨头的产品竞争与技术封锁，关键技术受制于人；通过专利信息分析，将专利信息分析运用纳入到企业研发、生产、销售的过程中，能使企业及时获取国内外最新新能源汽车关键技术、把握新能源技术的研发趋势，根据自身实际设计研发策略，使企业更加有信心参与国际竞争，打破国际巨头的技术封锁。

第三，新能源汽车企业开展专利信息分析可以确保其研发活动的科学性和有效性。在技术研发前进行专利信息分析，能够避免盲目研究、重复研究、侵权研究；在研发进行中开展专利信息分析，能够获得技术启示和研发突破并布局自身专利；在销售产品时开展专利信息分析，能够掌握竞争对手的市场意图，建立预警机制，树立自身优势，使企业在产品研发销售方面逐步缩小与国际巨头的差距并逐步走向世界。

第四，专利信息分析是广西新能源汽企业的智慧锦囊。通过开展专利信息分析，可以轻易获取大批新能源汽车关键技术，在海量专利申请中，存在大量已失效或未进入中国保护的专利技术，通过对信息的梳理可以获得企业

能够直接利用且不侵犯专利权的专利技术，实现专利数据的有效利用，可以大大节省广西新能源汽车企业的研发时间、研发成本，为广西新能源汽车产业的迅速发展提供信息支撑。

第五，开展专利信息分析是实现专利产出有序化的保障。广西新能源汽车企业的专利申请现状是小、散、乱，专利产出质量与布局决定了技术保护力度、决定了产品竞争力，面对现阶段专利技术研发散乱、领域无序化的现状，开展专利分析可以有效树立核心专利布局保护网的意识，即围绕研发出的核心专利，开展有针对性的外围专利技术布局，使所研发的新能源关键技术得到最大程度的保护，逐步形成技术壁垒，有效抵御其他竞争对手的介入，逐步提升广西新能源汽车产业的整体竞争力。

第八章

赤泥综合利用专利战略研究

一、案例简介

赤泥是从铝土矿中提炼氧化铝后所排出的工业固体废渣，因含有大量氧化铁而呈红色，因此被称为赤泥。中国作为世界第 4 大氧化铝生产国，每年排放的赤泥高达数百万吨。广西作为氧化铝生产大省，近三年年产氧化铝都达 600 万吨以上，仅次于河南、山东、山西，位列全国第四名。按平均每生产 1 吨氧化铝约产生赤泥 1.1 吨计，广西每年排放的赤泥也达到 600 万吨以上，目前广西全区赤泥累积堆存量近 3000 万吨，仅广西平果铝已累积堆存赤泥超 2000 万吨。

目前国内赤泥处理主要采用堆存处理方式，不仅占用了大面积的土地，而且对生态环境造成了很不利的影响。随着铝工业的发展，生产氧化铝排出的赤泥量也日益增加，所造成的环境污染也随之越来越严重，已使赤泥综合利用成为炼铝工业一项急需解决的难题。随着我国经济的快速发展，氧化铝产量的逐年增长，近 2.5 亿吨氧化铝赤泥堆积，对环境造成了很不利的影响，从根本上解决赤泥问题变得更加刻不容缓，因此，如何解决赤泥问题是当前的一大研究热点。为帮助国内企业，特别是氧化铝生产企业在赤泥综合利用技术研究寻找新的研发方向，规避知识产权风险，提高其创造与运用自主知识产权的能力，本案例开展了赤泥综合利用技术专利分析及专利战略研究，其专利信息运用特点是：

第一，围绕赤泥共性关键技术的研发开展专利技术分析研究，开展专利技术分析，实现废物资源化，并为企业形成新的产业点。

第二，在深度剖析赤泥利用技术发展趋势的基础上，研究确定攻关方向和目标，为铝土矿业企业遇到的若干"瓶颈"问题，提出解决方案。

第三，在专利分析中挖掘专利，围绕核心技术的研发过程进行整体挖掘，提升企业专利数量和质量。

第四，对企业核心技术进行专利布局，形成保护群。

二、案例背景

赤泥是氧化铝生产过程中排出量最大的固体废弃物，每生产1吨氧化铝，就会产出1—2.0吨的赤泥。其主要成分为氧化硅、氧化铝、氧化铁和氧化钙，除此之外，还含有钪、镓、钛和铟等微量的有价金属。全世界每年产生的赤泥约7000万吨，而我国作为世界第四大氧化铝生产国，每年所产生的赤泥保守估计为3000万吨以上，累积堆存量达到2亿吨。随着我国氧化铝产量的逐年增长和铝土矿品位的逐渐降低，赤泥的年产生量还将不断增加，预计到2015年，赤泥累计堆存量将达到3.5亿吨。对于赤泥综合利用，国内外尚没有一个好的处理方法，大都筑坝堆存，不仅污染周边环境，且对地下水系和大气环境有着长期而潜在的威胁，企业每年需为此支付昂贵的建设和管理费用。

近年来，随着氧化铝工业对环境保护工作的加强，赤泥的排放情况有了较大的改善。除澳大利亚和日本等国继续采用排海法排入深海外，多数国家采用露天存放，并由湿法堆存逐渐向干法堆存过渡。有的国外铝厂还在赤泥堆存场上种植草木，并形成了灌木林。有些继续采用湿法堆存在生产厂，在堆场下部构筑了防渗层，堆坝外侧采用塑料或橡胶密封，以达到防止赤泥废碱液渗透的作用。我国山东、河南、贵州和山西等氧化铝厂，采用平地高台、河谷拦坝和凹地充填等方法湿法堆存赤泥，防渗技术得到了广泛应用。中铝广西分公司氧化铝厂率先采用赤泥干法堆存技术，大大减少了赤泥碱污染。但是世界氧化铝工业尚未开发出大规模综合利用赤泥的关键技术。我国在这一方面仍处于起步阶段。因此，解决赤泥环境危害和资源化利用方面的研究工作还有待加强。

大量的赤泥不能充分有效地利用，只能依靠大面积的堆场进行堆放。氧化铝厂大都将赤泥输到堆场，筑坝湿法堆存，靠自然沉降分离。另一种方法是将赤泥干燥脱水后堆存。赤泥的堆存不但需要一定的基建费用，而且使赤泥中的许多可利用成分得不到合理利用，造成了资源二次浪费，严重的阻碍了铝工业的可持续发展。而在堆放过程中除了占用大量土地之外，还由于赤泥中的化学成分入渗到土地易造成土地碱化和地下水污染，人们长期摄取这些物质，必然会影响到身体健康。赤泥的主要污染物为碱、氟化物、钠及铝等，其含量较高，超过了国家规定的排放标准（《有色金属工业固体废物污染控制标准》GB5058—85）。

赤泥堆场对环境影响表现在以下几个方面：① 使水域内 pH 值、浮游物及有害杂质含量超标；② 赤泥的堆存占用大量的土地和农田，造成土地的盐碱化和沼泽化；③ 赤泥堆场中的尘土飞扬引起堆场周围大气污染等方面。赤泥经洗涤和浓缩后被输送到赤泥堆场，挟带的废液会逐渐渗入地下，导致地下水的 pH 值显著升高、有害杂质含量超标。赤泥及其淋洗液和渗滤液中所含的有害物质，会改变土壤的性质和土壤结构，使大面积的土壤盐碱化和沼泽化，并将对土壤中微生物的活动产生有害影响。这些有害成分的存在，不仅有碍植物根系的发育和生长，而且还会在植物有机体内积存，通过食物链危及人体健康。

赤泥对生态环境的不良影响必须给予高度的重视和认真的研究，随着铝工业的发展，生产氧化铝排出的赤泥量也日益增加，所造成的环境污染也随之越来越严重，已使赤泥综合利用成为炼铝工业一项急需解决的难题。

由世界大型氧化铝跨国公司共同编制的"世界氧化铝工业技术发展指南"明确提出：要采取经济有效的方法处理氧化铝生产过程的中碱、有机物、微量金属、悬浮粒子和其他排放废物，尤其是地下水污染。到 2020 年，世界氧化铝工业必须将碱耗减少到 30 公斤 / 每吨氧化铝，现有赤泥堆场可容纳堆放赤泥和其他固体废物达 1000 年之久，在赤泥利用方面要取得可持续进展。

三、专利信息获取

1. 检索主题分解

本案例检索主题为赤泥的相关专利,为解决赤泥问题,主要从三个技术方向入手:一是减少赤泥产量,减小赤泥的堆存处置压力;二是改善赤泥堆存环境,减小赤泥对环境的影响;三是对赤泥的资源化利用。赤泥相关主题技术分解如图 8-1 所示。

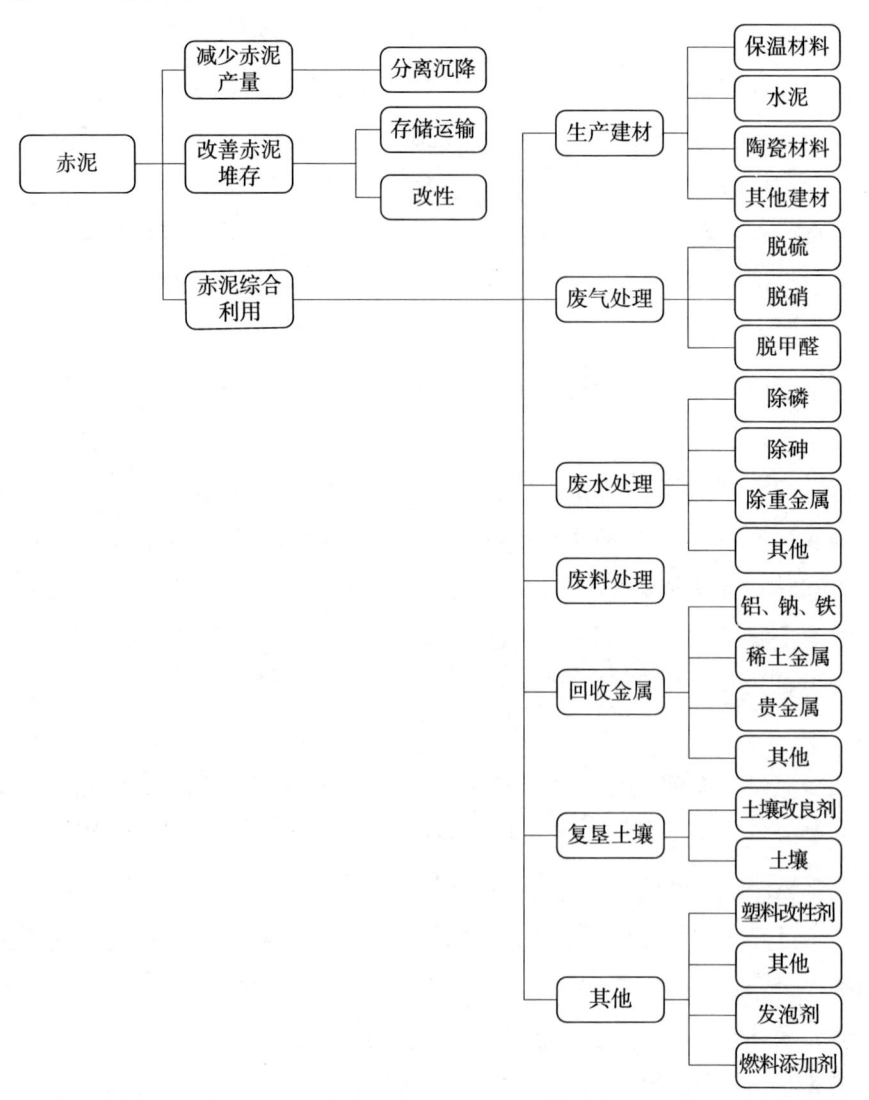

图 8-1 赤泥主题技术

2.检索策略及检索结果

通过对检索主题的分解，可以发现赤泥的相关应用领域较广，预防赤泥在新领域的应用出现漏检，本次检索不对赤泥的相关应用领域进行限定。只针对赤泥进行限定，得到如下检索要素表。

	检索要素 1	检索要素 2		
中文	赤泥；红泥；尾泥；矿泥	铝	铝矿	铝土矿
英文	red mud ; red sludge	Alumina	buxite	buxite

中文检索式：主题（名称、权利要求和摘要等字段）=（赤泥或红泥或矿尾或矿泥）和（铝或铝矿或铝土矿）

英文检索式：主题（名称、权利要求和摘要等字段）=（red mud OR red sludge OR mud OR sludge）and（alumina or bauxite）

通过检索、除重及数据筛选，截止到 2013 年 12 月 31 日，共检索到 2589 件赤泥相关专利申请。数据样本结构如下：

技术主题	申请量（项）
赤泥综合利用	1743
改善赤泥堆存	213
减少赤泥产量	633
总计	2589

四、专利信息分析

（一）全球赤泥专利申请总体态势分析

1.全球赤泥专利申请趋势

如图 8-2 所示，在赤泥处理技术领域，国外在 1986—2003 年几乎占据了世界专利申请量的全部,中国间或有少量申请,对于世界格局的影响几乎可以忽略不计,这说明我国当时或对赤泥的重视程度不足或赤泥处理水平比较低下,多以沿用传统或国外处理工艺为主,还不足以形成技术创新。2004—2007年,中国在相关技术领域的专利申请量增长迅猛,逐步跟上了世界的脚步,并于2007年开始取得申请量对比上的领先优势,说明我国对赤泥的处理逐渐重视,并在技术上取得了突破,并经过连续几年的积淀,技术创新能力及专利申请量都有了长足的发展,并突破了国外的技术垄断。

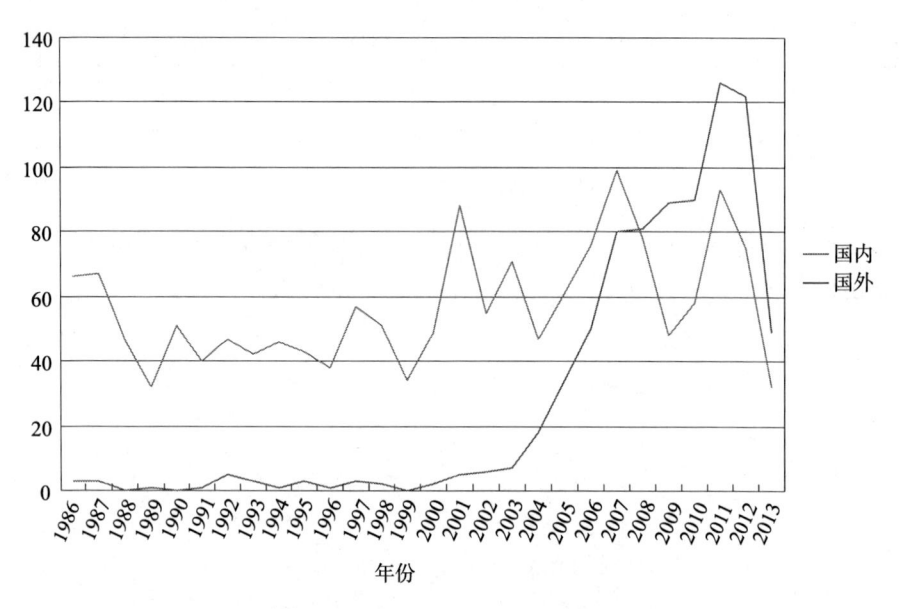

图8-2 国内与国外赤泥相关专利申请趋势对比

2. 全球赤泥相关专利申请技术分析

对全球赤泥相关专利申请,进行文本聚类分析,得到的专利地图如图8-3所示。由图8-3可见,目前赤泥相关专利申请主要可分为三个技术主题,分别为:

第一,通过改善絮凝沉降工序,减少赤泥的产量,即通过改善氧化铝絮凝沉降工序或新型絮凝剂的应用,减少赤泥的产量或善良赤泥的酸碱度品质。

第二,通过改善存储运输环境,减少赤泥堆积对环境的影响。即通过干法或湿法,实现赤泥的输送及堆存和对堆存环境的改造,以减少赤泥堆积对环境的影响。

第三，通过赤泥的综合利用，提高赤泥附加值，从根本上消耗赤泥量。即利用赤泥生产建筑材料，如水泥、砌块和塑料型材等；利用赤泥回收有价金属元素，包括铁、铝和钠等常见金属元素，也包括回收赤泥中的稀土元素和若干稀土金属等；利用赤泥作环境修复材料治理废气／废水／废料。

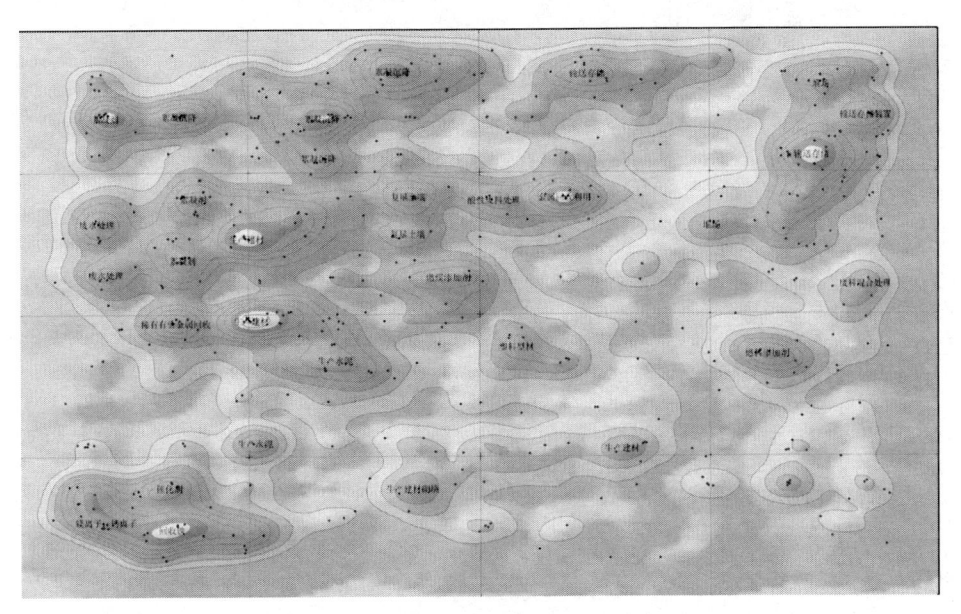

图 8-3　赤泥相关技术的专利地图

如图 8-4 所示，在国外，赤泥专利申请量最多的是将其应用于絮凝沉降技术领域，这也说明沉降工序是赤泥处理的重要工序，对于赤泥的后续利用具有重要意义。其次是制造建材，利用拜耳法赤泥富含铁矿物的特点，将其配入水泥生料生产水泥熟料，或者以赤泥为原料生产多种砖等。而利用赤泥颗粒对 Cu^{2+}、Pb^{2+}、Zn^{2+}、Ni^{2+}、Cr^{6+} 和 Cd^{2+} 等重金属离子的吸附作用，将其运用于废水净化及金属回收也是一个重要的应用。此外还将赤泥运用于燃料添加剂的制备和复垦土壤等技术领域。

中国关于赤泥的专利申请则主要用于建材和回收金属，利用其含有多种氧化物或矿物质的特性，通过添加其他组分，生产各种不同用途的建材，或者将赤泥中的有价金属富集回收，另作他用，增加废物的有效利用率。

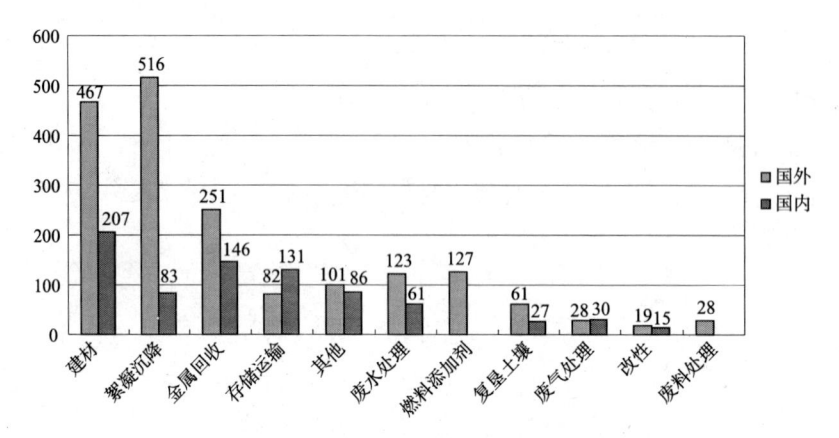

图 8-4 全球赤泥相关专利申请技术主题分布

如图 8-5 所示，在国外，絮凝沉降和建材技术领域专利年申请量一直在高位起伏，说明在这两个技术领域技术创新活跃。虽然絮凝沉降领域近年的专利申请量有较明显的下降，但可能突破某些技术"瓶颈"后又将会有一定的发展；而在建材领域专利申请量则相反，处于持续高热状态，预计在未来一定时期内该技术领域仍是技术创新的热点。在金属回收技术领域，在 1985—2004 年，基本以五年为一个节点呈现出申请量起伏不定的状态，并于 2006 年后技术创新一直保持活跃状态，这也许说明该领域有待突破的技术难题较多，逐个击破后，即会出现专利申请量的小高潮。在废水处理方面，在 2000 年前发明创造活动相对沉闷，之后便迎来了该技术应用的春天，但在废气处理、废料处理和改性研究方面，似乎尚未找到技术的突破口。

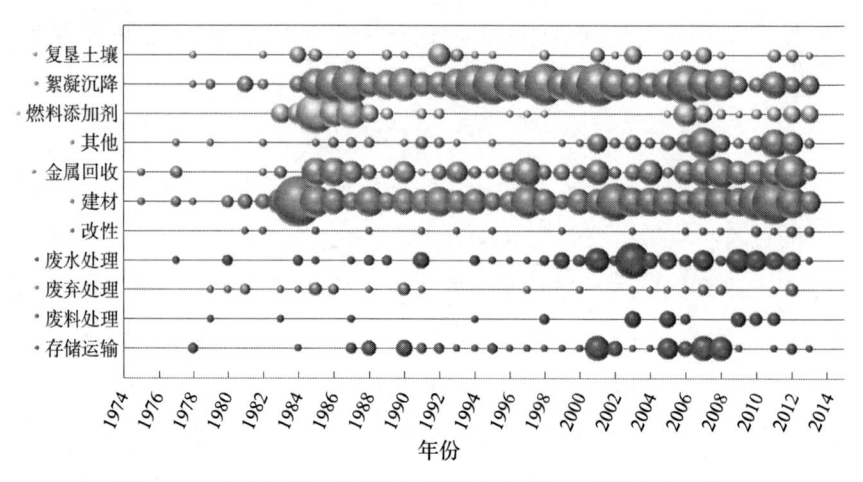

图 8-5 国外赤泥相关专利技术主题—申请年矩阵图

如图 8-6 所示，中国赤泥相关专利技术主题年申请量的趋势变化不同于全球趋势，目前技术创新活动较为活跃的是建材和金属回收技术领域，专利申请量大及一直保持研发热情是这两个领域的特点。而在分离沉降和储存/运输技术领域，在经历了一段时间的研发高峰后，似乎遇到了技术瓶颈或现有技术暂已满足需求，因此专利申请量下降明显。在赤泥改性研究及土壤复垦研究方面，技术研发进展缓慢，但也预示着在这两个技术领域有一定的突破空间。

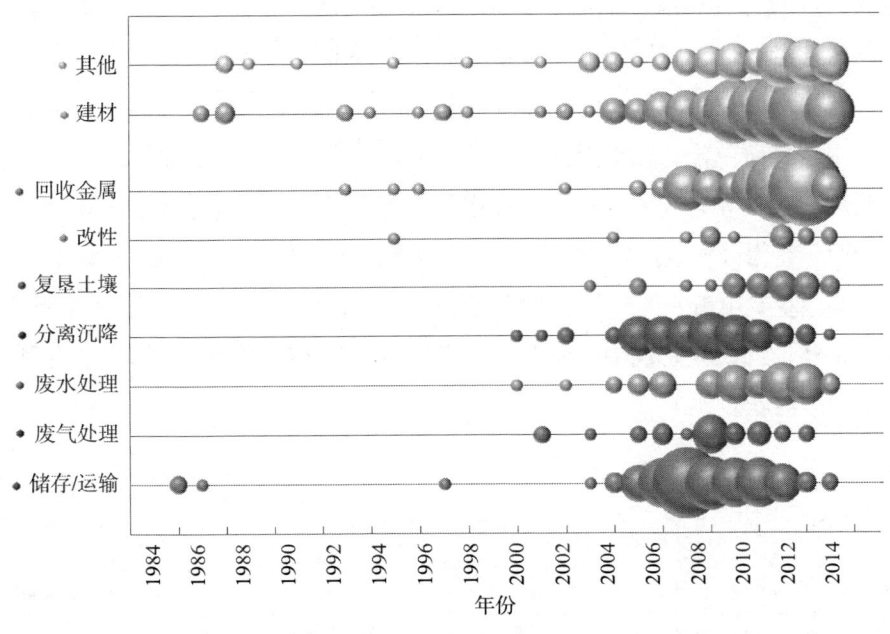

图 8-6　中国赤泥相关专利技术主题—申请年矩阵图

（二）全球赤泥领域重要申请人分析

1. 赤泥技术领域国内外主要申请人整体对比分析

（1）国内主要申请人的对比分析

国内外对赤泥的综合治理及开发利用都十分重视，曾进行过大量的试验研究工作。对赤泥的综合利用主要包括两个方面的工作：一是提取赤泥中的有用组分，回收有价金属；二是将赤泥作为原料和添加剂，整体加以利用。在国内，对赤泥的整体利用研究比较多，如用赤泥生产水泥，粉煤灰砖、免烧砖、釉面砖、微晶玻璃或用作硅钙肥添加剂、塑料填料等。但是对赤泥中的有用组分进行分离研究的较少，且由于经济和技术的原因，很少有项目得以实施。由于铁和铝等金属的化合物性质相近，难于分离，人们曾进行过大量的研究，但有工业应用价值的不多。

目前国内外均研究过从赤泥中回收钪、钛和铟的方法，但技术上都不成熟或者存在严重的缺陷。目前从赤泥中提取稀有元素的主要工艺是采用酸浸—提取工艺，酸浸包括盐酸浸出、硫酸浸出和硝酸浸出等。但是由于赤泥中稀有金属的含量较低，利用该工艺直接从赤泥中提取稀有金属难度较大，成本偏高。在国内，关于赤泥的研究多处在探索阶段，赤泥技术领域的专利申请主要集中在科研单位，如贵阳铝镁设计研究院、中国科学院、太原理工大学和昆明理工大学等；在赤泥技术领域申请有专利的企业比较集中，主要是中国铝业股份有限公司、沈阳铝镁设计研究院有限公司和山东铝业股份有限公司。中国国内主要申请人的专利申请情况如图 8-7 所示。可见，在赤泥技术领域中，贵阳铝镁设计研究院和中国铝业股份有限公司研究成果相当丰富，其专利申请也比较活跃。

申请人	专利数
贵阳铝镁设计研究院	93
中国铝业股份有限公司	81
沈阳铝镁设计研究院有限公司	30
中国科学院生态环境研究中心	21
太原理工大学	19
昆明理工大学	20
山东铝业股份有限公司	16
山东大学	16
山东理工大学	14
武汉理工大学	10

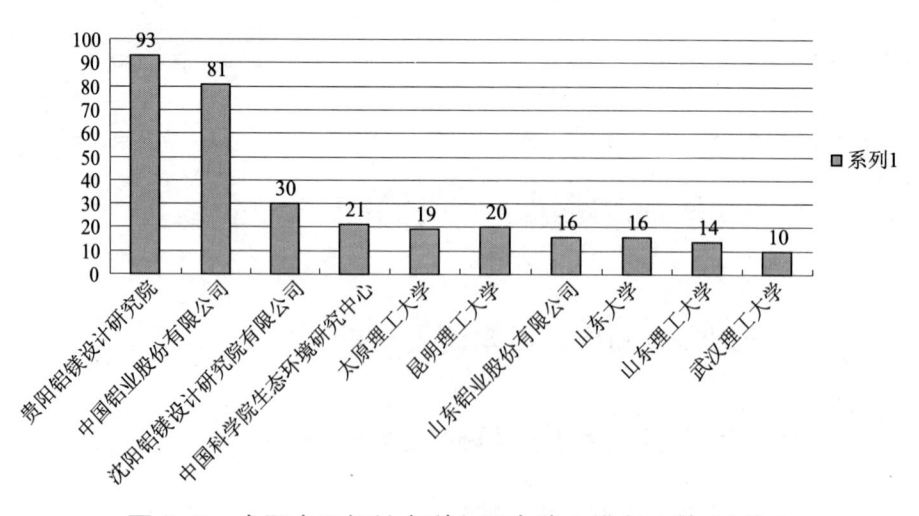

图 8-7 中国赤泥相关专利主要申请人排名（前 10 位）

中国国内氧化铝生产企业大多采用筑坝堆存的方式处理赤泥，常采用的方法有用管道输送赤泥料浆的湿法堆存法、混合半干法堆存法、干堆法、高浓度或膏体堆存法等。从长期来看，虽然筑坝和堆存赤泥的已投入实际生产多年，但这类处理方法治标不治本，不符合能源和环境的可持续发展要求。因此，国内外企业和科研单位研究从多种途径解决赤泥问题，从赤泥技术领域专利国内申请涉及的技术内容来看，主要分为九个大块，包括废气处理、废水处理、赤泥的分离沉降技术、赤泥的改性技术、复垦土壤、赤泥中有价金属的回收利用、赤泥的存储运输技术、赤泥在建材方面的利用及其他方面的利用，如图 8-8 所示。因此，近年来，可在生产环节减少赤泥产出量的分离沉降技术、从赤泥中回收有价金属工艺和在建材方面的资源化利用成为赤泥问题的研究热点。现将国内一些在赤泥技术领域研究较深入和专利申请量较多的重要申请人分别进行分析如下。

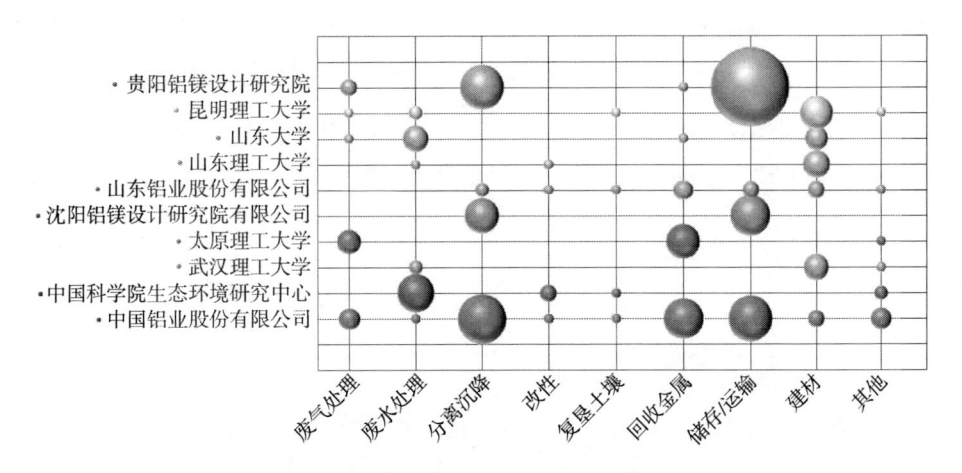

图 8-8　中国赤泥相关专利技术主题—申请人矩阵图

（2）国外主要申请人的对比分析

目前，国外对于拜耳法赤泥的处理大都采用地面堆积或输送至海底等方式。但是由于拜耳法赤泥碱度大，重金属含量高，使其堆积和排放造成了污染环境问题，同时还会导致有用物质如有价金属、氧化铝及碱的损失。如何综合利用氧化铝生产中的赤泥，回收其中的有用物质，减少环境污染，是摆在各国面前的一个迫切任务。国外铝工业者一直以来都在不断地研究和探讨拜耳法赤泥综合利用的问题，概括起来主要包括两方面的工作：一是提取赤泥中的有用组分回收有价金属；二是将赤泥作为一般矿物原料，整体加以利用。此外，国外主要是拜耳法赤泥，由于铁的含量高，大多数以其作为炼铁原料，其在建材和化工方面应用也较多。

从地域性特点来看，澳大利亚储有丰富的优质铝土矿资源，目前的氧化铝产量位居世界第一，占世界总产量的 25%，所有的氧化铝厂均采用拜耳法生产，产生的赤泥具有很高的碱性。赤泥处理的设备很多，比如赤泥破碎机。为了防止碱性液体的渗透，氧化铝厂大都采用大规模的干燥处理作业，强化赤泥脱水和蒸发。这种干法处理技术既能减少环境污染，又能减少湿法堆存较高的基础建设的投资，有利于降低生产成本，近年来也要开展植被复垦技术的研究。

在赤泥的研究方面，国外有相当丰富的成果。从专利申请的情况来看申请量比较多的前四位申请人是：纳尔科（Nalco）化学公司、美国氰特工业公司（CYTEC TECHNOL OGY CORP.）、汽巴精化水处理有限公司。此外，KRAUSE‐ROEHM‐SYSTEME AG、ALLIED COLL OIDS LTD、NIPPON JIRYOKU SENKO KK、CLAR、PECHINEY ALUMINIUM 和 BADI 也有相当一部分专利申请，如图 8-9 所示。

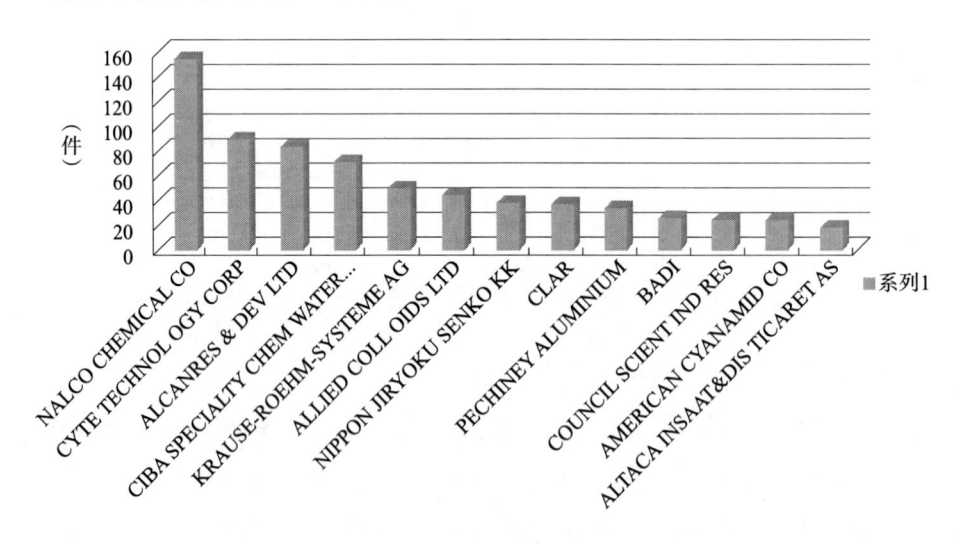

图 8-9　国外赤泥相关专利主要申请人排名

从申请的趋势来看，各申请人的技术发展特点都比较明显，如图 8-10 所示：纳尔科（Nalco）化学公司早在 1978 年就开始有关于赤泥处理方法的相关专利，并多年来一直持续研究开发，且在 1997 年到 2002 年在赤泥处理技术方面有获得重在突破；NIPPON JIRYOKU SENKO KK 和 PECHINEY

ALUMINIUM 也是研究赤泥问题较早的两家国外企业。而 BADI、CLAR、KRAUSE – ROEHM – SYSTEME AG 和汽巴精化水处理有限公司则是近年来新投入赤泥问题研究的企业，其专利申请量在近几年快速增长。

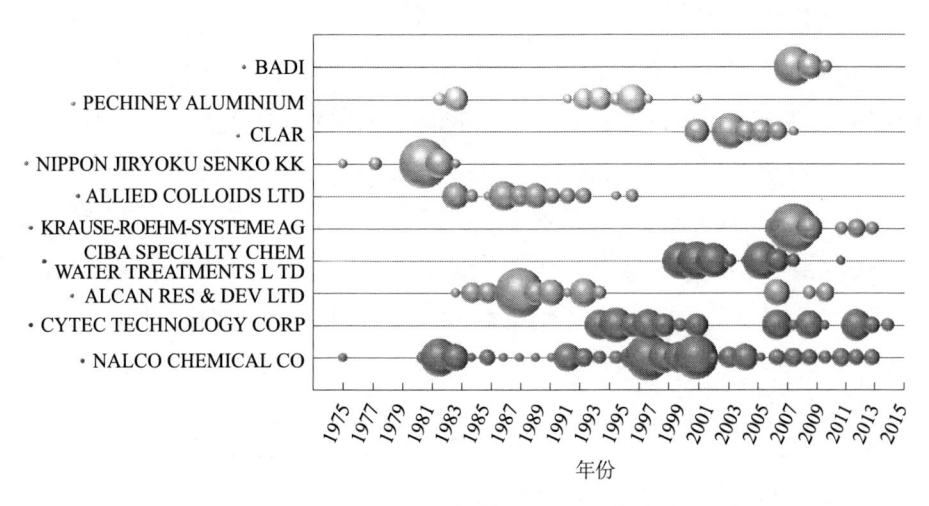

图 8-10　国外赤泥相关专利申请人—申请年矩阵图

从技术内容来看，国外在赤泥技术主题方面的专利申请最多的是关注絮凝沉降技术，在存储运输、废水处理、生产建材、金属回收方面也有相当多的专利申请，此外在废料处理、废气处理、废水处理、改性、燃料添加剂和复垦土壤方面也有少量研究。

（三）赤泥综合利用重点技术分析

铝工业废渣赤泥的综合利用是一个世界性的难题。赤泥零排放是赤泥综合利用的基本原则。目前对赤泥用途的低附加值的建筑材料和筑路材料等领域的研究有较成熟的工艺，应用于实践且取得一定成效；然而对于赤泥中高附加值产品如有价元素的回收和开发存在技术上可行和经济上不合理的矛盾，因此，难以产生较好的经济效益。用赤泥作环境修复材料处理废气、废水及土壤中的有机和无机污染，具有成本低、工艺简单和以废治废等优点，应大力推进赤泥在环保领域中的应用范围。另外，高硫铝土矿焙烧预处理综合利用新工艺的提出，即用氧化铝生产过程中产生的赤泥直接吸收处理焙烧过程产生的二氧化硫尾气，达到除硫脱碱之目的应是有效处理高硫铝土矿赤泥的一条重要途径。

1. 国内赤泥综合利用的重点技术分析

（1）从赤泥中回收金属

从图 8-11 可见，在国内，有关从赤泥回收各类金属的专利申请中，铁、铝和钠三种金属元素回收技术的专利申请数量最大，且所占比例达到了回收金属类专利申请数量的八成以上，其次是钪、稀土和钛等稀有金属元素。造成这种申请趋势的原因应该是由于铁、铝和钠三种元素是赤泥中含量最丰富的金属元素，回收成本较低，实现产业化的可能性较大。而钪、稀土和钛在赤泥中的含量略低，回收成本也偏高，实现产业化的可能性较小。

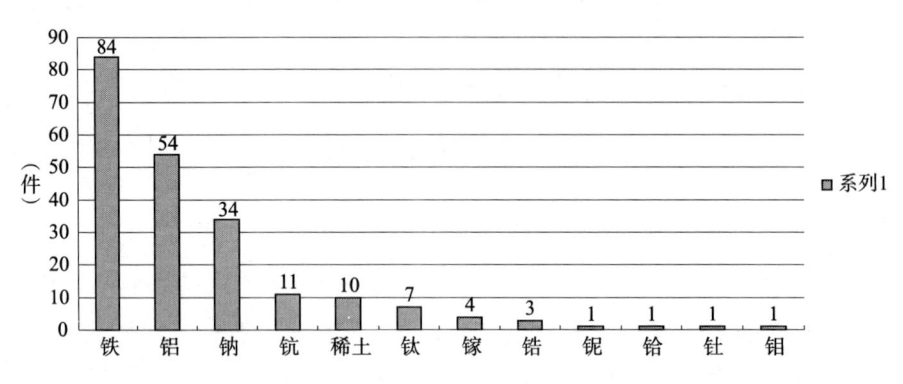

图 8-11　国内从赤泥中回收各类金属的专利申请数量分布

① 从赤泥中回收铁。

烧结法赤泥由于经过 1200℃ 高温煅烧，其中含大量的 $2CaO \cdot SiO_2$ 等活性矿物组分，可以直接应用建筑材料生产。拜耳法冶炼氧化铝采用的是强碱 NaOH 溶出高铝、高铁、一水软铝石型和三水铝石型土矿，所产生的拜耳法赤泥中不存在 $2CaO \cdot SiO_2$ 等活性成分，另外含铁高，耐腐蚀性差，很难直接用于建材行业。针对拜耳法赤泥中铁含量较高的特点，国内外对拜耳法赤泥中回收铁进行了广泛研究，可以实现赤泥中铁的回收利用。目前，我国则采用直接还原焙烧和磁选制得铁精矿产品之后，进一步将铁分离后的残渣即对铁提取后，仍占原赤泥总量 60% 以上的残渣用于生产建筑材料，从而可以实现拜耳法赤泥零排放的可行途径。

如图 8-12 所示，从技术的发展脉络来看，有关赤泥回收铁的技术发展前期主要从磁选工艺入手,提高回收率;之后研究方向则从原料研磨细化方向入手,提高磁选回收率;之后研究方向转向提高赤泥中铁矿还原率方向,提高回收率。

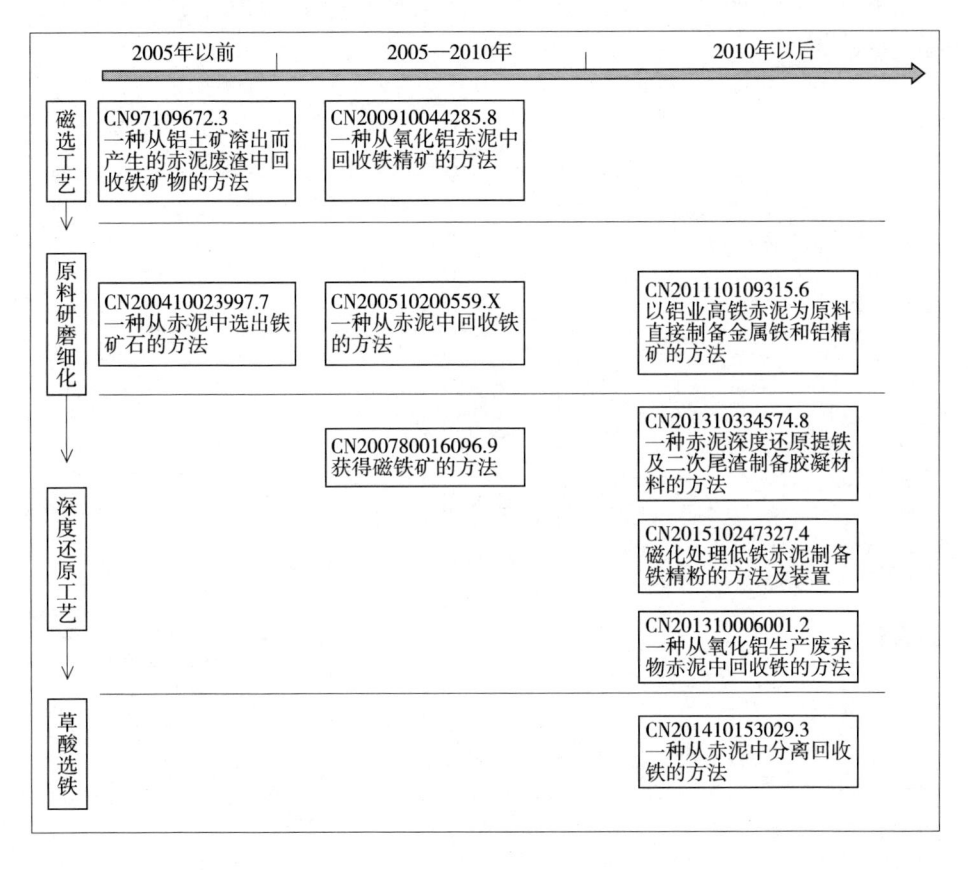

```
磁选工艺    2005年以前          2005—2010年           2010年以后
            CN97109672.3        CN200910044285.8
            一种从铝土矿溶出而    一种从氧化铝赤泥中
            产生的赤泥废渣中回    回收铁精矿的方法
            收铁矿物的方法
     ↓
原料研磨细化
            CN200410023997.7    CN200510200559.X      CN201110109315.6
            一种从赤泥中选出铁    一种从赤泥中回收铁    以铝业高铁赤泥为原料
            矿石的方法           的方法                直接制备金属铁和铝精
                                                      矿的方法
     ↓
深度还原工艺
                                CN200780016096.9      CN201310334574.8
                                获得磁铁矿的方法        一种赤泥深度还原提铁
                                                      及二次尾渣制备胶凝材
                                                      料的方法

                                                      CN201510247327.4
                                                      磁化处理低铁赤泥制备
                                                      铁精粉的方法及装置

                                                      CN201310006001.2
                                                      一种从氧化铝生产废弃
                                                      物赤泥中回收铁的方法
     ↓
草酸选铁
                                                      CN201410153029.3
                                                      一种从赤泥中分离回收
                                                      铁的方法
```

图 8-12　从赤泥中回收铁的技术发展脉络

② 从赤泥中回收铝和钠。

拜耳法赤泥中的铝主要是溶出工序中难以反应的一水硬铝石、少量未反应完全的一水软铝石和三水铝石及脱硅过程中产生的钠硅渣。在铝酸钠溶出粗液中,二氧化硅主要以 Na_2SiO_3 化合物形式存在,它能与铝酸钠发生反应,生成固体沉淀物铝硅酸钠($N_2O \cdot mAl_2O_3 \cdot nSiO_2 \cdot xH_2O$)和氢氧化钠,造成氧化铝和氧化钠的损失。

目前主要的回收技术是和烧结法相结合,形成联合法(包括串联工艺和并联工艺)。目前,联合法已比较成熟,在山西、河南等地区得到较大规模的应用。

通过对赤泥中回收铝钠的技术发展脉络分析，如图 8-13 所示，赤泥中回收铝钠的发展前期尝试的方法是以水化学法和液膜法进行钠和铝的回收，后期发展到烧结法回收，烧结法主要是探索从赤泥中同时回收包括钠和铝等多种金属的回收。

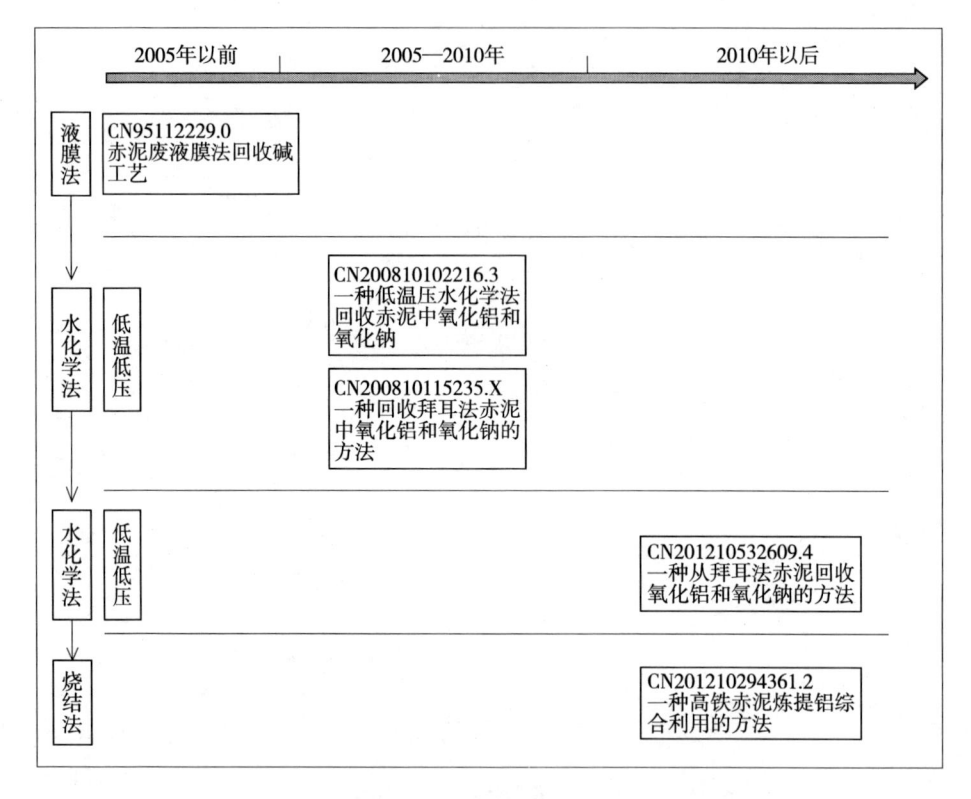

```
2005年以前        2005—2010年         2010年以后
液膜法  CN95112229.0
        赤泥废液膜法回收碱
        工艺

水化学法  低温低压
                   CN200810102216.3
                   一种低温压水化学法
                   回收赤泥中氧化铝和
                   氧化钠

                   CN200810115235.X
                   一种回收拜耳法赤泥
                   中氧化铝和氧化钠的
                   方法

水化学法  低温低压
                                        CN201210532609.4
                                        一种从拜耳法赤泥回收
                                        氧化铝和氧化钠的方法

烧结法
                                        CN201210294361.2
                                        一种高铁赤泥炼提铝综
                                        合利用的方法
```

图 8-13　赤泥中回收铝钠的技术发展脉络

③ 从赤泥中回收钛。

钛元素在赤泥中的含量不多，目前，国内对赤泥中钛元素的回收主要采取硫酸分解法。

如图 8-14 所示，从技术发展脉络来看，赤泥中回收钛的方法主要为酸解法回收，有一次和多次酸浸的方法，多次多步酸浸回收钛是技术的发展方向。

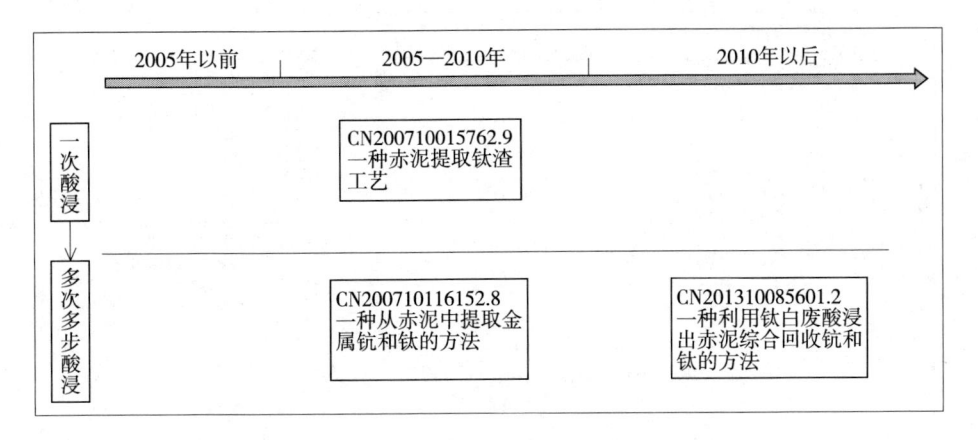

```
┌─────────────────────────────────────────────────────────────┐
│  2005年以前        2005—2010年              2010年以后        │
│ ═══════════╪═══════════════════╪═══════════════════════════► │
│            │                   │                             │
│ ┌───┐      │ ┌──────────────┐  │                             │
│ │一 │      │ │CN200710015762.9│ │                             │
│ │次 │      │ │一种赤泥提取钛渣 │ │                             │
│ │酸 │      │ │工艺           │ │                             │
│ │浸 │      │ └──────────────┘ │                             │
│ └─┬─┘      │                   │                             │
│   │        │                   │                             │
│ ┌─▼─┐      │ ┌──────────────┐  │ ┌──────────────┐            │
│ │多 │      │ │CN200710116152.8│ │ │CN201310085601.2│          │
│ │次 │      │ │一种从赤泥中提取 │ │ │一种利用钛白废酸浸│          │
│ │多 │      │ │金属钪和钛的方法 │ │ │出赤泥综合回收钪和│          │
│ │步 │      │ │              │ │ │钛的方法       │           │
│ │酸 │      │ └──────────────┘ │ └──────────────┘            │
│ │浸 │      │                   │                             │
│ └───┘      │                   │                             │
└─────────────────────────────────────────────────────────────┘
```

图 8-14　赤泥中回收钛的技术发展脉络

（2）利用赤泥生产建筑材料

拜耳法赤泥生产含有铁矿物，可以作为铁质原料配入水泥生料，生产水泥熟料。烧结法赤泥含有大量的硅酸钙，与水泥的化学成分接近，这为烧结法赤泥的综合利用提供了基础。

利用赤泥为主要原料可以生产多种砖，如：生产免蒸烧砖、粉煤灰砖、黑色颗粒料装饰砖和陶瓷釉面砖。不但可降低原材料费用，而且具有极大的环保意义。但是，由于赤泥含有碱液，有的赤泥中还含有较高含量的放射性元素，做家用建筑材料可能会对人体健康带来一定危害。

① 利用赤泥生产水泥。

烧结法赤泥含有硅酸盐水泥所必需的 SiO_2、Fe_2O_3、Al_2O_3 和 CaO 等组分，有用成分占总量的 75% 以上，从 SiO_2-Al_2O_3-CaO 三元系相图看，接近水泥熟料的组成范围，中铝公司某企业于 20 世纪 60 年代开始，利用赤泥的亚黏土特性，以赤泥代替黏土等工业原料采用湿法工艺生产普通硅酸盐水泥，成功实现工业应用，主要产品有 32.5R 和 42.5R 普通硅酸盐水泥、API 系列油井水泥等。40 多年来，共生产水泥 3000 万吨，累计消耗赤泥 800 余万吨，是目前国内赤泥综合利用量最多的项目。

目前，国内在赤泥生产水泥的专利技术突破主要在提高赤泥掺量和特殊用途水泥研发两个方向。如图 8-15 所示。

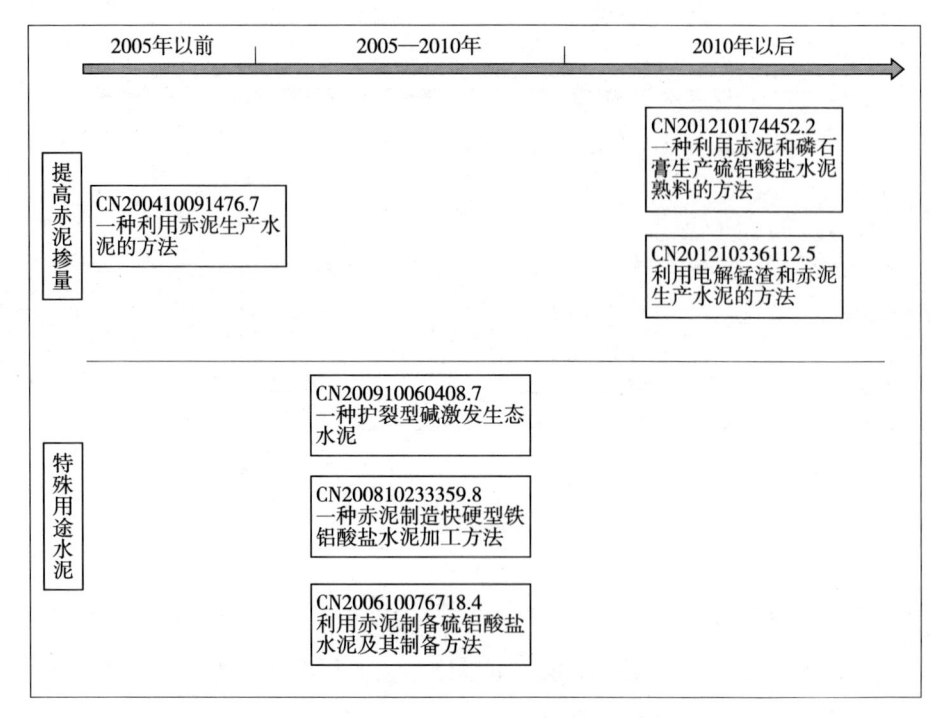

```
┌─────────────────────────────────────────────────────────────┐
│  2005年以前     │    2005—2010年    │      2010年以后         │
│                                                              │
│                                          ┌────────────────┐ │
│                                          │CN201210174452.2│ │
│                                          │一种利用赤泥和磷石│ │
│  提  ┌──────────────┐                    │膏生产硫铝酸盐水泥│ │
│  高  │CN200410091476.7│                  │熟料的方法       │ │
│  赤  │一种利用赤泥生产水│                  └────────────────┘ │
│  泥  │泥的方法       │                                       │
│  掺  └──────────────┘                    ┌────────────────┐ │
│  量                                       │CN201210336112.5│ │
│                                          │利用电解锰渣和赤泥│ │
│                                          │生产水泥的方法   │ │
│                                          └────────────────┘ │
│─────────────────────────────────────────────────────────────│
│              ┌──────────────┐                                │
│              │CN200910060408.7│                              │
│              │一种护裂型碱激发生态│                           │
│  特          │水泥          │                                │
│  殊          └──────────────┘                                │
│  用                                                          │
│  途          ┌──────────────┐                                │
│  水          │CN200810233359.8│                              │
│  泥          │一种赤泥制造快硬型铁│                           │
│              │铝酸盐水泥加工方法│                             │
│              └──────────────┘                                │
│                                                              │
│              ┌──────────────┐                                │
│              │CN200610076718.4│                              │
│              │利用赤泥制备硫铝酸盐│                           │
│              │水泥及其制备方法│                               │
│              └──────────────┘                                │
└─────────────────────────────────────────────────────────────┘
```

图 8-15　利用赤泥生产水泥的技术发展脉络

② 利用赤泥生产砌块。

利用赤泥为主要原料可以生产多种砖，免蒸烧砖、粉煤灰砖、黑色颗粒料装饰砖、陶瓷釉面砖和加气混凝土砌块等，产品的各种性能均已符合国家标准。我国大大小小的砖瓦企业有十几万家，每年烧砖毁田达10万余亩。利用赤泥制作烧结砖，一方面，可以大量消耗掉工业废渣；另一方面，又可以节约大量宝贵的土地资源，保护了环境，符合国家的产业政策。利用赤泥生产釉面砖，以赤泥为主要原料，取代传统的陶瓷原料，降低了原材料成本的同时也具有极大的环保意义。其主要生产工艺过程为：原料—预加工—配料—料浆制备（加稀释剂）—喷雾干燥—压型—干燥—施釉—煅烧—成品。

如图8-16所示，目前，国内在利用赤泥生产砌块的技术方向主要有改善建材产品放射性、多种废料结合利用、提高赤泥掺量和解决泛碱问题等。

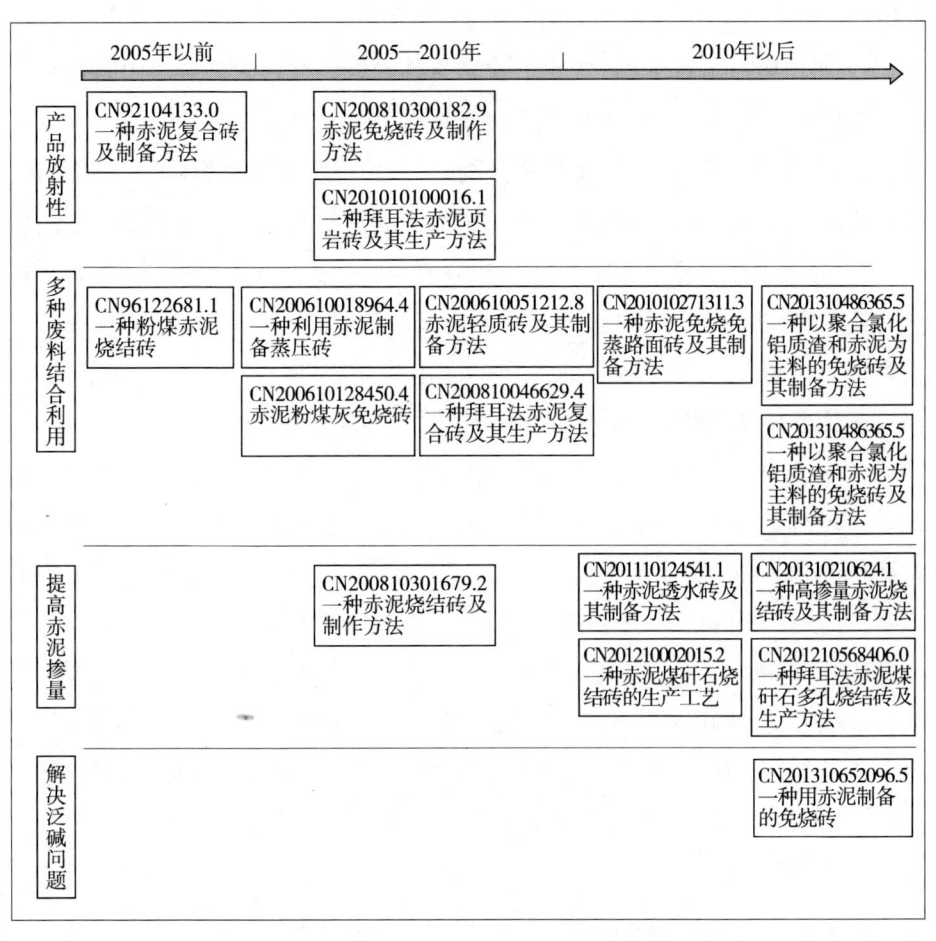

```
                2005年以前          2005—2010年              2010年以后
          ┌─────────────────────────────────────────────────────────────────────►

产  ┌─────────────────────────────────────────────────────────────────┐
品  │  CN92104133.0        CN200810300182.9                            │
放  │  一种赤泥复合砖      赤泥免烧砖及制作                            │
射  │  及制备方法          方法                                        │
性  │                                                                  │
    │                      CN201010100016.1                            │
    │                      一种拜耳法赤泥页                            │
    │                      岩砖及其生产方法                            │
    └─────────────────────────────────────────────────────────────────┘

多  ┌─────────────────────────────────────────────────────────────────┐
种  │  CN96122681.1    CN200610018964.4  CN200610051212.8  CN201010271311.3  CN201310486365.5 │
废  │  一种粉煤赤泥    一种利用赤泥制    赤泥轻质砖及其制  一种赤泥免烧免    一种以聚合氯化   │
料  │  烧结砖          备蒸压砖          备方法            蒸路面砖及其制    铝质渣和赤泥为   │
结  │                                                      备方法            主料的免烧砖及   │
合  │                                                                        其制备方法       │
利  │                  CN200610128450.4  CN200810046629.4                                     │
用  │                  赤泥粉煤灰免烧砖  一种拜耳法赤泥复                    CN201310486365.5 │
    │                                    合砖及其生产方法                    一种以聚合氯化   │
    │                                                                        铝质渣和赤泥为   │
    │                                                                        主料的免烧砖及   │
    │                                                                        其制备方法       │
    └─────────────────────────────────────────────────────────────────┘

提  ┌─────────────────────────────────────────────────────────────────┐
高  │                      CN200810301679.2    CN201110124541.1   CN201310210624.1 │
赤  │                      一种赤泥烧结砖及    一种赤泥透水砖及   一种高掺量赤泥烧 │
泥  │                      制作方法            其制备方法         结砖及其制备方法 │
掺  │                                                                              │
量  │                                          CN201210020015.2   CN201210568406.0 │
    │                                          一种赤泥煤矸石烧   一种拜耳法赤泥煤 │
    │                                          结砖的生产工艺     矸石多孔烧结砖及 │
    │                                                             生产方法         │
    └─────────────────────────────────────────────────────────────────┘

解  ┌─────────────────────────────────────────────────────────────────┐
决  │                                                              CN201310652096.5 │
泛  │                                                              一种用赤泥制备   │
碱  │                                                              的免烧砖         │
问  │                                                                               │
题  │                                                                               │
    └─────────────────────────────────────────────────────────────────┘
```

图 8-16 利用赤泥生产砌块的技术发展脉络

③利用赤泥生产保温材料。

目前，国内在利用赤泥生产保温材料方面，主要生产散状保温材料、砂浆保温材料及保温墙体材料等几种。如：

CN200510043516.5——山东铝业股份有限公司。一种赤泥散状保温料，其配料重量百分组成为：干燥赤泥 20%—80%、耐火粉 20%—50%、耐火骨料 0—30% 和珍珠岩 0—20%。利用赤泥为原料，废物利用，变废为宝，与保温黏土砖层相比，成本降低 1/3 左右；线收缩率和导热性能适宜，振实性好，铺设施工无缝隙，整体性强，施工简便，性能稳定，使用寿命长。特别适宜铝电解槽的铺设，也适宜其他不定型耐火保温材料的应用领域，如应用在烧成窑炉和烘干窑炉上等，适应温度范围为600~1000℃。

CN201010236539.9——贵州中建建筑科研设计院有限公司、中国建筑第四工程局有限公司。一种以赤泥为保水增稠剂的复合保温砂浆制备方法，其特征在于：该复合保温砂浆由以下原料按重量份进行配比制备而成：取作为胶凝材料的水泥40~50份、粉煤灰10~20份、作为无机保水增稠剂的赤泥5~10份、作为轻质骨料的玻化微珠占15~25份、聚苯颗粒占2~3和外加剂1.0~2.0份，然后按水料比为0.75~0.8的量将水与各原料混合均匀后即可制得以赤泥为保水增稠剂的复合保温砂浆。该发明不仅具有保温效果好和使用寿命长的优点，而且还具有制作成本低、能有效利用赤泥作为原料和减少环境污染等优点。

CN201210129910.0——武汉理工大学。该发明涉及建筑保温墙体材料及制备，包括有以下步骤：1）先将磷石膏、赤泥、粉煤灰、水泥、黄砂和石灰按比例混合，再加入发泡剂，得到混合均匀的物料；2）向混合好的物料中加入水，球磨，制得料浆；3）将所得球磨后的料浆倒入模具中注模成型；4）坯体置于养护箱中，在高温高压下养护，再置于自然状态下养护。本发明与现有技术相比具有的优点主要是：工业废渣磷石膏与赤泥得到有效利用，使磷石膏与赤泥对环境的污染减小，有利于资源的循环利用。该建筑保温材料的生产具有周期短、成本低、无放射性污染、密度较低和强度高的优点。

④ 利用赤泥生产陶瓷材料。

目前，国内在利用赤泥生产保温材料方面，主要生产环保陶瓷滤球、自释釉陶瓷材料、低放射性辐射陶瓷材料和玻璃陶瓷材料等，如：

CN200310111209.7——武汉理工大学、山东铝业公司。一种环保陶瓷滤球的制造方法，其特征是包括如下步骤：1）配料：按重量百分比，氧气铝赤泥15－30，粉煤灰20－40，煤矸石10－30，黏土10－15，成孔剂20－40，高温黏结剂3－6；2）粉碎：将上述原料以球磨机粉碎并混合配料，然后过筛100~180目备用；3）成球：成球前，将低温黏结剂与水以1∶2的重量比例入水中配成混合液，再逐渐喷入成球机的坯料中，然后采用成球机成球；3）干燥：在80~120℃干燥4－5小时；4）烧制：将上述干燥后的球在1100~1258℃温度下烧制。

CN200710129576.8——桂林理工大学。一种利用赤泥和红砂岩制备自释釉陶瓷材料的方法。原料质量百分比为：赤泥15%~50%，红砂岩40%~80%，增塑剂 3%~10%；具体步骤为：1）分别将赤泥和红砂岩放入球磨罐中球磨；（2）将（1）所得料加入增塑剂放入球磨罐中一起球磨；3）将2）所得料采用可塑成型或压制成型，制得坯体；4）将3）所得坯体在 900~1350℃烧结 0.5~3 小时，自然冷却到室温，制得成品。本发明成品釉层饱满、光滑亮洁，坯体成瓷化程度好，原料来源广泛，成本低，工艺过程简单，有利于解决赤泥的综合利用问题，提高红砂岩的利用率和利用价值。

CN201010503084.2——桂林理工大学。一种制备低放射性辐射赤泥陶瓷材料的方法。1）原料的质量百分比为：赤泥 28%~70%，红砂岩 28%~70%，钡的化合物或毒重石 1%~20%，助熔剂 1%~10%；助熔剂为氟化钙、氧化铝、氧化镁、氧化钙和二氧化硅中的一种或多种；2）将步骤1）原料放入球磨装置中球磨混料 12~48 小时；3）将步骤 2）所得料在 60~120℃温度下烘干 6~24 小时；4）将步骤 3）所得料采用压制成型或可塑成型，制得坯体；5）将步骤 4）所得坯体在 900~1300℃烧结 1~5 小时，冷却到室温制得成品。本发明原料来源广泛，成本极低，可降低赤泥放射性辐射剂量 30%~45%，达到天然放射性本底水平。

⑤利用赤泥生产其他建材。

国内在利用赤泥生产建材方面，除了在砌块、水泥、保温材料和陶瓷材料为主要的几个应用方向以外，国内的研究人员对赤泥在建材其他方向的应用方面进行了不断的尝试。应用赤泥生产建材的其他方向有：阻燃材料、硬质塑料、多孔微晶玻璃、无机纤维、填料、石英砂、生态砂浆、烧胀陶粒、烧结炉料、砂浆增塑剂、砂浆活化剂、热压板材、球团、砌筑干粉和喷浆料等。

CN201010606051.0——北京理工大学。一种含有脱碱赤泥的阻燃聚乙烯塑料及其制备方法，属于赤泥的脱碱、综合利用和阻燃塑料技术领域。以聚乙烯和原位脱碱剂作为树脂基，以赤泥作为阻燃剂。将赤泥粉碎、干燥、研磨过筛，然后与聚乙烯和原位脱碱剂加入到混炼机中熔融共混加工，然后用平板硫化机加工成型，得到阻燃聚乙烯塑料成品，该塑料外观光滑，其 pH 值为 9~11，极限氧指数范围为 23%~31%。该发明制备的聚乙烯塑料适用于电子电器、建筑材料和交通领域重要公共场所的火灾安全防护；原位脱碱简化了赤泥作为阻燃剂使用的脱碱处理工艺；原位脱碱剂可有效降低赤泥的碱性，提高阻燃效果，而且能够改善赤泥与聚乙烯基体间的相容性；成本低且赤泥对环境的危害小。

CN201110372219.0——一种利用赤泥复配聚氯乙烯彩色硬质塑料的生产方法，其特征是将分级后的-800目赤泥采用钛酸酯偶联剂改性，改性赤泥与聚氯乙烯、抗冲改性剂、稳定剂和润滑剂高速混合，熔融挤出并覆膜制得彩色硬质塑料，其中聚氯乙烯：100份；改性赤泥：35~45份；抗冲改性剂：5~10份；稳定剂：3~5份；润滑剂：0.2~0.8份。该方法对赤泥改性处理，显著提高了赤泥和聚氯乙烯的相容性，对塑料进行覆膜处理后，改变了赤泥复配聚氯乙烯基体塑料单调的棕红色，使其具有木质花纹，颜色丰富多彩，非常美观。

CN201310025575.4——河南理工大学。一种拜耳法赤泥多孔微晶玻璃及其制备方法，它以拜耳法赤泥为主要原料加工生产的多孔微晶玻璃，其原料按照重量百分比，包括成孔剂2%~7%，质量分数3%聚乙烯醇水溶液3%~15%，余量为以拜耳法赤泥为主要原料加工生产的基础玻璃；所述的基础玻璃的化学组成的质量百分比为：SiO_2 40—55%，Al_2O_3 5—13%，CaO_2 0—33%，Fe_2O_3 5—10%，Na_2O_3 —12%，B_2O_3 3—8%，MgO_2 —6%，F—1%~4%。该发明制备的拜耳法赤泥多孔微晶玻璃材料，与传统用砖相比较具有重量轻、强度高、隔热保温和吸音防噪等特点，是一种理想的建筑材料。

（3）利用赤泥处理废气

用赤泥治理废气的方法可分为干法和湿法两种，所处理的废气种类包括二氧化硫、硫化氢和氮氧化合物等污染气体。国内外研究结果表明，用赤泥处理废气，不论干法还是湿法的效果都较好。中铝山东分公司烧结法赤泥制备新型燃煤脱硫剂技术应用，是该企业以废治废又一项重大成果，它以其活性高、固硫效果好等特点，成功应用于该企业自备电厂循环流化床锅炉，烟气脱硫率高达75%，达到了环保要求，取代了成本高昂的石灰石粉脱硫剂，有效降低了脱硫费用。

目前，国内在利用赤泥治理废气的主要方向仍是针对SO_2气体，在甲醛和二氧化氮的治理方面的专利文献报道不多。

①利用赤泥进行烟气脱硫。

目前，国内有关利用赤泥对烟气进行脱硫，技术研究方向前期以固态脱硫方式为主，直接制备固态脱硫剂或与燃煤混合高温燃烧达到烟气脱硫的目的，该方向在近年来仍有研究，主要转向多功能脱硫剂和高效脱硫装置的研发。固态脱硫方式以外，技术研究方向为液态脱硫，也经历了三个阶段，第一阶段为单纯的液态脱硫方法，第二阶段为结合装置应用的液态脱硫方法，第三阶段是高效液态脱硫装置的研发（如图 8-17 所示）。

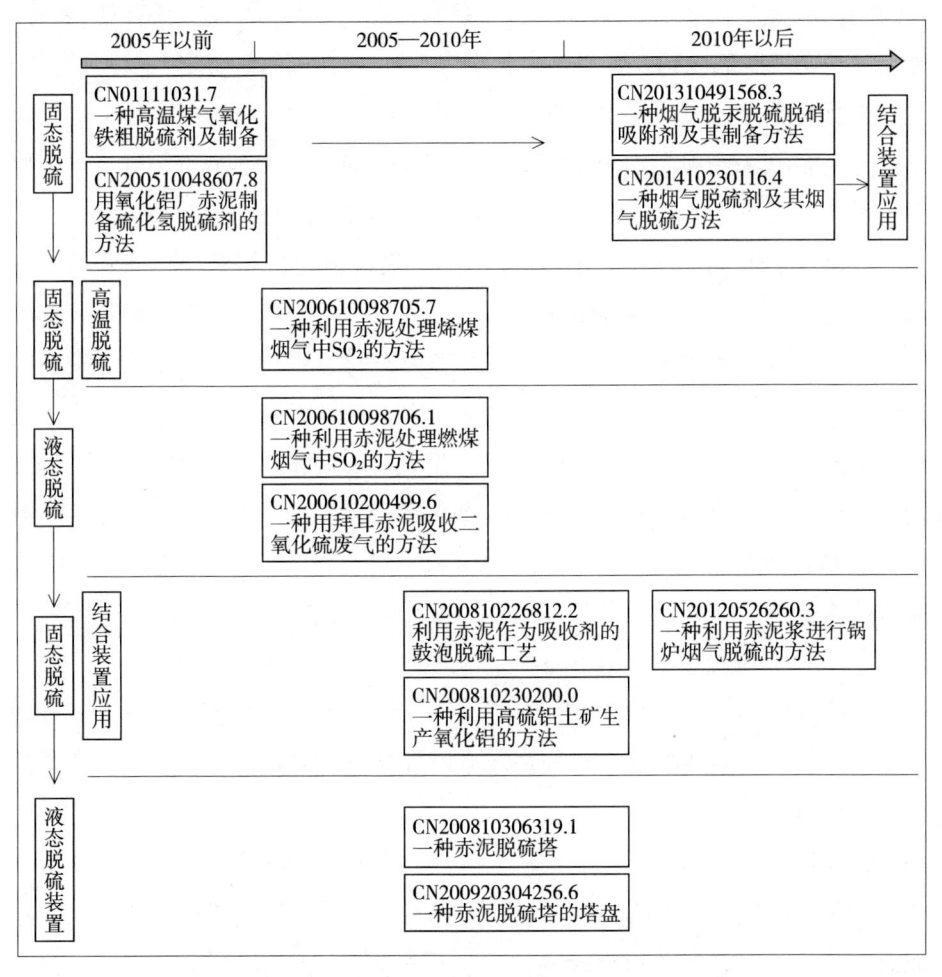

图 8-17　利用赤泥进行烟气脱硫的技术发展脉络

② 利用赤泥进行烟气脱硝。

目前，国内有关利用赤泥对烟气进行脱硝，主要采取的技术手段是通过与一些具备脱硝功能的助剂与赤泥复合，实现赤泥脱硫脱硝的双重功能，拓宽赤泥在烟气治理的应用空间，如：

CN200810016265.5——烟台大学张宏。该发明涉及一种赤泥—活性炭复合烟气循环再生脱硫脱硝系统，属于脱硫脱硝设备技术领域。一种赤泥—活性炭复合烟气循环再生脱硫脱硝系统，包括：原态赤泥循环脱硫装置和活性炭脱硫脱硝装置和活性炭循环再生装置，三个相对独立的装置依次串联构成。本发明的脱硫脱硝系统，由直接利用原态赤泥对含硫烟气进行脱硫的装置，与活性炭循环脱硫脱硝装置直接串联应用，对经过初脱硫的烟气进行精脱硫，同时进行脱硝，构成高效率的烟气脱硫脱硝系统装置，可解决氧化铝生产行业所产生的大量强碱赤泥固体废物的中性处理；再对吸附饱和的活性炭进行低温脱附再生，从而实现循环使用，该系统不产生任何的有害二次污染。

CN201110113434.9——山东大学。用于循环流化床锅炉脱硫脱硝的浆液本发明公开了一种用于循环流化床锅炉脱硫脱硝的浆液，由脱硫剂浆液和脱硝剂溶液组成，是采用钙基吸收剂、添加剂、助添加剂和氨基还原剂按一定比例和程序配制成复合脱硫脱硝剂浆液，用于经喷嘴雾化喷入流循环化床锅炉顶部区域内，与烟气中 SO_2 和 NOx 反应生成硫酸盐和 N_2。所述添加剂为赤泥、盐泥或白泥。应用本发明的浆液解决传统流化床炉内掺烧石灰石脱硫效率低和脱硫剂利用率低问题，实现了炉内同时脱硫脱硝，脱硫效率达 85%~95%，脱硝效率达 50%~70%，且投资运行费用低，便于实施。

③利用赤泥脱除空气中甲醛。

目前，国内有关利用赤泥脱除/吸附空气中甲醛的研究不多，相关的专利申请也比较少，主要的技术路线是对赤泥进行改性处理后，制备成多孔结构的吸附材料。如：

CN201110103852.X——北京航空航天大学。本发明提供一种用于从空气中分离甲醛的吸附剂及其制备方法，该吸附剂以拜耳法冶铝工艺所产生的赤泥做前体物，经过化学改性及高温焙烧后得到的，该吸附剂为红色颗粒物，该吸附剂的内部微观孔径分布范围为 0.9~2.7nm，外观尺寸大小为 0.45~0.9mm，有利于对空气中微量甲醛的捕捉去除。本发明提出的用于从空气中分离甲醛的吸附剂与现有甲醛吸附和催化净化材料相比，在高速下，能高效吸附分离气相低浓度甲醛，而且吸附容量大，使用寿命长，且其使用的原材料来源于铝工业炼铝过程中产生的固体废渣赤泥，来源广泛，价格低廉。

CN201010168175.5——中国矿业大学（北京）。本发明涉及一种生态型无机甲醛吸附材料，该材料由 50%~75% 的含硅铝酸盐的固体原料、10%~40% 的碱性溶液和 10%~15% 复合反应活化剂经过混合和养护处理而获得。含硅铝酸盐的固体原料可包括以下至少一种原料：黏土、高岭土、煤矸石、粉煤灰、垃圾焚烧灰渣、矿渣或赤泥等。所述碱性溶液可以是含碱量为 3~12mol/L［OH—］的碱性溶液。所述复合反应活化剂包括硅酸盐类物质和粒径大于 1000 目的 Al_2O_3，两者的质量比含量分别为 75%~85%，15%~25%。所述无机吸附材料具有网状多孔凝胶结构。

（4）利用赤泥进行废水处理

用赤泥治理废水包括：①吸附废水中的放射性金属离子。据日本报道，用酸活化过的赤泥吸附水中的铀，然后用碱液解脱，铀回收率达 97%，使用过的赤泥可用 35% 盐酸再生。②除去废水中的重金属离子。用赤泥直接处理废水就可使废水中的重金属离子如 Cu、Zn、Cd 和 Pb 的含量达到排放标准。③除去废水中的 P、F 和 As 等离子。用盐酸处理过的赤泥可用来处理磷肥厂的废水，除去溶液中的磷；碱性的赤泥可用来治理冷却剂制备厂及电厂废水中的氟；赤泥还可用作废水中的砷离子吸附剂，处理含砷废水。

如图 8-18 所示，目前，国内有关利用赤泥进行污水处理的专利，主要用于除磷、除重金属和除砷等主要技术方向。或者直接用于制备污水絮凝沉淀剂和滤料产品。

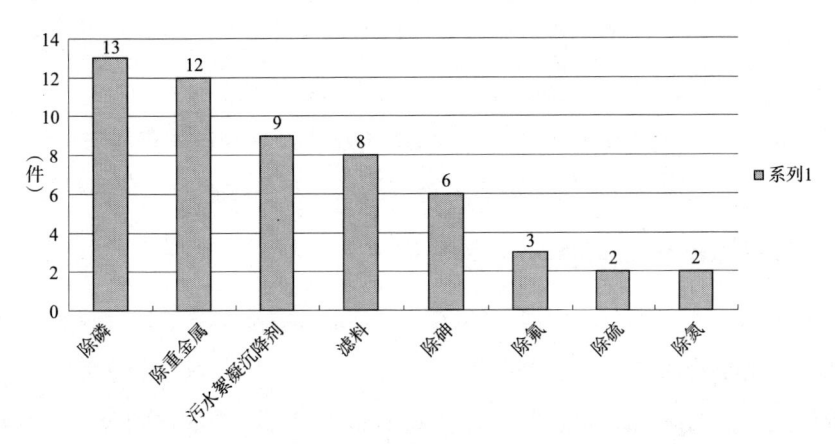

图 8-18　国内赤泥相关专利技术主题分布排名

（5）利用赤泥生产复垦土壤

赤泥中除含有较高的 Si、Ca、K 和 P 等成分外，还含有数十种农作物必需的微量元素。赤泥脱水后，在 120~300℃烘干活化、并磨细至粒径为 90~150μm，即可配制硅钙农用肥。它可使植物形成硅化细胞，增强作物生理效能和抗逆性能，有效提高作物产量、改善粮食品质，同时降低土壤酸性、作为基肥改良土壤。

国内有关利用赤泥生产复垦土壤，主要技术方向为生产土壤改良剂，直接生产土壤的专利申请报道较少。

目前国内利用赤泥生产土壤改良剂的技术路线，主要是通过焙烧改性达到固磷功效；通过吸附二氧化硫达到改造盐碱地的功效；通过与熟石灰或锌肥的混合达到重金属吸附的功效，如：

CN200510055890.7——中国科学院生态环境研究中心。本发明磷污染土壤的修复方法，涉及农业非点源磷污染土壤治理与修复技术。该方法将铝土矿冶炼氧化铝粉过程中生成的尾矿——赤泥，经马弗炉焙烧后，与磷污染土壤地表面的磷污染土壤充分混匀，经一段时间处理和培养后，可固定≥42%的土壤有效磷。本发明方法简单易行，治理效率高，治理费用低，对研究控制菜地土壤磷素流失进入水体的措施，具有非常重要的现实意义。

CN200910142804.4——浙江省慈溪市史汉祥。一种土壤调理剂，是利用吸收二氧化硫后的产物加工成土壤调理剂用于盐碱土的改造。具体是利用"赤泥""铁渣""钢渣""有色冶金炉渣"及"粉煤灰"吸收二氧化硫后的脱硫产物，经过滤、洗涤后，其滤饼再用硫酸酸化，之后避雨堆存 15~20 天，即成为土壤调理剂，用于改造盐碱地。本发明解决了经济发展与占用耕地之间的矛盾，可有效改造盐碱地，使之变为可耕地，成为增加可耕地的一个重要措施。

2. 国外赤泥综合利用重点技术分析

国外赤泥综合利用的方向与国内大致类似，主要集中在利用赤泥生产建材和回收有价金属上，其次是应用于三废（废水、废气和废料）治理，复垦土壤的生产。与国内有较大不同之处在于在作为燃料添加剂的应用上有较多的专利申请（如图 8-19 所示）。

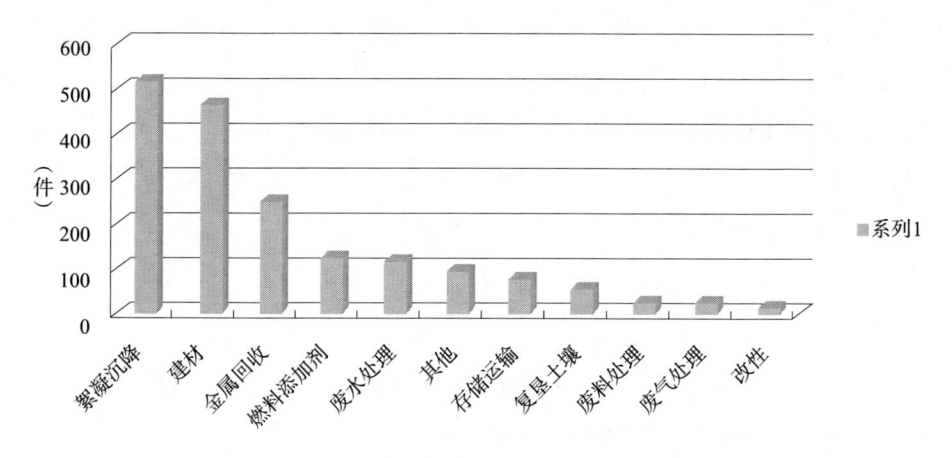

图 8-19　国外赤泥相关专利技术主题分布排名

（1）利用赤泥回收有价金属

在国外，有关从赤泥回收各类金属的专利申请中，铁、铝和钠三种金属元素回收技术也是专利申请数量最大，且所占比例达到了回收金属类专利申请数量的八成以上，其次是钪、稀土和钛等稀有金属元素。大致的申请趋势与国内相似。

重点专利包括：

EP2008843456A　回收铁

BUDAPESTI MUESZAKI EGYETEM | MAGYAR ASVANYLOLAI FOLDG　GB19856054A　回收铁

MECSEKI ERCBANYASZATI | TATABANYAI SZENBANYAK　US1983536232A　回收铁

KRAUSE – ROEHM – SYSTEME AG | KRAUSE ROHM SYSTEME AG　US2008298575A　回收铁

KARALEE RES PTY LTD　AU2006324392A　回收铝；铁；钛

UNIV LEEDS | URQUHART DYKES&LORD LLP　AU2004249473A　回收钛；铁；铝

ALCAN INT LTD | RIO TINTO ALCAN INT LTD　EP2009784318A　回收铝；钠

NALCO CHEM CO　ES1998118204T　　回收钠；铝

ALCAN INT LTD　US1989381577A　　回收稀土

AS USSR URALS CHEM | URALS ALUM MAGN ELE　SU4225426A　回收稀土；铬

AS USSR URALS SECT SOLIDS CHEM RES INST　RU1998122283A　回收钪；钇

SKANTEKH SCI PRODN CO LTD　RU2011153732A　回收钪

ORBITE ALUMINAE INC　WO2012CA419A　回收钇；钪；铈；钕；镅；镨；镓；镧；钽；钐；钆；镝；铒镱

（2）利用赤泥生产建材

国外在利用赤泥生产建材，其技术方向主要是生产水泥、道路建材、耐火材料、陶瓷材料、砌块、轻骨料、黏合剂、混凝土、颜料、保温材料和石材等。除了在水泥上的应用为国内外都一致关注的热点，其他方向的应用侧重，国内外还是有较大不同。国外在利用赤泥生产建材方面，除了上述主流应用外，还在 PVC 屋面材料、玻璃纤维、多孔材料、防辐射材料、隔音材料、机房用光导层材料、减震材料、绝缘材料、硫固化材料、汽车制动材料、人工鱼礁、有色玻璃、釉料和油毡等领域进行了尝试。

重点专利包括：

HOLCIM LTD | HOLDERBANK FINANCIERE GLARUS AG　EP1998941140A　建材水泥

ALCAN INT LTD　CA552914A　耐火材料

GIESEMANN H | MODERN ECOLOGICAL PROD AG　EP1993102127A　建材耐火材料

AQUATECH KORNYEZETV | AQUATECH TRADE KFT　US5053144A　颜料

ASPHALT – GES FELSING | NOVOPHALT SA | STROMMER E | STROMMER ERICH NOVO　US4617201A　道路建材；树脂

KRAUSE – ROEHM – SYSTEME AG | KRAUSE ROHM SYSTEME AG　AU2007247252A　建材水泥

ALCAN INT LTD　US1990568989A　建材多孔材料

ALUMINIUM – SALZSCHLACKE AUFBEREITUNGS GMB US2004753966A　建材耐火材料

ASH IMPROVEMENT TECHNOLOGY INC　US2010889100A　建材；水泥

DAWSON M | IRON CEMENT PTY LTD　AU2006281972A　建材混凝土

DOLOMATRIX INT LTD | PERICLASE PTY LTD　US1999346588A　建材水泥

（3）利用赤泥进行废气治理

国外在利用赤泥进行废气治理方面，其主要方向为采用赤泥进行废气脱硫和除尘治理，其他技术方向的尝试包括除氯、吸附二氧化碳、除臭和除铅。

重点专利如：

CIBA HOLDING INC　CN101448746A　废气处理抑制粉尘

专利权人 / 申请人：西巴控股有限公司（CIBA HOLDING INC）

一种抑制在颗粒状矿物材料中粉尘形成的方法，矿物材料优选赤泥和含亲水性黏土的尾矿，颗粒状矿物材料已经从材料的悬浮液中脱水，该方法包括以流体的形式将颗粒状矿物材料的悬浮液输送到沉积区域的步骤，并且其中允许悬浮液在沉积区域静置并脱水而形成脱水的颗粒状矿物材料，其中当颗粒状矿物材料的悬浮液以流体的形式被输送到沉积区域时，通过将粉尘抑制数量的聚合物添加到所述悬浮液中来获得抑制材料的粉尘形成，其中聚合物是由一种或多种烯属不饱和单体形成的具有至少 4dl/g 的特性粘数的合成的水溶性聚合物或者为天然聚合物或半天然聚合物的水溶性聚合物。

SUMITOMO ALUM SME | SUMITOMO ALUMIN SME | SUMITOMO CHEM IND KK　US4222992A　脱硫烟气；碱中和

专利权人 / 申请人：Sumitomo Chemical Co. Ltd. Osaka JP，0010051116JP

SO_2 是通过含有赤泥吸收去除：接触气浆，在 ≤ 100 摄氏度（40—80）摄氏度，直到浆液 pH 值为 4.3~6，同时保持 SO_4 : SO_2 的摩尔分数在 0.05~0.7（0.12~0.6）范围；脱硫过程中保持 NaHSO3 浓度不大于 8g / L，增加硫的吸收效率，例如 97%，在 80% 时浸出效率更高，控制 SO_4 : SO_2 的比例防止结垢。

（4）利用赤泥进行废水治理

国外在利用赤泥进行废水治理方面，其技术方向主要是用于直接生产水处理剂、吸附剂，其次为利用赤泥进行废水酸性中和和除硫、磷、砷和重金属等。此外，国外还在利用赤泥治理赤潮和制备人工渔礁方面进行了尝试（如图 8-20 所示）。

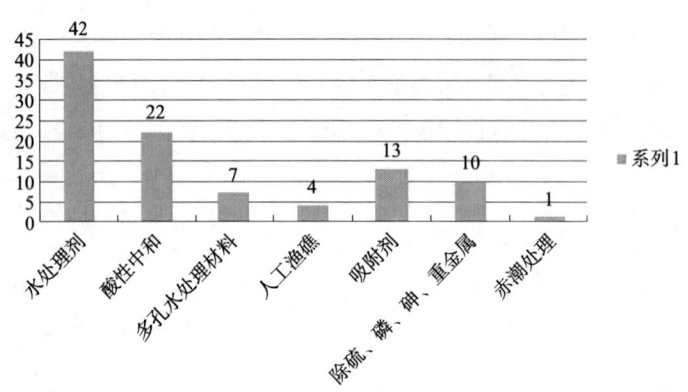

图 8-20　国外利用赤泥进行废水治理的技术主题分布

（5）利用赤泥进行废料治理

国外在利用赤泥进行废料治理方面，其技术方向主要是进行碱性中和吸附重金属，此外，在核废料处理与等离子处理方向进行了尝试（如图 8-21 所示）。

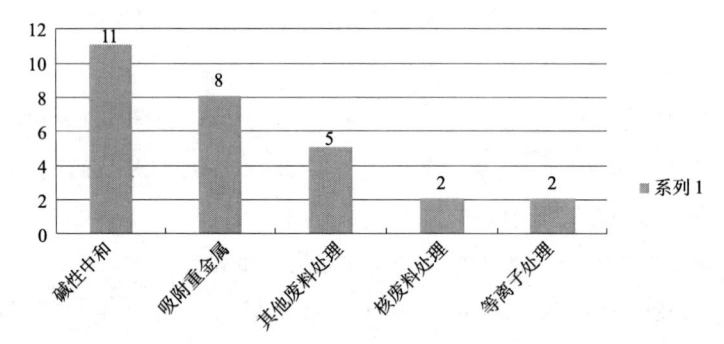

图 8-21　国外利用赤泥进行废料治理的技术主题分布

重点专利包括：

HISANO M | KUENO M　JP1993213304A　核废料处理

IANNICELLI J | JI ENTERPRISES INC　US2006277282A　废料处理吸附重金属

JI ENTERPRISES INC　US20110319697A1　废料处理吸附重金属

RWE ENTSORGUNG AG | UNION RHEIN BRAUNKOHLEN EP1987100875A　废料处理存放处理剂

（6）利用赤泥生产复垦土壤

国外在利用赤泥生产复垦土壤方面，其主要方向有制备土壤肥料和土壤改良剂，直接生产土壤的专利申请不多，最后在用赤泥生产植生垫进行了少量的尝试。

重点专利包括：

WHITELAW D J | HENDRY A J AU20021763A 复垦土壤赤泥；蚯蚓；有机废物

REUVER H S F | VAN ESSEN R DE102006015433A 复垦土壤蠕虫；生物处理

BOELSING F | DCR INT ENVIRONMENTAL SERVICES | DCR INT ENVIRONMENTAL SERVICES INC | DCR INT KANKYOHOZEN SERVICE KK EP1992905319A 复垦土壤；土壤改良

CLARK M W EP2003773331A 复垦土壤肥料

CYTEC TECHNOLOGY CORP NO20011686A 复垦土壤肥料

（7）赤泥的其他领域应用

如图8-22所示，国外在赤泥的其他领域应用上，主要是作为燃料添加剂，该方向的专利申请量较大。其次在酯交换反应催化剂、汽车制动材料、羧酸碱解、炼钢助剂、电磁吸收材料、沸石生产、海盐生产和储热材料制备上也有少量应用。其他赤泥新的应用尝试还包括磁性陶瓷、微波加热元件、无卤阻燃材料、冶金焦、沼气袋和造纸等方面的应用。

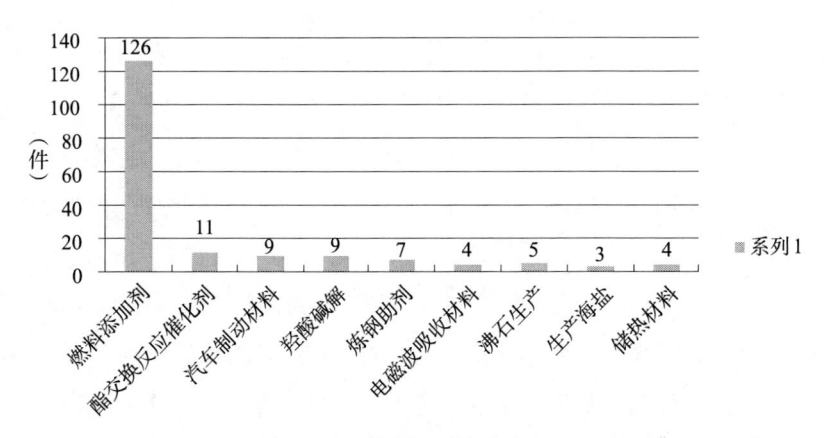

图8-22 国外利用赤泥进行其他领域应用的技术主题分布

重点专利包括：

ADVANCED MINERAL RECOVERY TECHNOLOGIES L | PERRY K P D AU2008320581A 炼钢助剂

DEVESON B | DEVESON B J US2002312431A 海盐生产

FLUORCHEMIE DOHNA GMBH WO2011EP1454A 无卤阻燃材料阻燃保护

HU C | HU X CN102344983A 炼钢助剂 WO2012CN79356A KRAUSE ROEHM SYSTEME AG | KRAUSE – ROEHM – SYSTEME AG | KRAUSE ROHM SYSTEME AG | KRSYS GMBH CN101472875B DE102006035029A 羧酸衍生物，碱性水解

ENGINEERED ARRESTING SYSTEMS CORP EP2011703745A 汽车制动材料

ALTACA INSAAT&DIS TICARET AS EP2006722924A 燃料催化剂

五、专利信息运用效果

第一，结合优势知识产权企业培育示范项目，围绕赤泥共性关键技术的研发开展专利技术分析研究，在深度剖析技术发展趋势的基础上，研究确定技术攻关方向和目标，为解决赤泥综合利用这一世界性难题起到重要的参考和指导作用。

第二，利用国内外多种数据库及分析工具对赤泥综合利用技术专利文献进行收集分析整理，掌握该领域国内外专利分布态势，并了解主要专利产出国的专利申请情况和技术分布，分析主要专利产出国的研发方向和研发重点。最后针对矿业企业（特别是铝土矿业企业）在当前遇到的赤泥综合利用技术面临的若干瓶颈问题提供若干研发战略，完成了10件发明专利的挖掘。

第三，建立了赤泥综合利用技术专利专题数据库。企业技术人员可通过该数据库了解到当今赤泥综合利用的新动态、新工艺及新用途等技术热点，对企业新技术和新产品研发及专利布局有较高的参考价值。

六、对广西节能环保产业专利战略的启示和建议

第一，通过专利信息分析，助推企业科技创新。广西的节能环保产业发展起步较晚，而世界上已有许多发达国家在该产业技术走在前列，以赤泥综合利用为例，国外在该领域的研究已历一百多年，而我国国内却是从20世纪末才开始逐渐重视。为广西节能环保产业技术创新寻求突破，广西区内相关企业只有在通过产业专利信息分析，对产业技术现状有了充分了解之后，再进行新技术和新产品的研发，才能以最新的研究成果为起点，利用已有技术和产品进行自己的研发，才能避免闭门造车及重复他人已有的研究，这样才可以避免企业的人力、物力、财力的巨大浪费。

第二，通过专利合理布局，强化企业技术保护。广西的相关企业对专利申请的重视是近几年才形成的，进行布利合理布局的更少，以赤泥综合利用为例，广西节能环保产业相关企业很少进行系统的专利合理布局，较多的进行一些零星布点专利申请。合理的专利布局是通过分析竞争对手所拥有的全部专利或分析该技术领域的全部专利，可以确定竞争对手的相对竞争地位及其相对的技术性竞争优势、劣势，对已申请专利的技术尽早做回避设计；将零散的专利资料转化为系统的、有价值的专利情报资料。合理的专利布局策略，有利于正确引导研发方向，促进理性研发，提高研发成效；有利于理性进行专利申请，节省申请成本；有利于构建合理的专利保护网，避免零散和杂乱无章的专利申请情形的出现；有利于在保护自身的同时，削弱竞争者的优势，抑制竞争者的发展或者转移竞争者的视线。

第三，通过产学研协同创新，弥补企业技术人才短板。以赤泥综合利用为例，广西节能环保产业相关企业普遍存在技术创新人才匮乏的困境，通过与科研院所及高校开展相关的产学研合作，依托高校和科研院所的创新人才优势，优势互补，取长补短，对企业技术创新具有很好的助推作用。

第四，建立技术发展动态跟踪机制，强化企业捕捉前沿新技术的能力。以赤泥综合利用为例，广西节能环保产业相关企业在技术研发时普遍存在前瞻性不足的情况，通过建立产业技术发展动态跟踪机制，有助于企业最快速了解产业最新产品和技术现状，为企业制定新产品新技术研发及发展战略规划提供第一手素材。

第九章

企业发展的对策

一、专利文献蕴含丰富信息

专利信息蕴含重要的技术、法律和经济信息。专利文献的说明书、权利要求书、附图和摘要等部分,披露了发明创造的技术内容,其技术信息新颖、完整,具有连续性,且涉及领域广泛,数量巨大,格式统一,便于企业阅读和检索,追踪技术发展动态。

法律信息包括:权利要求的范围大小;专利审查、复审、无效的结果;与专利权的授予、转让、许可、继承、变更、放弃、终止和恢复等法律状态有关的信息;专利申请人、专利权人、发明人或设计人的信息,以及专利申请日、公开日、授权日等信息。

经济信息包括:专利信息中的专利许可、专利转让或受让等信息可以反映出申请人或专利权人的经济状况和市场占有率等;另外,通过专利申请的国别、申请人、专利权人、发明人或设计人等信息,可以了解某领域的市场分布、主要竞争者或合作者的状态等。

据世界知识产权组织统计,世界上创新成果的70%~90%都出现在专利文献中,充分利用专利信息可以节约60%的研发时间及40%的研发经费。因此,企业应重视在专利文献中体现的技术、法律和经济信息。

二、专利竞争情报分析引领广西重点产业发展

进入 21 世纪，科技发展越发迅猛，技术更替愈加频繁，产业融合日渐多元，专利信息数据规模越来越大，信息量越来越庞杂，对广西重点产业可持续、创新发展、科学决策的准确性和时效性提出了更高的要求，因此，应当更多地借助专利信息挖掘技术，从宏观、中观、微观不同层面和角度及时了解广西重点产业相关技术领域的发展趋势，把握研发热点、难点及空白点，更迅捷地掌握科技发展动态，将海量、动态、多样的数据信息转化成有利用价值及参考价值的情报资源，从而更好地支撑广西各级政府决策，为地方产业发展导航。

同时，综合运用专利信息挖掘手段，可以对广西重点产业企业研发技术领域的技术热点进行文本聚类和引证分析，对广西重点产业企业相关竞争对手进行直观、生动的可视化分析，揭示广西重点产业企业的市场竞争地位和研发活动规模；对竞争对手专利申请进入的国家和专利族信息进行挖掘，揭示竞争对手的市场动向和市场分布；对共同专利权人进行深度挖掘，分析竞争对手的合作者和同盟；对日常技术创新、技术贸易、产品进出口及重大科技经济活动特别是重大项目所涉及的知识产权竞争状况进行分析、评估和审查，依据技术趋势分析预测创新方向，针对潜在知识产权问题进行预警，为广西重点产业企业参与市场竞争提供参考，避免因知识产权导致重大损失；借助专利竞争情报分析，更有针对性地进行技术创新、专利技术二次开发和专利布局，从而抢占市场制高点，赢取最大效益。

近年来，在广西政府的引领下，广西重点产业中的龙头企业对专利信息利用已日渐重视，部分企业在政府的引导下，围绕其产品及技术研发开展的专利竞争情报分析工作，已经迈出了可喜的第一步，并取得了明显的成效。

未来，广西重点产业仍将进一步加强专利竞争情报分析力度，进一步发挥专利信息利用在引导企业技术创新、提高市场效益、引领产业升级增效、支撑政府科学决策等方面的积极作用。